新世纪

新世纪高职高专
建筑工程技术类课程规划教材

建筑企业材料管理

JIANZHU QIYE CAILIAO GUANLI

新世纪高职高专教材编审委员会 组编
主编 陈茂明 主审 罗进元 彭明先

大连理工大学出版社
DALIAN UNIVERSITY OF TECHNOLOGY PRESS

图书在版编目(CIP)数据

建筑企业材料管理 / 陈茂明主编. — 大连 ：大连理工大学出版社，2010.1(2022.10 重印)
新世纪高职高专建筑工程技术类课程规划教材
ISBN 978-7-5611-5356-7

Ⅰ.①建… Ⅱ.①陈… Ⅲ.①建筑企业－建筑材料－工业企业管理－高等学校：技术学校－教材 Ⅳ.①F407.965

中国版本图书馆 CIP 数据核字(2010)第 014926 号

大连理工大学出版社出版

地址：大连市软件园路 80 号　邮政编码：116023

发行：0411-84708842　邮购：0411-84708943　传真：0411-84701466

E-mail：dutp@dutp.cn　URL：http://dutp.dlut.edu.cn

大连雪莲彩印有限公司印刷　大连理工大学出版社发行

幅面尺寸：185mm×260mm　印张：12.25　字数：297 千字

2010 年 1 月第 1 版　2022 年 10 月第 13 次印刷

责任编辑：刘　芸　责任校对：肖美贞

封面设计：张　莹

ISBN 978-7-5611-5356-7　定　价：32.80 元

总　序

我们已经进入了一个新的充满机遇与挑战的时代，我们已经跨入了21世纪的门槛。

20世纪与21世纪之交的中国，高等教育体制正经历着一场缓慢而深刻的革命，我们正在对传统的普通高等教育的培养目标与社会发展的现实需要不相适应的现状做历史性的反思与变革的尝试。

20世纪最后的几年里，高等职业教育的迅速崛起，是影响高等教育体制变革的一件大事。在短短的几年时间里，普通中专教育、普通高专教育全面转轨，以高等职业教育为主导的各种形式的培养应用型人才的教育发展到与普通高等教育等量齐观的地步，其来势之迅猛，发人深思。

无论是正在缓慢变革着的普通高等教育，还是迅速推进着的培养应用型人才的高职教育，都向我们提出了一个同样的严肃问题：中国的高等教育为谁服务，是为教育发展自身，还是为包括教育在内的大千社会？答案肯定而且唯一，那就是教育也置身其中的现实社会。

由此又引发出高等教育的目的问题。既然教育必须服务于社会，它就必须按照不同领域的社会需要来完成自己的教育过程。换言之，教育资源必须按照社会划分的各个专业(行业)领域(岗位群)的需要实施配置，这就是我们长期以来明乎其理而疏于力行的学以致用问题，这就是我们长期以来未能给予足够关注的教育目的问题。

众所周知，整个社会由其发展所需要的不同部门构成，包括公共管理部门如国家机构、基础建设部门如教育研究机构和各种实业部门如工业部门、商业部门，等等。每一个部门又可做更为具体的划分，直至同它所需要的各种专门人才相对应。教育如果不能按照实际需要完成各种专门人才培养的目标，就不能很好地完成社会分工所赋予它的使命，而教育作为社会分工的一种独立存在就应受到质疑(在市场经济条件下尤其如此)。可以断言，按照社会的各种不同需要培养各种直接有用人才，是教育体制变革的终极目的。

随着教育体制变革的进一步深入，高等院校的设置是否会同社会对人才类型的不同需要一一对应，我们姑且不论。但高等教育走应用型人才培养的道路和走研究型（也是一种特殊应用）人才培养的道路，学生们根据自己的偏好各取所需，始终是一个理性运行的社会状态下高等教育正常发展的途径。

高等职业教育的崛起，既是高等教育体制变革的结果，也是高等教育体制变革的一个阶段性表示。它的进一步发展，必将极大地推进中国教育体制变革的进程。作为一种应用型人才培养的教育，它从专科层次起步，进而应用本科教育、应用硕士教育、应用博士教育……当应用型人才培养的渠道贯通之时，也许就是我们迎接中国教育体制变革的成功之日。从这一意义上说，高等职业教育的崛起，正是在为必然会取得最后成功的教育体制变革奠基。

高等职业教育才刚刚开始自己发展道路的探索过程，它要全面达到应用型人才培养的正常理性发展状态，直至可以和现存的（同时也正处在变革分化过程中的）研究型人才培养的教育并驾齐驱，还需要假以时日；还需要政府教育主管部门的大力推进，需要人才需求市场的进一步完善，尤其需要高职教学单位及其直接相关部门肯于做长期的坚韧不拔的努力。新世纪高职高专教材编审委员会就是由全国100余所高职高专院校和出版单位组成的旨在以推动高职高专教材建设来推进高等职业教育这一变革过程的联盟共同体。

在宏观层面上，这个联盟始终会以推动高职高专教材的特色建设为己任，始终会从高职高专教学单位实际教学需要出发，以其对高职教育发展的前瞻性的总体把握，以其纵览全国高职高专教材市场需求的广阔视野，以其创新的理念与创新的运作模式，通过不断深化的教材建设过程，总结高职高专教学成果，探索高职高专教材建设规律。

在微观层面上，我们将充分依托众多高职高专院校联盟的互补优势和丰裕的人才资源优势，从每一个专业领域、每一种教材入手，突破传统的片面追求理论体系严整性的意识限制，努力凸现高职教育职业能力培养的本质特征，在不断构建特色教材建设体系的过程中，逐步形成自己的品牌优势。

新世纪高职高专教材编审委员会在推进高职高专教材建设事业的过程中，始终得到了各级教育主管部门以及各相关院校相关部门的热忱支持和积极参与，对此我们谨致深深谢意，也希望一切关注、参与高职教育发展的同道朋友，在共同推动高职教育发展、进而推动高等教育体制变革的进程中，和我们携手并肩，共同担负起这一具有开拓性挑战意义的历史重任。

新世纪高职高专教材编审委员会

2001年8月18日

前　言

《建筑企业材料管理》是新世纪高职高专教材编审委员会组编的建筑工程技术类课程规划教材之一。

为满足高职高专建筑企业材料管理课程及相关专业在校学生的学习以及建筑企业材料管理人员的工作需要，培养高素质的理论与实践相结合的建筑企业材料管理人才而编写了本教材。

本教材的主要特点如下：

1.有自己的课程体系。本教材用系统科学的理论建立课程体系，将建筑企业材料管理内容归纳为建筑企业材料管理概述、材料消耗定额管理、材料计划管理、材料采购管理、材料供应管理、材料运输管理、材料储备管理、施工现场材料管理、周转材料及工具管理、材料核算管理等，反映建筑企业材料管理的基础理论和主要内容。在内容上以建筑企业施工生产过程的材料管理业务工作为依据，将重点放在材料的供应与管理上。

2.理论联系实际。本教材以社会主义市场经济理论为指导，以现行法律法规和建筑企业实际状况为依据，借鉴国外先进经营管理经验，较系统地阐述了建筑企业材料管理理论和方法。在编写过程中，利用企业实际工作中的资料说明材料管理工作的具体做法，帮助读者理解材料管理理论和方法。

3.体现高职高专教育的特色。本教材力求通俗、简明，适合高职高专学生和实际工作者阅读。教材中删减了较深奥的理论论述和公式推导，增加了实际操作内容，有利于培养动手能力。

4.教材内容重点突出，避免了重复。

5.为便于学习、掌握重点，每章后都设有复习思考题。

本教材由四川建筑职业技术学院陈茂明任主编，四川国正建设管理有限公司陈宬参与了部分章节的编写。具体编写分工如下：陈茂明编写第1～7章及第10章；陈宬编写第8、9章。全书由陈茂明负责统稿。四川华西集团有限公司第十二建筑工程公司罗进元总工程师(教授及高工)、第

新世纪

七建筑工程公司彭明先总经济师审阅了全书并提出了许多宝贵的意见和建议，在此深表感谢！另本教材在编写的过程中得到了四川建筑职业技术学院等单位领导的关心和大力支持，并参考了国内外有关专家、学者的最新科研成果，在此一并向这些单位领导及书刊资料的作者表示衷心的感谢！

在编写本教材的过程中，我们参考、引用和改编了国内外出版物中的相关资料以及网络资源，在此表示深深的谢意！请相关著作权人看到本教材后与出版社联系，出版社将按照相关法律的规定支付稿酬。

尽管我们在探索教材特色的建设方面做出了许多努力，但由于编者水平有限，教材中仍可能存在一些错误和不足，恳请各教学单位和读者在使用本教材时多提宝贵意见，以便下次修订时改进。

编　者
2010 年 10 月

所有意见和建议请发往：dutpgz@163.com
欢迎访问教材服务网站：http://www.dutpbook.com
联系电话：0411-84707492　84706671

目 录

第1章 概述

1.1 建筑物资管理概述

1.1.1 物资管理概述

建筑材料是建筑安装施工过程的劳动对象，是建筑产品的物质基础。建筑材料投入施工生产后，使原有的实物形态发生改变或消失，构成工程实体或有助于工程实体的形成。

建筑材料是建筑企业生产经营资金中流动资金的主要实物表现形态，是建筑物资的主要组成部分。

物资是物质资料的简称，包括生产资料和生活资料。物资有广义和狭义之分。广义的物资是物质资料的总称，包括生产资料和生活资料；狭义的物资主要指生产资料。物资管理工作中的物资主要指生产资料，包括物质生产过程中的劳动手段和劳动对象。物资的构成如图1-1所示。

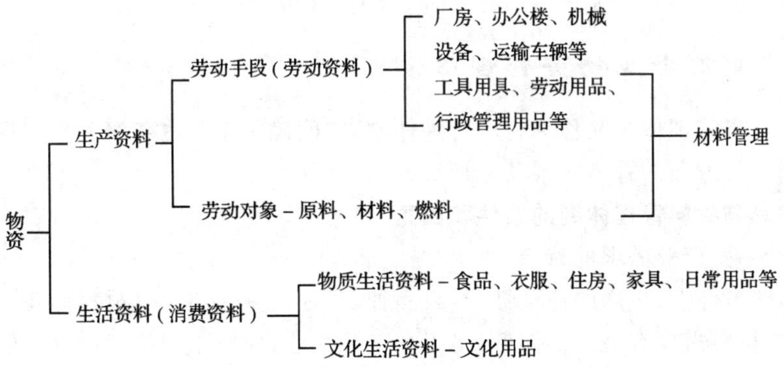

图1-1 物资的构成

物资管理是对物资流通过程的计划、组织、指挥、协调和控制，以保证生产建设的顺利进行。物资管理体制是国家组织和管理物资工作的根本制度，它确定了中央、地方、部门及企业之间的物资分配关系、管理权限和管理形式，包括下述三方面内容。

1. 物资分配体制

物资分配体制指中央、地方、部门、企业在物资分配权上的分工关系，明确了管理范围。

它包括：

(1)物资分配目录

物资分配目录是具体划分各级主管机关分配物资权限的分工文件。它按照各种物资在国民经济中的地位、作用及产需情况分别纳入各级管理范畴，并汇编成目录，明确分工，实行分级管理。这就将多种物资分为三种："国家统一分配物资"，又称统配物资或一类物资，这类物资关系到国计民生，是许多部门普遍需要的重要物资，如钢材、木材等，由国家主管部门统一平衡分配和管理；"国务院各部门管理分配物资"，又称部管物资或二类物资，这类物资仅次于统配物资，如焦炭、平板玻璃等，由国务院各部委指导并平衡分配；"各省、市、自治区平衡分配的物资"，又称地方管理物资或三类物资，这类物资指统配、部管之外的物资，如砖、瓦、灰、沙、石等，由各省、市、自治区自行管理。

(2)物资平衡调拨办法

物资平衡调拨是指由国家管理的物资采取统筹统支或统筹统支与地区平衡、差额调拨相结合的管理方式。

(3)物资的申请和分配渠道

物资的申请和分配渠道是指国家管理的物资可以按企业隶属关系进行申请和分配(适用于统筹统支调拨办法管理的物资)，或按地区物资关系申请和分配物资(适用于地方管理的物资)，或按行业归口申请和分配物资(适用于物资需求特殊的行业)。

2. 物资供销体制

物资供销体制是关于物资购销业务的分工，主要有产需直接衔接、以专业物资部门为主而企业物资部门为辅和生产资料市场供销方式。

3. 物资管理机构

物资管理机构是为发挥物资管理功能，完成物流任务而设置的组织。

随着我国经济体制改革的深入进行，国家计划管理中的指令性计划范围缩小，指导性计划和市场调节范围进一步扩大，物资管理体制发生了较大的变化。

1.1.2 建筑企业物资管理体制

建筑企业物资管理体制又称为材料管理体制，它明确了企业内各级各部门在材料采购、运输、储备、消耗等方面的管理权限及管理形式。

1. 决定和影响材料管理体制的条件和因素

(1)建筑产品生产及需求的特点

建筑产品的单件性、生产的流动性，材料品种多、规格多、数量大，材料储备不宜多；生产环境多变，常用材料需要有适当的储备；多工种交叉作业，应按不同施工段综合配套供料；要体现供管并重。

(2)建筑企业施工任务和施工组织形式

从施工任务看，规模、工期、分布不同，对材料管理体制的要求也就不同。从施工组织形式看，可采用不同的材料管理组织形式，如现场型采取集中管理，地市型则将主要材料供应权集中，区域型将材料供应权和管理权下放给基层。

(3)材料供应方式

建筑企业物资管理体制受国家和地区物资分配方式和供销方式的制约。目前，材料供应的方式主要有建设单位组织供应、建设单位与建筑企业共同供应、建筑企业供应、物资企业供应。

2. 材料管理体制

建筑企业材料管理体制是企业内部各级组织在材料管理工作中确定管理权限和管理形式的制度，由供应体制和组织机构组成。

(1)材料供应体制

材料供应体制是指在材料供应工作中，有关各方的权限划分及具体的供应方式。材料供应的具体方式大致有以下几种：

①建设单位组织供应

建设单位组织供应即建设单位按照建筑工程施工图预算的材料用量及施工单位有关材料品种、规格、使用时间的计划，将全部材料供应到施工现场。施工单位负责验收，凡使用过程中造成的损失和浪费均由施工单位承担。

②建设单位与建筑企业共同供应

建设单位与建筑企业签订工程承包合同时，应签订材料供应分工协议，明确双方在材料供应中应承担的责任和拥有的权利。施工过程中，双方按照协议确定的分工范围分别组织材料的供应。

③建筑企业供应

建筑企业供应指由建筑企业组织全部材料的供应，有利于建筑企业对材料的统一管理和统一核算，从而降低材料成本。

④物资企业供应

物资企业供应是将材料供应业务发包给材料公司，由材料公司负责全部材料的供应。

(2)材料组织机构

建筑企业材料管理的组织机构应根据企业组织机构形式和材料供应体制设置。

直线职能制组织机构的企业一般按照管理层次设置各级材料管理机构和人员。公司设材料部，分公司设材料科，项目经理部设材料组或专职材料管理人员，各班组设兼职领退料员。

矩阵制组织机构的企业一般按项目设置材料管理机构，公司材料部门只起协调和宏观控制作用。公司材料部门的业务人员深入各项目的材料管理机构，接受项目负责人的领导。各项目的材料管理机构一般实行集中管理方式，将供应权集中在项目机构，统一计划、统一采购、统一储备、统一加工、统一供应。

1.1.3 建筑企业材料管理的概念

建筑企业材料管理(建筑企业材料供应与管理的简称)指建筑企业对施工过程中所需各种材料的采购、储备、保管、使用等一系列组织和管理工作的总称。建筑企业材料管理也就是按照计划、组织、指挥、监督、协调等管理职能，依据一定的原则、程序和方法，搞好材料的平衡供应，高效、合理地组织材料的储存、使用，保证建筑施工活动的顺利进行。

材料管理可分为流通过程的管理和生产过程的管理。流通过程的管理指材料进入企业之前的管理工作，包括计划、购买、运输、仓储等；生产过程的管理指材料进入企业后消耗过程的管理工作，包括保管、发放、使用、退料、回收报废等。

1.1.4 材料管理的意义和任务

1. 材料管理的意义

施工生产的过程也是材料消耗的过程。材料是生产要素中价值量最大的组成要素，因此加强材料的管理是生产的客观要求。由于建筑生产的技术经济特点，使得建筑企业的材料供应管理工作具有一定的特殊性和复杂性，主要表现为供应的多样性、多变性和消耗的不均匀性，从而带来季节性储备和供应问题，并且供应要受运输方式和运输环节的影响与牵制。

加强材料管理是改善企业各项技术经济指标和提高经济效益的重要环节。材料管理水平的高低会通过工作量、劳动生产率、工程质量、成本、流动资金占用的多少和周转速度等各项指标直接影响企业的经济效益。因此，材料管理工作直接影响企业的施工生产、技术、财务、劳动、运输等方面的活动，对企业完成生产任务、满足社会需要和增加利润起着重要作用。

(1)材料管理是生产建筑产品的重要物质保证

建筑产品的生产过程也是建筑材料的消耗过程。材料缺货将影响施工生产的正常进行，甚至导致停工。建筑工程消耗的材料数量多、品种杂，给材料供应工作增加了难度。只有加强材料管理，才能保证施工生产的需要。

(2)材料管理是提高工程质量的重要保障

建筑产品是由建筑材料组成的实体，材料的质量将直接影响建筑产品的质量。材料管理工作的内容之一就是要利用各种管理措施，为施工生产提供符合质量要求的建筑材料，从物质上保证工程的质量。

(3)材料管理是降低工程成本的重要手段

材料成本占工程成本的绝大部分，材料费的超支与节余将直接影响工程成本的高低，故应在材料采购、保管、运输、发放、使用等环节上加强管理，以努力减少损耗和浪费，降低材料成本，进而降低工程成本。

(4)材料管理是减少生产经营资金占用并加速资金周转的重要措施

建筑产品生产周期长，材料储备量大，资金占用多。建筑企业在材料上占用的资金占全部生产经营资金的一半以上。通过材料管理，可在保证施工生产需要的前提下降低材料储备量，减少储备资金占用，加速资金周转。

(5)材料管理是提高劳动生产率的重要途径

加强材料管理并减少材料多次搬运、再次加工和工程返工等，可避免物质上的浪费，减少劳动投入，从而达到提高劳动生产率的目的。

2. 材料管理的任务

材料管理的任务：既要保证生产的需要，又要采取有效措施降低材料的消耗，加速资金周转，提高经济效益，其目的就是要用少量的资金取得最大的效益。具体要做到：

(1)按期、按质、按量、适价、配套供应施工生产中所需的各种材料，保证生产正常进行。

(2)经济合理地组织材料供应，减少储备，改进保管，降低消耗。

(3)监督与促进材料的合理、节约使用。

1.2 建筑企业材料管理的内容和方法

建筑企业材料管理是建筑企业管理的重要组成部分。材料管理贯穿于建筑企业生产经营活动的全过程,建筑企业探索出了一整套材料管理的方法。

1.2.1 材料管理的内容和程序

材料管理分为流通过程的管理和生产过程的管理,这两个阶段的具体管理工作就是材料管理的内容。材料管理的内容和程序如图1-2所示。

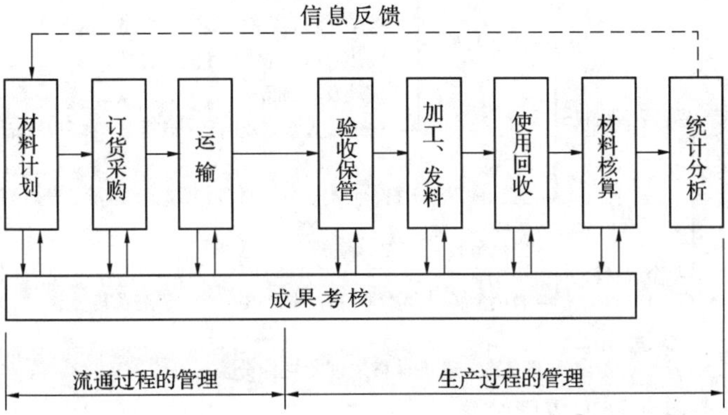

图1-2 材料管理的内容和程序

材料管理的主要工作内容涉及两个领域、三个方面和八项业务。

1. 两个领域

指在物资流通领域的材料管理和生产领域的材料管理。

(1)物资流通领域是指整个国民经济物资流通的组织形式。建筑材料是物资流通领域的组成部分。它在物资流通领域的活动是在企业材料计划的指导下,组织货源并进行订货、采购、运输和技术保管,以及将企业多余材料提供给社会等活动的管理。

(2)生产领域的材料管理是指在生产消费领域中实行定额供料,采取节约措施和奖励办法,鼓励降低材料单耗,实行退料回收和修旧利废活动的管理。建筑企业的项目部是材料供、管、用的基层单位,它的工作重点是管理,故其工作的好与坏对材料管理的成效有较大的影响。

2. 三个方面

指建筑材料的供、管、用,它们是紧密结合的。

3. 八项业务

指材料计划、组织货源、运输供应、验收保管、现场材料管理、工程耗料核销(核算)、经济核算和统计分析等。

上述各项业务活动是相互依存、相互联系的统一体。

(习惯上还将工具、用具、周转材料视为材料进行管理)

1.2.2 建筑材料分类

建筑业对材料消耗的量很大,房屋建筑工程成本的70%左右为材料费。建筑用材料有近80个大类,2000多个品种,3万多个规格,可生产冶金、化工、建材、石油、林业、机械、轻工、电子、仪表等50多个工农业部门的产品。为管理方便,人们从不同角度对建筑材料进行了分类。

1. 按材料的理化性能分类

建筑材料按理化性能分类如图1-3所示。

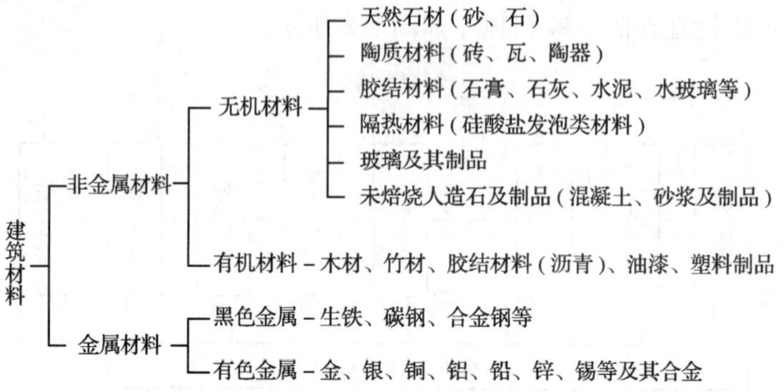

图1-3 建筑材料按理化性能分类

2. 按材料供应渠道和管理权限分类

可分为国家统一分配材料、部管材料、地方管理材料、市场供应材料。

3. 按材料在施工生产中的作用分类

在进行建筑企业内部核算时,将材料按其在施工生产中的作用分为如下几类:

(1)主要材料:指直接用于建筑工程(产品)上,构成工程实体的各种材料,如钢材、木材、水泥等材料。

(2)结构件:指事先已经对建筑材料进行加工,经过安装后构成工程实体的各种加工件,如金属构件、预制钢筋混凝土构件、木构件等。

(3)机械配件:指维修机械设备所需的各种零件和配件,如曲轴、螺钉等。

(4)周转材料:指施工生产中多次反复使用,基本保持原有形态且逐渐转移其价值的工具性材料,如脚手架、模板、枕木等。

(5)低值易耗品:指使用期限较短或单位价值较低而达不到固定资产标准的劳动资料,如工具、用具、劳动保护用品、玻璃器皿等。

(6)其他材料:指不构成工程(产品)实体,但有助于工程(产品)实体形成或便于施工生产进行的各种材料,如燃料、油料等。

4. 按使用历史分类

(1)传统建筑材料:使用历史较长的材料,如砖、瓦、砂、石及水泥、钢材、木材等。

(2)新型建筑材料:针对传统建筑材料而言,使用历史较短,是新开发的建筑材料。

传统和新型的概念是相对的。随着时间的推移,原先被认为是新型的建筑材料,若干年后可能就不被认为是新型的建筑材料了,而传统建筑材料可能随着新技术的发展,因新产品的出现而又成了新型建筑材料。

5. 按主要用途分类

(1)结构材料:主要指用于构造建筑结构部分的承重材料,如水泥、骨料、混凝土、混凝土外加剂、砂浆、墙体材料、钢材及公路中使用的沥青混凝土等,在建筑物中主要利用其力学性能。

(2)功能材料:主要是在建筑物中发挥其力学性能以外特长的材料,如防水材料、建筑涂料、绝热材料、防火材料、建筑玻璃、管材等,它们赋予建筑物以必要的防水功能、装饰效果、保温隔热、防火、维护、采光、防腐及给排水功能。正是利用了这些材料的一项或多项功能,才使建筑物具有使用功能,产生了一定的装饰效果,也使人们生活在一个安全、耐久、舒适、美观环境中的愿望得以实现。当然,有些功能材料除了其自身特有的功能外,还有一定的力学性能,而且人们也正在不断创造更多更好的多功能材料,以及既具有结构性材料的强度,又具有其他功能的复合材料。

6. 按成分分类

(1)无机材料:大部分使用历史较长的建筑材料属于此类。无机材料又分为金属材料和非金属材料:金属材料如建筑钢材、有色金属(铜及铜合金、铝及铝合金等)及其制品;非金属材料如水泥、骨料、混凝土、砂浆、砖和砌块等墙体材料、玻璃等。

(2)高分子材料:建筑涂料(无机涂料除外)、建筑塑料、混凝土外加剂、泡沫聚苯乙烯和发泡聚氨酯等绝热材料、防火涂料等。

(3)复合材料:常用不同性能和功能的材料进行复合而制造成性能更理想的材料,可以都由无机材料复合而成,也可以由无机材料和有机材料复合而成。如钢筋混凝土是由钢筋和混凝土复合而成,由钢筋承担抗拉荷载,混凝土承担抗压荷载,这是复合效果极好的一个例子。又如彩钢夹心板是由彩色钢板和聚苯乙烯或聚氨酯等泡沫塑料或岩棉等绝热材料复合而成。

另外还要提及的是人们常说的化学建材,其实这是一个没有明确定义的叫法。化学建材可指用一种或多种合成高分子材料作主要成分,添加各种辅助的改性组分后加工生成的用于各种工程的建筑材料。因此,化学建材属于有机高分子材料的范畴,但有时会以复合材料的形态出现。化学建材是继钢材、木材、水泥之后发展最快的第四大类重要的建筑材料,建筑涂料、新型防水材料、塑料管道、塑料门窗等是采用化学建材生产出的主要产品。

1.2.3 材料管理的方法

建筑企业材料管理应根据施工生产的特点来进行。在采用常用的行政方法、经济方法、法律方法时,应结合材料的品种和实际情况,采用更具体的材料管理方法和手段。

1. 限额控制法

限额控制法用于有消耗定额、施工工艺较稳定的项目所需材料的管理,即按消耗定额和工程量测算出材料消耗量,以此作为材料消耗的控制限额。

2. 检查奖惩法

检查奖惩法是上级材料部门对下级某项管理内容的完成情况、执行情况进行检查,对结果予以奖惩,例如仓库管理、现场场容管理、内业资料管理等常用此法。

3. 招标投标法

招标投标法是对某项材料管理工作预先定出目标并公开宣布,凡有能力并自愿完成任务者制定出实施方案，由招标部门组织评标，确定目标的具体实施部门。例如材料采购时，对大宗材料常用此法进行管理。

4. 重点管理法

重点管理法又称 ABC 分类管理法，是根据材料在施工生产中的重要程度和消耗额大小将其分为 A、B、C 三类，分别采取不同的管理方法。

【例 1-1】 某企业上年耗料 3421 种，金额 839 万元，消耗资料见表 1-1。

表 1-1 某企业材料消耗分析表

编号	材料品种	品种数			耗用金额			分类
		项数	累计	累计(%)	价值(千元)	累计(千元)	累计(%)	
1	钢 材	3	3		30.0	30.0		
2	木 材	2	5		29.5	59.5		
3	水 泥	2	7		28.3	87.8		
…	……	…	…		…	…		
178	×××	4	328		5.05	6300.0		
价值 5000 元以上		328	328	9	6300	6300	75	A
179	×××	2	330		4.9	6304.9		
…	……	…	…		…	…		
208	×××	1	478		3.0	6890		
价值 3000 元以上		150	478	14	590	6890	82	B
209	×××	3	481		2.9	6892.9		
…	……	…	…		…	…		
价值 1000 元以上		522	1000	29	830	7720	92	B
…	……	…	…	……				
价值 1000 元以下		2421	3421	100	670	8390	100	C

根据消耗金额分档次，本例分为 5000 元以上、3000 元以上、1000 元以上和 1000 元以下(不含 1000 元)四个档次，分类结果见表 1-2。

表 1-2 某企业材料消耗分类表

分类	品种数	品种所占比率(%)	金额(千元)	金额所占比率(%)
A	328	9	6300	75
B	672	20	1420	17
C	2421	71	670	8
合计	3421	100	8390	100

(1)A 类材料一般所占金额较多(其价值占总价值的 70%～90%)，而品种较少(其品种占总品种的 5%～20%)，必须严格管理。制订详细的材料需用计划以及材料的采购、使用、储备的核算必须按品种进行考核，对其使用及储备情况应经常检查，以实现该类材料的高效益。

(2)B 类材料所占金额和品种均处于中等水平(其价值占总价值的 10%～25%，其品种占总品种的 25%～40%)，可以采用一般的管理手段。材料需用计划可按消耗水平估算，采购、使用和储备的核算可按品种或大类进行考核，对 B 类材料的使用、储备、费用及管理效果可定期进行考核检查，使其控制在预定范围之内。

(3)C类材料是指所占金额较少(其价值占总价值的5%～15%)而品种较多的材料(其品种占总品种的50%～70%)。由于品种较多，很难样样控制、种种把关，况且由于价值量相对较低，因此对C类材料较有效的管理方法就是采用资金控制。这种方法既宽松又有效。宽松意为限制该类材料处于一定的资金范围内而不再具体到品种规格，可简化劳动，但又不会失控，因为总金额不超过一定水平。

把在材料费用总金额中占70%左右的A类材料集中精力管理，并不意味着对B、C类材料放松管理，而是要加强一般材料资金的管理。

5. 材料编号管理

材料编号是在材料分类的基础上给各种不同材料规定代号，用文字、符号或数字表明各种材料的类别、名称、规格等，一料一号、条理清晰，便于抄写和查核。如将材料仓库、货位与电子计算机应用相结合，通过编号更能提高工作效率。

在建筑企业中，对材料编号的常用方法有数码编号法和字母与数码混合编号法。

数码编号法是将全部材料按一定程序分成三级或四级，用十位数或百位数进级排列。例如，某地区将材料编号分为三级，第一级表示材料类别(与会计科目一致)，第二级表示材料名称，第三级表示材料规格、型号。该地区将主要材料编号定为数码10，为了满足核算工作需要，进一步将主要材料划分为9小类(从11开始)：

11. 硅酸盐材料

12. 水泥

13. 砂石材料

14. 木材

15. 黑色金属

16. 有色金属

17. 金属制品(小五金)

18. 油漆及化学制品

19. 其他

例如白色油性调和漆编号为18.5-4，含义解释如下：

编码18.(第一级)代表材料品种——白色油性调和漆属主要材料的第八小类“油漆及化学制品”。

编码5(第二级)代表材料名称——油性调和漆。

编码4(第三级)代表材料规格——红、黄、蓝、白、黑……中的白(排位第四)。

字母与数码混合编号法指当数码编号不能满足核算、管理工作需要时，采用字母与数码混合编号，在数码的首尾加上A、B、C等字母，表示材料存放位置或电脑存储代号等。

例如18.A5-4，其中“A”表示仓库编号，全部编号的含义为白色油性调和漆存放在A仓库。

复习思考题

1. 解释基本概念：物资，物资管理，物资管理体制，建筑企业材料管理。

2. 物资管理体制的主要内容有哪些?

3. 建筑材料的分类方法有哪几种? 分类情况如何?

4. 单选题

(1)在建筑材料管理中,对 A 类材料应当( ),采购、使用、储备的核算按品种进行,应经常检查使用和储备情况。

A. 严格管理　B. 及时汇报
C. 及时汇总　D. 定期检查使用和储备情况

(2)建筑材料是建筑安装施工过程的( )。

A. 劳动资料　B. 劳动对象和劳动手段　C. 劳动手段　D. 劳动对象

5. 多选题

(1)材料管理常用的方法主要是( )。

A. 经济方法　B. 行政方法　C. 法律方法　D. 数学方法

(2)物资分配体制指中央、地方、部门、企业在物资分配权上的分工关系,它明确了管理范围,包括( )。

A. 物资分配目录　B. 物资平衡调拨办法　C. 物资申请　D. 分配渠道

(3)目前,材料供应的主要方式有建设单位供应、( )。

A. 建设单位与建筑企业共同供应　B. 建筑企业自己供应
C. 物资企业供应　D. 外资企业供应　E. 建材企业供应

(4)建筑企业材料管理的工作内容包括( )。

A. 流通过程的管理　B. 生产过程的管理　C. 使用过程的管理　D. 验收过程的管理
E. 保管过程的管理

(5)建筑企业材料管理的具体方法和手段有限额控制法和( )。

A. 检查奖惩法　B. 招标投标法　C. 重点管理法　D. 材料编号管理法
E. 一般管理法

(6)物资是物质资料的简称,包括( )。

A. 生产资料　B. 劳动资料　C. 生活资料　D. 劳动对象
E. 建筑材料

(7)影响和决定建筑企业材料管理体制的条件和因素有( )。

A. 物资分配体制　B. 建筑产品生产及需求的特点　C. 材料供应方式
D. 建筑企业施工生产任务和施工组织形式　E. 采购方式

第2章 材料消耗定额管理

2.1 材料消耗定额概述

2.1.1 材料消耗定额的概念

材料消耗定额是指在一定生产技术条件下，为生产单位产品或完成单位工程量而合理消耗材料的数量标准。

材料消耗定额的一定条件是指施工生产技术、工艺、管理水平、材质、工人等因素处于正常状态，即处于“一定条件”的范围内。

材料消耗定额确定的是完成单位产品（工程量）而合理消耗材料的数量标准，即在一定条件下完成单位产品（工程量）的必要消耗，不含可以避免的浪费或损耗；其次是合理消耗材料的数量限额。

2.1.2 材料消耗定额的作用

材料成本占工程成本的70%左右，节约用料是材料管理的重要内容。材料消耗定额在材料计划、运输、供应、使用等环节中起着重要作用。材料消耗定额是材料管理的基本标准和依据，其作用主要表现为：

1. 是编制材料计划的基础

编制材料计划必须清楚工程所需各种材料的数量，才能有的放矢地开展工作。施工生产中所需材料的数量是根据实物工程量和材料消耗定额计算出来的，离开了材料消耗定额，材料计划也就失去了标准和依据。

2. 是控制材料消耗的依据

为了控制材料消耗，建筑企业普遍实行限额用料制度，各种材料的用料限额由材料消耗定额确定。材料消耗定额是在工程实践基础上，采用数理统计分析等科学方法，经过多次测算制定出来的，代表了企业材料消耗的平均水平，可以保证施工生产在合理的消耗范围内用料。

3. 是推行经济责任制的重要条件

实行经济责任制的重要内容之一是要确定耗用材料的经济责任。应依据材料消耗定额计算工程材料用量，以作为材料的消耗标准，再根据承包者耗用材料的节超情况分别奖励或惩罚。

4. 是加强经济核算的基础

材料核算是建筑企业经济核算的主要内容之一。材料核算必须以材料消耗定额作为标准，分析工程施工实际材料耗用水平。根据材料成本的节约或超支情况，寻找降低材料成本的途径。

5. 是提高经营管理水平的重要手段

材料消耗定额是建筑企业经营管理的基础工作之一。通过材料消耗定额管理，促使企业有关部门研究物资管理工作，改善施工组织方法，改进操作技术，从而提高企业经营管理水平。

2.1.3 材料消耗定额的分类

1. 按用途分类

(1)材料消耗概算定额

指在设计资料不齐全以及有较多不确定因素的条件下，用以估算建筑工程所需材料数量的定额。材料消耗概算定额、劳动概算定额、机械台班概算定额组成了建筑工程概算定额。

材料消耗概算定额主要用于估算建筑工程的材料需用量，为编制材料备料计划提供依据。材料消耗概算定额主要有以下几种：

①万元产值材料消耗定额(简称万元定额)：即每万元施工产值材料消耗的数量标准，它是一定的统计期某种材料的总消耗量和完成的施工产值的比值。公式如下：

$$\begin{matrix}\text{每万元施工产值}\\\text{某种材料的消耗定额}\end{matrix}=\frac{\text{统计期该种材料的总消耗量}}{\text{统计期完成的施工产值}}$$

测定万元定额时，因工程类型各异，每万元施工产值消耗的材料差异较大。使用万元定额时，应分析实际工程的类型，选用相应的定额。此外，还应分析建筑产品价格变动情况，根据变动幅度对万元定额加以修正。

②单位建筑面积材料消耗定额(简称平方米定额)：即每平方米建筑面积材料消耗的数量标准，它是一定统计期竣工工程材料的消耗量和竣工工程面积的比值。公式如下：

$$\begin{matrix}\text{每平方米某种材料}\\\text{的消耗定额}\end{matrix}=\frac{\text{统计期竣工工程该种材料的消耗量}}{\text{统计期竣工工程面积}}$$

建筑工程的结构类型不同，所消耗材料的数量不同。因此，测定平方米定额必须区分工程的结构类型，分别制定。和万元定额相比，平方米定额因不受价格变动的影响，故较为准确。但平方米定额受施工工艺、材料品种、设计标准变化的影响，使用时仍需根据变化的情况对定额加以调整，才能保证准确性、适用性。

③分部(分项)工程实物工程量材料消耗综合定额：即单位分部(分项)工程实物工程量所消耗材料的数量标准，这种定额一般也按照统计资料测算。公式如下：

$$\begin{matrix}\text{某分部(分项)工程}\\\text{某种材料的消耗定额}\end{matrix}=\frac{\text{统计期该分部(分项)工程消耗该种材料的数量}}{\text{统计期该分部(分项)工程的实物工程量}}$$

分部(分项)工程实物工程量材料消耗综合定额比平方米定额更详细一些，接近于预算定额，只是项目划分得综合一些。

(2)材料消耗预算定额

由各地方政府主管部门统一制定,用以计算建筑商品价格的定额。材料消耗预算定额是建筑工程预算定额的组成部分。

材料消耗预算定额反映各地区材料消耗的社会平均水平,具有统一标准的作用,是甲乙双方结算材料价款的依据,各单位在使用中不得更改(有规定的除外)。材料消耗预算定额反映某一地区的社会平均消耗水平,制定时必须依据现行设计标准、设计规范、标准图纸、施工验收规范、质量检验评定标准、操作规程、合理的施工组织设计、施工条件、当地消耗水平等因素,经反复测算后确定。材料消耗预算定额测定颁发后,只能由颁发单位统一组织修订。一般以分部(分项)工程为单位确定材料的消耗量。

材料消耗预算定额主要用于编制施工图预算。如果企业用以编制材料计划,供内部施工生产使用,则可根据实际需要调整。

(3)材料消耗施工定额

是建筑企业内部编制材料计划、限额发料的定额。材料消耗施工定额是建筑工程施工定额的组成部分,是由建筑企业自行编制的材料消耗的数量标准。材料消耗施工定额是建筑企业管理标准的组成部分。

材料消耗施工定额和材料消耗预算定额相似,但又有所区别。主要区别如下:

①材料消耗施工定额由企业自行制定,适用于企业内部;材料消耗预算定额由各地政府主管部门制定,适用于一个地区。

②材料消耗施工定额按本企业实际的施工条件和生产经营管理水平编制,而材料消耗预算定额按地区社会平均水平编制。

③材料消耗施工定额的项目接近操作程序,项目划分一般较细;材料消耗预算定额重在定价,项目划分一般综合些。

④材料消耗施工定额主要是材料消耗的实物量,而材料消耗预算定额强调实物量和价值量的统一。

对建筑企业而言,材料消耗预算定额决定企业的收入,材料消耗施工定额是企业计划支出的标准。所以,材料消耗施工定额的水平必须高于材料消耗预算定额的水平,即材料消耗施工定额的材料消耗量应低于材料消耗预算定额的材料消耗量。

2. 按材料分类

(1)主要材料(结构件)消耗定额:主要材料和结构件直接构成工程实体,一次性消耗。定额由净用量加一定损耗构成。

(2)其他材料消耗定额:其他材料是建筑产品生产的辅助材料,不直接构成工程实体。其用量较少,但品种多而复杂,一般通过主要材料间接确定,在预算定额中常不列出品种,而只列出其他材料费。

(3)周转材料(低值易耗品)消耗定额:周转材料和低值易耗品可以多次使用,逐渐消耗并转移价值。在定额中,周转材料只列每周转一次的摊销量。使用周转材料消耗定额时,必须注意它的这个特点。

3. 按范围分类

(1)建筑工程材料消耗定额:指建筑企业施工用材料的定额,例如材料消耗概算定额、预算定额、施工定额都属于这一类,是材料管理工作的主要定额。

(2)附属生产材料消耗定额:指建筑企业所属附属企业生产的材料消耗定额。附属企业的生产活动属于工业生产,与施工活动的性质不同,需另外制定消耗定额。

(3)维修用材料消耗定额:指建筑企业生产经营活动中,为保证设备等固定资产正常运转,在维修时消耗各种材料的定额。

2.1.4 材料消耗及材料消耗定额的构成

为了了解材料消耗定额的构成,首先应清楚材料消耗的构成。

1. 材料消耗的构成

建筑工程的材料消耗一般由有效消耗、工艺损耗和管理损耗三部分组成。

(1)有效消耗:指构成工程实体的材料净用量。

(2)工艺损耗:指由于工艺原因,在施工准备过程和施工过程中发生的损耗。工艺损耗又称施工损耗,包括操作损耗、余料损耗和废品损耗。

(3)管理损耗:指由于管理原因,在材料管理过程中发生的损耗,又叫非工艺损耗,包括运输损耗、保管损耗等。

建筑工程材料消耗构成如图 2-1 所示。

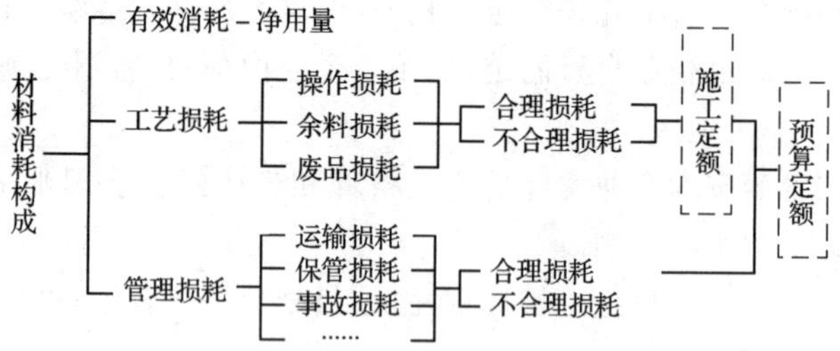

图 2-1 建筑工程材料消耗构成示意图

2. 材料消耗定额的构成

材料消耗定额的实质就是材料消耗量的限额,一般由有效消耗和合理损耗组成。材料消耗定额的有效消耗部分是固定的,所不同的只是合理损耗部分。

(1)材料消耗施工定额的构成

材料消耗施工定额＝有效消耗＋合理的工艺损耗

材料消耗施工定额主要用于企业内部施工现场的材料耗用管理,因而一般不包括管理损耗。当然,这也不是绝对的。随着材料使用单位(工程承包单位)承包范围的扩大,材料消耗施工定额应包含相应的管理损耗。

(2)材料消耗预(概)算定额的构成

材料消耗预(概)算定额＝有效消耗＋合理的工艺损耗＋合理的管理损耗

材料消耗预(概)算定额是地区的平均消耗标准,反映建筑企业完成建筑产品生产全过程的材料消耗平均水平。建筑产品生产的全过程涉及各项管理活动,材料消耗预(概)算定额不仅应包括有效消耗与合理的工艺损耗,还应包括合理的管理损耗。

2.1.5 材料消耗定额的制定方法

制定材料消耗定额的目的是既要保证施工生产的需要,又要降低消耗,从而提高企业的经营管理水平，取得最佳经济效益。

1. 制定材料消耗定额的要求

(1)定质

定质即对建筑工程或产品所需的材料品种、规格、质量作正确的选择，务必达到技术上可靠、经济上合理和采购供应上的可能。具体考虑的因素和要求是：品种、规格和质量均符合工程(产品)的技术设计要求，有良好的工艺性能，便于操作，有利于提高工效；采用通用、标准材料，尽量避免采用稀缺昂贵材料。

(2)定量

定量的关键在于定损耗量。消耗定额中的净用量一般是不变的量。定额的先进性主要反映在对损耗量的合理判断上，即如何科学、正确、合理地判断损耗量的大小，它是制定消耗定额的关键。

2. 制定材料消耗定额的方法

(1)技术分析法

技术分析法指根据施工图纸、设计资料、施工规范、工艺流程、设备要求、材料品种、规格等资料，采用一定方法计算材料消耗量。步骤如下：

①计算净用量

净用量是组成材料消耗定额的主要内容，一般有两种确定方法：

- 分项工程只有一种主要材料，如制作铝合金门窗、安装玻璃窗等，可以直接根据施工图纸计算净用量。
- 分项工程由多种材料构成，如砌砖工程、混凝土工程，应先确定各种主要材料的比例，然后根据施工图纸和主要材料比例计算净用量。

②确定损耗率

根据施工工艺、施工规范、材料质量、设备要求、历史资料和管理水平测算损耗率。

$$\text{管理损耗率}=\frac{\text{管理损耗量}}{\text{消耗总量}}\times 100\%$$

$$\text{工艺损耗率}=\frac{\text{工艺损耗量}}{\text{消耗总量}}\times 100\%$$

③计算材料消耗定额

$$\text{材料消耗预算定额}=\frac{\text{净用量}}{1-\text{损耗率}}$$

$$\text{材料消耗施工定额}=\text{材料消耗预算定额}\times(1-\text{管理损耗率})$$

【例 2-1】 现浇钢筋混凝土梁，用42.5普通硅酸盐水泥、5～40 mm碎石、中砂，要求混凝土强度等级为C30，试确定其材料消耗定额。

解：①计算净用量

浇注1 m^3 梁的混凝土净用量为1 m^3。根据技术要求知C30混凝土材料配合比为：42.5水泥366 kg、中砂635 kg、碎石1178 kg。

②确定损耗率

根据有关资料得知，现浇混凝土梁的工艺损耗率为1.2%，水泥管理损耗率为1.3%，中砂管理损耗率为1.5%，碎石管理损耗率为3%。

③计算混凝土梁的材料消耗预算定额

混凝土净用量＝1/(1－1.2％)＝1.012 m^3

42.5 水泥定额用量＝366×1.012/(1－1.3％)＝375.27 kg

中砂定额用量＝635×1.012/(1－1.5％)＝652.41 kg

碎石定额用量＝1178×1.012/(1－3％)＝1229.01 kg

④计算混凝土梁的材料消耗施工定额

42.5 水泥定额用量＝375.27×(1－1.3％)＝370.39 kg

中砂定额用量＝652.41×(1－1.5％)＝642.62 kg

碎石定额用量＝1229.01×(1－3％)＝1192.14 kg

(2)标准试验法

标准试验法指在试验室用专门仪器设备测试确定材料消耗量的方法。在标准条件下，试验确定的材料消耗量还应按实际条件进行调整。此法适用于砂浆、混凝土、沥青柔性防水屋面等材料消耗量的测定。

(3)统计分析法

即按某分项工程实际材料消耗量与完成的实物工程量统计的数量求出平均消耗量。在此基础上，再根据计划期与原统计期的不同因素作适当调整，最终确定材料消耗定额。

采用统计分析法时，为确保定额的先进水平，通常按以往实际消耗的平均先进数作为消耗定额。求平均先进数是从同类型结构工程的 10 个单位工程消耗量中扣除上、下各两个最低和最高值后，取中间六个消耗量的平均值；或者对一定时期内比总平均数先进的各个消耗值求平均值，这个新的平均值即为平均先进数。现举例见表 2-1。

表 2-1　某产品消耗的某种材料统计表

项目＼月份	7 月	8 月	9 月	10 月	11 月	12 月	合计平均值
产　量	80	80	80	90	110	100	540
材料消耗量(kg)	960	880	800	891	1045	824	5400
单耗(kg)	12	11	10	9.9	9.5	8.24	10

从表中看出，7～12 月份每月用料的平均单耗为 10 kg。其中，7、8 两月的单耗大于平均单耗，9 月的单耗与平均单耗相等，10～12 月的单耗低于平均单耗，这三个月的单耗即为先进数。用这三个月的材料消耗量计算出平均单耗，即为平均先进数。计算式为

$$\frac{891+1045+824}{90+110+100}=\frac{2760}{300}=9.2\ \text{kg}$$

(4)经验估算法

根据有关制定定额的业务人员、操作者、技术人员的经验或已有资料，通过估算来制定材料消耗定额的方法。估算法具有实践性强、简便易行、制定迅速的优点，其缺点是缺乏科学计算依据、因人而异、准确度较差。

经验估算法常用于急需的临时估算，或无统计资料或虽有消耗量但不易计算(如某些辅助材料、工具、低值易耗品等)的情况。此法也称“估工估料”，应用较普遍。

(5)现场测定法

是组织有经验的施工人员、老工人、业务人员，在现场实际操作过程中对完成单一产品

的材料消耗量进行实地观察、查定、写实记录，用以制定定额的方法。

现场测定法的优点是目睹现实、真实可靠、易发现问题，利于消除一部分消耗不合理的浪费因素，提供较为可靠的数据和资料。但这种方法工作量大，且在具体施工操作中实测较难，还不可避免地会受到工艺技术条件、施工环境因素和参测人员水平等的限制。

2.2 材料消耗定额管理

2.2.1 材料消耗定额管理的基本要求

(1)材料消耗定额必须具有科学性和严密性。

(2)材料消耗定额一经颁布，必须严格执行，不得任意更改，并应保持一定阶段的稳定性。

(3)材料消耗定额要具有先进性和可行性。

2.2.2 建立和健全材料消耗定额管理组织体制

加强材料消耗定额管理，首先要从组织体制抓起，建立各级材料消耗定额管理机构。

材料消耗定额管理机构的任务是拟定有关材料消耗定额的政策法令，组织编制或审批材料消耗定额，监督材料消耗定额的执行，定期修订定额，负责材料消耗定额的解释。

各级材料消耗定额管理机构还应配备专职或兼职材料消耗定额管理员，使物化劳动的消耗定额与活劳动的消耗定额一样有人管，负责材料消耗定额的解释和业务指导；经常检查定额使用情况，发现问题并及时纠正；做好定额考核工作；收集、积累有关定额的资料，以便调整修订定额。

2.2.3 做好材料消耗定额的制定和补充工作

建筑企业材料消耗定额的制定和补充工作应落实到职能部门，将其作为该职能部门的正常业务工作。这就要求有关人员熟悉和研究材料消耗定额的编制原则和方法，对不能满足实际要求的材料消耗定额进行定期修订和补充。

编制材料消耗定额要遵循以下几点原则：

(1)降低消耗原则：加强材料消耗定额管理的目的就是提高经济效益，降低消耗。

(2)实事求是原则：制定材料消耗定额不能脱离客观实际，要从客观实际条件出发，确定合理的定额水平。

(3)先进原则：为了充分发挥和调动生产工人合理使用材料的积极性，确定材料消耗定额水平，从总的发展趋势看，必须坚持先进原则，使生产工人始终保持充沛的精力、坚强的意志、坚定的信心，为实现定额水平不懈努力。

(4)确保工程质量原则：确保工程质量是最大的节约，产品质量低劣是最大的浪费。

材料消耗定额很难一次编齐编全，往往是在执行中逐步齐备。有的项目可能在制定时遗漏了，有的项目可能随着技术工艺的不断进步而产生。应根据制定定额的基本原则和方法，及时调查研究、收集资料，以便及时拟定补充定额。

2.2.4 正确使用材料消耗定额

材料消耗定额受以下三个因素影响：

(1)工程项目的设计要求

在工程项目设计中，对混凝土和砌筑砂浆的标号、粉刷砂浆的配合比以及墙面粉刷和地坪的厚度等都有明确具体的要求，它们是决定材料消耗定额的重要条件。所以在执行定额时，应首先在定额表中对照这些技术要求，根据设计要求采用相应的定额项目。

(2)使用材料的规格、质量

材料相同而质量规格不同，材料的定额用量也不同。如水泥的标号有 p.o42.5、52.5 等(p.o 表示普通硅酸盐水泥)，河砂有细、中、粗砂等，碎石有 5～15 mm、5～25 mm、5～40 mm、5～70 mm 之分等，要对照使用材料的品种规格，确定相应的材料定额用量。

(3)工程内容及工艺要求

如抹灰工程中手工粉刷与机喷粉刷的消耗水平不同；混凝土有现浇和预制之分；工程的计量单位有的按延长米计量，有的按平方米或立方米计量。另外从工程所包括的具体内容来看，如混凝土工程有随捣随抹，其中已包括抹面，就不需另行增加抹面用材料。内容和工艺要求不同，材料消耗定额也不同。

实际工程内容和工艺要求与定额不同，需要材料数量也不相同，应进行换算。

在查用材料消耗定额时，先根据工程项目查找相应的定额部分，然后对照上述三个因素查找适用的材料消耗定额。

2.2.5 材料消耗定额的修订

(1)找出需要修改定额的实际原因，如施工条件是否能达到定额中规定的要求，定额水平是否脱离实际或定额用量是否过高而失去了一定的约束力，质量要求是否符合实际等。通过调查，针对问题所在，研究解决问题的办法。

(2)掌握原始数据。平时在实际施工中要经常注意原始消耗资料的积累，将其作为修订定额的原始依据。

(3)正确做好修改定额的计算工作，使修订后的定额更加符合实际，推动施工生产发展。

(4)修订的定额一定要按规定程序，报请上级批准后执行，如果随便修改而没有经过一定的审批程序，那就失去了定额应有的严肃性。

在修订材料消耗定额的过程中，应由技术、施工、材料等有关部门共同研究解决，进行技术和经济的综合处理。

以抹灰工程为例，解决抹灰工程材料超支问题应从以下三方面着手研究并进行处理：

(1)抓上道工序的质量。砌墙的质量不符合标准，是造成粉刷材料超耗的重要原因，一定要把墙面垂直度和平整度抓好，严格进行质量和操作工艺的检查，严格保证材料质量和操作规程的贯彻，保证墙体工程质量优良，为抹灰工程施工创造良好的条件。

(2)在墙体工程完工后组织一次实地检查，对局部高低不平安排人力进行修补，使墙面恢复平整，然后进行抹灰。虽然多花了人工，但可以减少粉刷厚度，节约材料，还是合理的。据某单位某年的统计资料，全年抹灰工程量为 1245 万平方米，若平均以超厚 3 mm 估算，将多用抹灰砂浆 3.7 万立方米，损失约 200 万元，且实际超厚往往不止此数，故应引起足够的重视。

(3)修订定额。墙面处理后,若仍不符合规定要求达到的定额消耗水平,则应由施工、技术和材料等部门共同商讨修订消耗定额。要注意实事求是、科学测算,按照规定的审批手续报请批准。

2.2.6 材料消耗定额的调整

(1)工程设计的要求与定额规定的条件不符时,可根据工程设计的要求对比定额规定条件,作相应调整。如抹灰和楼地面面层的厚度,工程设计由于某种原因,要求大于定额规定厚度时,可以按增加部分调整材料消耗定额。举例如下:

某工程楼地面面层的设计要求做 40 mm 厚的细石混凝土,但某单位的材料消耗定额规定厚度为 30 mm,材料消耗定额按规定可以作相应调整。

$$\text{材料消耗定额调整系数}=\frac{\text{设计要求厚度}}{\text{定额规定厚度}}=\frac{40}{30}=1.33$$

(2)使用材料的规格与材料消耗定额规定不符时,可以调整定额。如定额规定混凝土的细骨料以中、粗砂为基础,若粒径有变化,则水泥用量可作相应调整,调整幅度控制在±2%。使用水泥的标号由于货源问题,很难完全按定额规定的标号组织供应,同时应考虑到水泥富余强度的利用,高、低标号的互换和水泥富余强度系数的大小一定要有配合比,以设计资料和统计资料作为调整的依据。

(3)施工上的特殊要求影响材料消耗量时,也可按规定作相应调整。如混凝土一般在定额确定时,规定坍落度为 4~6 mm,当施工中要求增加坍落度时,有些单位规定每增加1 mm 坍落度,在保持水灰比不变的情况下,高强度等级的混凝土增加水泥用量 2%,低强度等级的混凝土增加水泥用量 3%。别处在使用代替品时,应按代替品的比例调整定额。

2.2.7 材料消耗定额的考核

加强材料消耗定额的考核,可以弄清材料耗用的经济效益。建筑企业要以分部(分项)工程为主,以限额领料单为依据,考核材料节约或超支情况。考核的重点是计算节约和超耗,可用实物和货币两种方式进行考核。主要指标有:

$$\text{某种材料节约量}=\text{定额消耗总量}-\text{实际消耗总量}$$

$$\text{某种材料节约额}=\text{定额消耗总额}-\text{实际消耗总额}$$

或

$$\text{某种材料节约额}=\text{某种材料节约量}\times\text{该种材料单价}$$

除此之外,还有一种较普遍的考核方式,就是考核节约率。

$$\text{某种材料的节约率}=\frac{\text{某种材料节约总量(或节约额)}}{\text{某种材料定额消耗总量(或节约额)}}\times 100\%$$

由于材料品种繁多,除了要考核某种材料的节约率之外,还要考核许多材料的综合节约率。

$$\text{材料综合节约率}=\frac{\text{材料总的节约额}}{\text{材料定额需用总额}}\times 100\%$$

收集和积累材料定额执行情况的资料并经常进行调查研究的分析工作是材料定额管理中的一项重要工作,它不仅能弄清材料使用上的节约和浪费原因,更重要的是还能揭露浪费,堵塞漏洞,总结并交流节约经验,促使进一步降低材料消耗和工程成本,为今后修订和补充定额提供可靠依据。

2.3 常用材料消耗定额的应用

2.3.1 材料消耗预算定额

材料消耗预算定额是由地方主管部门统一组织制定的，是地区性的预计建筑工程材料需用量的定额，一般合并编制在建筑工程预算定额内。

材料消耗预算定额是编制建筑安装施工图预算的法定依据，是确定工程造价、办理工程拨款的依据，是计算招标标底和投标报价的基础，也是选择设计方案、进行企业经济活动分析的基础。在材料采购供应活动中，它又是编制材料分析、控制材料消耗进行两算对比的依据。

2.3.2 材料消耗施工定额

材料消耗施工定额是由建筑企业自行编制的材料消耗定额，又称企业内部定额，是施工班组实行限额领料、进行分部(分项)工程核算和班组核算的依据。材料消耗施工定额既接近于材料消耗预算定额，又不同于材料消耗预算定额。其相同之处在于二者都基本上采用材料消耗预算定额的分部(分项)方法，不同之处在于材料消耗施工定额结合本企业现有条件下可能达到的平均先进水平，它是企业管理水平的标志。

材料消耗施工定额是建筑施工中最细的定额，它能详细反映各种材料的品种、规格、材质和消耗数量，作为企业内部编制材料需用计划、组织现场定额供料的依据。

限额领料也称定额用料，是指施工队伍在施工时必须将材料的消耗控制在该操作项目消耗定额之内，是施工企业材料消耗管理的有效方法之一。选用正确的施工定额是计算材料限额的标准。选用定额时，首先根据施工项目找出定额中相应的分章工程，根据分章工程查找分章中的定额子目，并填写定额编号和单方用量。其次用施工项目的工程量乘以需用各种材料的单方用量，得出各种材料的需用量。

【例 2-2】 工程需用 M5 混合砂浆，砌 140 m^3 墙体双混 1.5 砖，计算该工程计划需用各种材料多少？

解：首先查定额得每立方米砌体需用 M5 混合砂浆 0.26 m^3，标砖 510 块；然后求出 0.26 m^3砂浆各种材料单方用量，根据砌筑砂浆配合比，M5 混合砂浆每立方米含 p.o42.5 水泥 182 kg、白灰 75 kg、砂子 1685 kg，计算 0.26 m^3 砂浆水泥、白灰、砂子的需用量；最后计算出 140 m^3 砌体所需各种材料的用量。

p.o42.5 水泥需用量：$182\times0.26\times140=6625$ kg

白灰需用量：$75\times0.26\times140=2730$ kg

砂子需用量：$1685\times0.26\times140=61334$ kg

标砖需用量：$510\times140=71400$ 块

2.3.3 材料消耗估算指标

材料消耗估算指标是在材料消耗预算定额基础上以扩大的结构项目形式表示的一种定额。一般以整栋建筑物为对象，表明每平方米建筑面积或每万元施工产值某种材料的消耗量。

材料消耗估算指标一般是根据历年统计资料和工程结构类型的材料耗用量，结合企业现有管理水平，经过整理分析而制定的一种经验定额。其指标表现形式有两种：材料消耗量/万元施工产值，材料消耗量/建筑面积。材料消耗估算指标内容较粗，只能用于匡算主要材料用量和编制年度备料计划。

复习思考题

1. 解释基本概念：材料消耗定额，材料消耗预算定额。

2. 材料消耗定额有哪些作用？

3. 简述材料消耗及材料消耗定额的构成。

4. 简述材料消耗定额管理的主要工作内容。

5. 简述材料消耗定额考核的方式。

6. 简述材料消耗定额应用的程序。

7. 材料消耗施工定额与材料消耗预算定额的主要区别有哪些？

8. 单项选择题

(1)材料消耗施工定额是由(　　)编制的材料消耗定额，又称企业内部定额，是施工班组实行限额领料并进行分部(分项)工程核算和班组核算的依据。

A. 建筑企业自行　　B. 政府　　C. 建设单位　　D. 建筑企业主管部门

(2)材料消耗定额是指在一定条件下，生产单位产品或完成单位工程量(　　)消耗材料的数量标准。

A. 合理　　B. 任意　　C. 适度　　D. 限制

(3)材料消耗定额按用途分为材料消耗概算定额、材料消耗预算定额和(　　)。

A. 材料消耗市政定额　　B. 材料消耗维修定额

C. 材料消耗施工定额　　D. 材料消耗企业定额

(4)材料消耗定额是建筑企业内部编制材料计划和(　　)的定额。

A. 确定材料储备量　　B. 限额发料　　C. 确定采购量　　D. 确定供应量

(5)制定材料消耗定额要求(　　)和定量。

A. 定质　　B. 定品种　　C. 定人　　D. 定岗

9. 多项选择题

(1)材料消耗定额的制定方法有(　　)。

A. 技术分析法　　B. 标准实验法　　C. 统计分析法

D. 经验估算法　　E. 现场测定法

(2)编制材料消耗定额要遵循的原则有(　　)。

A. 降低消耗原则　　B. 实事求是原则　　C. 先进原则

D. 确保工程质量原则　　E. 降低成本原则

(3)建筑工程材料消耗分为(　　)。

A. 有效消耗　　B. 管理损耗　　C. 运输损耗

D. 工艺损耗　　E. 保管损耗

(4)建筑工程材料消耗预算定额中的材料消耗包括(　　)。

A. 净用量　　B. 合理的管理损耗　　C. 合理的余料损耗

D. 合理的工艺损耗　　E. 保管损耗

(5)建筑工程材料消耗施工定额中的材料消耗包括(　　)。

A. 有效消耗　　B. 管理损耗　　C. 合理的工艺损耗

D. 合理的操作损耗　　E. 保管损耗

(6)材料消耗定额是材料管理的基本标准和依据,其作用主要表现为:是(　　),是提高经营管理水平的重要手段。

A. 编制材料计划的基础　　B. 控制材料消耗的依据

C. 推行经济责任制的重要条件　　D. 加强经济核算的基础

E. 奖惩的依据

(7)材料消耗定额按用途分为(　　)。

A. 材料消耗概算定额　　B. 材料消耗预算定额

C. 材料消耗通用定额　　D. 材料消耗施工定额

E. 材料消耗维修定额

(8)材料消耗定额按范围分为(　　)。

A. 建筑工程材料消耗定额　　B. 附属生产材料消耗定额

C. 基建用材料消耗定额　　D. 维修用材料消耗定额

E. 销售材料消耗定额

第3章 材料计划管理

3.1 材料计划管理概述

材料计划是对一定时期内的建筑企业所需材料的质量、品种、规格、数量等在时间和空间上做出的统筹安排。材料计划确定建筑企业在一定时期内材料工作应达到的目标，是企业材料部门的行动纲领，对组织材料供应、提高企业经济效益具有十分重要的作用。

3.1.1 材料计划管理的概念

材料计划管理指运用计划来组织、指挥、监督、调节材料的订货、采购、运输、分配、供应、储备、使用等经济活动的管理工作。

3.1.2 材料计划管理的任务

材料计划管理为实现企业施工生产经营目标做好物质准备，为施工过程中做好平衡协调工作提供措施，促进材料的合理使用，建立健全材料计划管理制度。

(1)根据建筑施工生产经营对材料的需求，核实材料用量，了解企业内外资源情况，做好综合平衡，正确编制材料计划，保证按期、按质、按量、配套组织供应。

(2)贯彻节约原则，有效利用材料资源，减少库存积压和各种浪费现象，组织合理运输，加速材料周转，发挥现有材料的经济效果。

(3)经常检查材料计划的执行情况，及时采取措施调整计划，组织新的平衡，发挥计划的组织、指导、调节作用。

(4)了解核实实际供应和消耗情况，积累定额资料，总结经验教训，不断提高材料计划管理水平。

在编制和执行材料计划的过程中，要注意以下几点：

(1)认真编制各项材料计划，保持材料计划的准确性。

(2)对建筑施工、材料供应工作的复杂性应有足够的认识。

(3)保持材料计划的严肃性。

3.1.3 材料计划的分类

材料计划有多种分类形式，具体如下：

1. 按用途分类

(1)材料需用计划(简称用料计划)

材料需用计划反映建筑企业生产经营活动计划需用材料的数量等,包括需用材料的数量、品种、规格、时间等。材料需用计划是编制其他材料计划的基础。

(2)材料供应计划(简称供应计划)

材料供应计划指根据材料需用计划、库存资源和合理储备等条件,经综合平衡后制定的用来指导材料申请、订货、采购等活动的材料计划。它是材料部门组织供应材料应达到的目标。

(3)材料订货计划(也称订货明细表)

材料订货计划指为采购人员向市场采购材料而编制的材料计划。

(4)材料采购计划(简称采购计划)

材料采购计划指为保证年度施工生产任务的完成而编制的材料计划。

(5)材料加工计划

材料加工计划指为与加工单位签订加工合同而编制的材料计划。

(6)材料运输计划

材料运输计划指为组织材料运输工作而编制的材料计划。

(7)材料储备计划

材料储备计划指为保证下期施工生产需要而准备的材料计划。

2. 按使用方向分类

(1)生产用材料计划

生产用材料计划指为完成生产任务而编制的材料计划,包括附属辅助生产用材料计划和经营维修用材料计划。

(2)基本建设用材料计划

基本建设用材料计划指为完成基本建设任务而编制的材料计划,包括对外承包工程用材料计划和企业自身基本建设用材料计划。

3. 按计划期分类

(1)年度材料计划

年度材料计划指为保证年度施工生产任务的完成而编制的材料计划。年度材料计划是年度综合计划的重要组成部分。

(2)季度材料计划

季度材料计划指为保证季度施工生产任务的完成而编制的材料计划,它是年度材料计划在某季度的体现。

(3)月(旬)材料计划

月(旬)材料计划指为保证月(旬)施工生产任务而编制的材料计划。是年(季)度材料计划的具体实施计划,同时也是月(旬)施工作业计划的组成部分。

4. 按供货渠道分类

(1)物资企业供料计划

对于由物资企业负责供应的材料,企业编制需用计划,直接向物资企业要求供应。

(2)建设单位供料计划

按签订工程合同时的分工,凡属建设单位供应的材料,均由建筑企业根据施工进度编制需用计划,要求对方按需求供应。

(3)建筑企业自供料计划

凡按工程合同分工属于建筑企业自己组织供应的材料,均按要求分别编制相应的需用、供应、采购等计划。

3.1.4 各种材料计划之间的关系

各种材料计划之间的关系如图 3-1 所示。

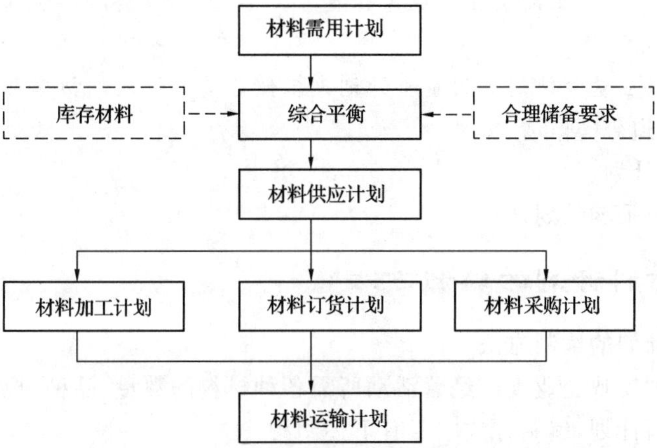

图 3-1 各种材料计划之间的关系

3.1.5 影响材料计划管理的因素

材料计划的编制和执行会受许多因素的制约,是否处理妥当会影响计划的编制和执行。主要影响因素有企业内部因素和外部因素。

企业内部因素的影响主要表现在企业内各部门间的衔接薄弱。企业外部因素主要有材料市场的变化因素和与施工生产相关的因素,如材料政策因素、建材生产厂家因素、气候条件变化、材料市场需求变化、施工进度变化等。编制材料计划应实事求是,积极稳妥,使计划切实可行。计划执行中应严肃认真,为达到预期目标打好基础。

3.2 材料计划的编制和实施

3.2.1 材料计划的编制原则

编制材料计划应遵循综合平衡、实事求是、留有余地以及严肃性和灵活性统一的原则。

3.2.2 材料计划的编制准备工作

编制材料计划前,要有正确的指导思想,收集相关资料(施工生产任务量、材料消耗定额、库存材料情况、报告期材料计划执行情况、施工现场的实际情况等)，了解市场信息，有的放矢。

3.2.3 材料计划的编制程序

(1)计算需用量

①工程材料需用量一般由基层施工用料单位提出，年度计划由企业材料部门提出。

②周转材料需用量需结合工程特点分析计算得到。

③辅助材料及生产维修用料需用量可用间接计算法计算。

$$需用量=\frac{上期实际消耗量}{上期实际完成工程量}\times 本期计划工程量\times 增减系数$$

(2)确定供应量

$$供应量=计划需用量+计划期末储备量-计划期初库存量$$

(3)按不同渠道分类申请。

(4)编制供应计划。

(5)编制订货、采购计划。

3.2.4 材料计划的编制方法

1. 材料需用计划的编制方法

材料需用计划反映企业生产经营活动所需各种材料的数量、品种、规格、使用时间等，是企业最重要的材料计划，编制方法主要有下述两种：

(1)直接计算法

直接计算法也称预算法，要求按施工图纸预算的编制程序分析工程材料需用量。即按施工图纸和定额规定计算工程量后，套用材料消耗定额分析各分项工程材料需用量，再汇总各分项工程材料需用量以形成单位工程材料需用计划，最后按施工进度计划确定各计划期的需用量。

直接计算法的一般公式为

$$某种材料计划需用量=计划建筑安装工程实物工程量\times 某种材料消耗定额$$

式中，计划建筑安装工程实物工程量是按预算方法计算的在计划期内应完成的分部(分项)工程实物工程量；材料消耗定额应根据计划的用途，分别选用预算定额或施工定额。

材料需用计划的编制程序如图 3-2 所示。

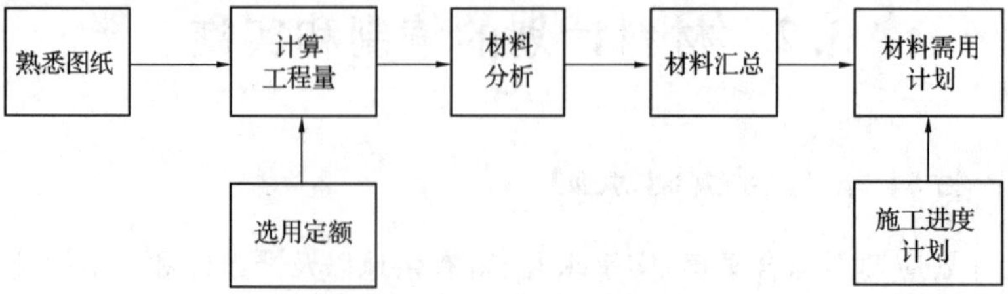

图 3-2 材料需用计划的编制程序

在编制材料需用计划时，材料分析以前的工程量计算工作与预算完全一样。下面示意基本过程，说明各表的编制方法。

①材料分析表的编制

根据计算出的工程量，套用材料消耗定额分析出各分部（分项）工程的材料用量及规格。表格形式见表3-1。

表3-1 **材料分析表**

工程名称：

编制单位： 编制日期：

序号	分部（分项）工程名称	工程量		材料名称、规格、数量						
		单位	数量							

审核： 编制： 共 页 第 页

②材料汇总表的编制

将材料分析表中的各种材料按建设项目和单位工程汇总即可。表格形式见表3-2。

表3-2 **材料汇总表**

工程名称：

编制单位： 编制日期：

序号	建设项目	单位工程	材料汇总				
			水泥		红砖	钢筋	……
			p.o42.5	p.o52.5	标砖	$\phi 8$	……

审核： 编制： 共 页 第 页

③材料需用量计划表的编制

将材料汇总表中的各项目材料按进度计划的要求分摊到各使用期。表格形式见表3-3。

表3-3 **材料需用量计划表**

工程名称：

编制单位： 编制日期：

序号	项目名称	材料计划				各期用量			
		名称	规格	单位	数量				
	××工程								
	××工程								
	××工程								

审核： 编制： 共 页 第 页

（2）间接计算法

间接计算法即概算法，是在工程任务已经落实而设计资料不全的情况下，为提前备料提供依据而采用的计划方法。

①概算定额法

概算定额法是利用概算定额编制需用计划的方法。根据概算定额的类别不同，主要有以下几种：

● 用平方米定额计算，公式如下：

某种材料需用量＝建筑面积×同类工程某种材料平方米消耗定额×调整系数

此方法适用于已知工程结构类型和建筑面积的工程项目。

● 用万元定额计算，公式如下：

某种材料需用量＝工程项目计划总投资额×同类工程项目万元产值材料消耗定额×调整系数

此方法适用于只知道计划总投资额的项目。

②动态分析法

动态分析法是利用材料消耗的统计资料，分析变化规律，根据计划任务量估算材料计划需用量的方法。实际工作中，常按简单的比例法推算，公式如下：

$$某种材料计划需用量=\frac{计划期任务量}{上期完成任务量}\times 上期该种材料消耗量\times 调整系数$$

式中，任务量可以用价值指标表示，也可以用实物指标表示。

③类比分析法

对于既无消耗定额又无历史统计资料的工程，可用类似工程的消耗定额进行推算，即用类似工程的消耗定额间接推算，公式如下：

某种材料计划需用量＝计划工程量×类似工程材料消耗定额×调整系数

2. 材料供应计划的编制方法

(1)确定供应量

根据材料需用计划、计划期初库存量、计划期末库存量(周转储备量)，用平衡原理计算材料实际供应量。

材料供应计划是在需用计划的基础上，根据库存资源及储备要求，经综合平衡后计算材料实际供应量的计划，它是企业组织材料采购、加工订货、运输的依据。

材料计划供应量的计算公式如下：

其中

材料计划供应量＝计划需用量－期初库存量＋期末储备量

期初库存量＝编制计划时的实际库存量＋至期初的预计进货量－至期初的预计消耗量

期末储备量＝经常储备＋保险储备

或　　期末储备量＝经常储备＋保险储备＋季节储备

式中，经常储备、保险储备、季节储备将在"材料储备管理"内容中介绍。

【例 3-1】 2009 年 11 月 30 日编制 2010 年材料供应计划，有关资料见表 3-4。

表 3-4　材料供应计划平衡表

序号	材料名称	单位	现有库存量	预计期收支		期初库存量	期末储备量			计划	
				进货	消耗		经常	保险	合计	需用量	供应量
1	××材料	t	20	25	21	24	18.21	4.97	23.18	205	204.18
	……										

解：期初库存量＝实际库存量＋预计进货量－预计消耗量＝20＋25－21＝24 t

期末储备量＝经常储备＋保险储备＝18.21＋4.97＝23.18 t

材料计划供应量＝计划需用量－期初库存量＋期末储备量

＝205－24＋23.18＝204.18 t

计算出材料计划供应量只完成了材料供应计划的第一步工作，接着应根据企业的实际情况制定具体供应措施，才能构成完整的供应计划。

(2)制定供应措施

按照材料管理体制划分供应渠道，根据施工进度和储备定额确定进货批量和具体时间。

①划分供应渠道

按照材料管理体制，将所需供应的材料分为物资企业供应材料、建筑企业自供材料以及由企业内部挖潜、自制、改、代的材料。划分供应渠道的目的是为下面编制订货、采购等计划提供依据。

②确定供应进度

计划期供应的材料不可能一次进货，应根据施工进度与合理的储备定额，确定进货的批量及具体时间。

【例 3-2】 利用**【例 3-1】**提供的资料确定供应进度。

解：第一步：根据经常储备定额计算供应次数(N)及供应间隔期(T_g)：

$$N=\frac{204.18}{18.21}\approx 11\text{ 次}$$

$$T_g=\frac{360}{11}\approx 33\text{ 天}$$

第二步：确定供应进度。按供应间隔期直接推算日历时间即可。以 2 月 2 日为第一次进货时间，33 天为供应间隔期，则供应进度应为 2 月 2 日、3 月 7 日、4 月 9 日、5 月 12 日、6 月 14 日、7 月 17 日、8 月 19 日、9 月 21 日、10 月 24 日、11 月 26 日、12 月 29 日。每批进货量为 18.21 t。

以上算法仅是一种理论算法，实际工作中往往近似取整数进货。如本例，应取每批进货量为 18.5 t，此时同样满足供应需要。因为每批 18.5 t，11 次共供应 203.5 t，接近计划供应量 204.18 t。四舍五入不能保证 11 次供应总量就是计划供应总量。

材料供应计划的表格形式见表 3-5。

表 3-5 **×××材料供应计划表**

工程名称：

编制单位： 编制日期：

材料名称	规格型号	计量单位	期初预计库存量	计划需用量						期末库存量	计划供应量								
				合计	其中						合计	其中					小计	其中	
					工程用料	经营维修	周转材料	机械制造				物资企业	市场采购	挖潜改代	加工自制	其他		第一次	第二次

审核： 编制： 共 页 第 页

3. 材料采购计划及加工订货计划的编制

材料供应计划所列各种材料需按订购方式分别编制采购计划和加工订货计划。

(1)材料采购计划的编制

凡可在市场直接采购的材料均应编制采购计划,以指导采购工作的进行。这部分材料品种多、数量大、规格杂、供应渠道多、价格不稳定,没有固定的编制方法,主要通过计划控制采购材料的数量、规格、时间等。材料采购计划表的格式参考表3-6。

表中供应进度按供应进度计划的要求填写,采购进度应在供应进度之前,包括办理购买手续、运输、验收入库等所需的时间,即供货所需时间。

表 3-6　　材料采购计划表

工程名称:

编制单位:　　编制日期:

材料名称	规格型号	单位	采购数量	供应进度			采购进度		
				第一次	第二次	第三次	第一次	第二次	第三次

审核:　　编制:　　共　页 第　页

(2)材料加工订货计划的编制

凡需与供货单位签订加工订货合同的材料都应编制加工订货计划。

加工订货计划的具体形式是订货明细表,它由供货单位根据材料的特性确定,计划内容主要有材料名称、规格、型号、技术要求、质量标准、数量、交货时间、供货方式、到达地点及收货单位的地址、账号等,有时还包括必要的技术图纸或说明资料。有的供货单位以订货合同代替订货明细表。

订货单位按表格要求及企业供应计划等资料一一填写计划内容。编制时应特别注意规格、型号、质量、数量、供货方式及时间等内容,必须和企业的材料需用计划和材料供应计划相吻合。

3.2.5 材料计划的实施

材料计划的编制仅是材料计划工作的开始,而材料计划的实施才是材料计划工作的关键。

1. 组织材料计划的实施

材料计划工作是以材料需用计划为基础,然后确定供应量、采购量、运输量、储备资金量等,通过材料流转计划,把有关部门和环节联系成一个整体,实现材料计划目标。

2. 协调材料计划实施中出现的问题

材料计划实施中经常出现的问题是材料计划实施检查的重点对象。

(1)施工任务改变,材料计划也应作相应调整。

(2)设计变更,影响材料需用量、品种、规格和时间,应调整。

(3)供应商及运输情况变化,影响材料按时到货,应调整。

(4)施工进度提前或推迟,也应调整材料计划。

3. 建立计划分析和检查制度

为及时发现问题,保证全面完成计划,企业应按照分级管理职责,在检查反馈信息的基础上进行计划的检查分析,这就要求建立相应的制度。主要应建立现场检查制度、定期检查制度和统计检查制度。

4. 计划的变更和修订

若出现工程任务量变化、设计变更、工艺变动或其他原因，则需对材料计划进行调整和修订。材料计划变更和修订的主要方法有：

(1)全面调整或修订：当材料需用发生较大变化时，需全面调整计划。

(2)专项调整或修订：某项任务增减、施工进度改变，使材料需求发生局部变化，需作局部性调整或修订。

(3)经常调整或修订：施工生产过程中临时发生变化，需及时调整材料供应计划加以解决。

5. 考评材料计划的执行效果

考评材料计划的执行效果需建立相应的指标体系，包括以下几项指标：采购量及到货率，供应量及配套率，自有运输设备的运输量，流动资金占用额及周转次数，材料成本降低率，主要材料的节约额和节约率。

复习思考题

1. 解释基本概念：材料计划，材料计划管理。

2. 建筑企业常用哪几种材料计划？各类材料计划之间有什么关系？

3. 编制材料计划需要哪些依据？应收集哪些数据资料？

4. 编制材料计划应遵循哪些原则？

5. 简述编制材料计划的程序和方法。

6. 实施材料计划的过程中应做好哪些管理工作？

7. 抹灰工程要完成墙面抹白灰砂浆 500 m^2、地面抹水泥砂浆 200 m^2，每平方米材料用量(kg)为：墙面：水泥∶砂子∶白灰＝0.854∶28.556∶5.153；地面：水泥∶砂子＝11∶31.6。计算抹灰工程需用材料量。

8. 某教学楼工程浇 C20 混凝土过梁 250 m^3。浇 1 m^3 混凝土实体需用混凝土 1.015 m^3，C20 混凝土配合比为：42.5 水泥∶砂子∶石子＝303∶773∶1279(单位：kg)。计算 C20 混凝土过梁材料用量。

9. 单项选择题

(1)建筑企业材料计划中最基本的一种材料计划是(　　)。

A. 材料申请计划　　B. 材料需用计划　　C. 材料供应计划　　D. 材料储备计划

(2)材料计划管理指运用计划来组织、指挥、监督、调节材料的(　　)、储备、使用等经济活动的管理工作。

A. 采购　　B. 供应　　C. 运输　　D. 消耗

(3)设计变更，影响材料需用量、品种、规格和时间，(　　)材料计划。

A. 不必调整　　B. 应调整　　C. 视需要调整　　D. 局部调整

(4)材料计划编制的程序是(　　)，按不同渠道分类申请，确定供应量，编制供应计划，编制订货、采购计划。

A. 计算需用量　　B. 确定采购量　　C. 确定订货时间　　D. 确定订购量

10. 多项选择题

(1)按用途可将材料计划分为(　　)。

A. 材料需用计划　B. 材料申请计划和供应计划

C. 材料加工订货计划　D. 材料采购计划

E. 材料保管计划

(2)材料需用计划的编制方法有(　　)。

A. 直接计算法　B. 间接计算法　C. 经验估计法　D. 实验法

E. 统计法

(3)材料计划变更及修订的主要方法有(　　)。

A. 全面调整或修订　B. 专项调整或修订　C. 经常调整或修订　D. 局部调整或修订

E. 随意调整或修订

(4)编制材料采购计划的同时,必须编制相应的资金计划,以确保材料采购任务的完成。材料采购资金的管理方法根据企业采购分工的不同而有所不同,主要方法有(　　)。

A. 品种采购量管理法　B. 采购金额管理法

C. 费用指标管理法　D. 差额补救法

E. 及时控制法

(5)影响材料计划管理的企业外部因素有(　　)。

A. 建材生产厂家因素　B. 气候条件变化

C. 材料市场需求变化　D. 施工进度变化

E. 道路运输变化

(6)材料计划实施过程中重点应检查(　　)。

A. 施工任务是否改变　B. 设计变更　C. 供应商及运输情况是否变化

D. 施工进度　E. 施工质量

第4章 材料采购管理

4.1 材料采购概述

4.1.1 材料采购的概念

建筑企业材料管理有采购、运输、储备和供应四大业务环节，其中采购是首要环节。材料采购就是通过各种渠道，把施工生产所用材料购进来，以保证施工生产的顺利进行。材料采购包括各类期货材料的加工、订货以及日常采购等组织货源的业务工作。

4.1.2 材料采购应遵循的原则

1. 遵纪守法原则

材料采购工作应执行国家的政策，遵守物资管理工作的法规、法令和制度，自觉维护国家物资管理秩序。

2. 以需订购原则

材料采购的目的是满足施工生产需要。必须坚持按需订货的原则，避免供需脱节或库存积压的发生。应按需用计划编制供应计划，按供应计划编制加工订货、采购计划，再按计划组织采购活动。

3. 择优选择原则

材料采购的另一个目标是加强材料成本核算，降低材料成本。在采购时应比质、比价、比供应条件，经综合分析、对比、评价后择优选择供货，实现降低材料采购成本的目标。

4. 恪守信誉原则

材料采购工作是企业经营活动的重要组成部分，体现了企业供应业务和外部环境的经济关系，显示了企业信誉水平。材料采购部门和业务人员应做到信守合同、恪守诺言，以提高企业的信誉。

4.1.3 影响材料采购的因素

随着市场的变化以及企业施工生产和管理方法的变化，材料采购受到企业内外诸多因素的影响，在组织材料采购时应综合各方面的因素，力求保证企业利益。

1. 企业外部因素的影响

(1)货源因素

企业所需材料的货源大致可分为生产厂家、物资流通公司、商业部门三类。各类货源的价格、品种、规格、保证能力不同,必然影响企业的材料采购。

(2)供货方信誉因素

供货方在时间、品种、质量、服务上能否保证企业需求,将直接影响企业材料采购计划的完成。

(3)市场供求因素

市场供求状态、政策、价格等市场行情变化会影响采购决策。

2. 企业内部因素的影响

(1)施工生产因素

工程项目设计变更、施工进度计划调整会引起材料需用量的变化,从而要求调整材料采购计划。

(2)仓储能力因素

仓储能力直接限制采购批量和供应间隔时间。

(3)资金因素

采购批量依据材料需用量和经济订购批量确定,但采购资金的限制会迫使企业调整采购批量。

除上述因素外,采购人员的素质、材料质量等对材料采购也有影响。

4.1.4 材料采购的分工

材料采购管理制度指材料采购过程采购权的划分和相关工作的规定。采购权原则上应集中在企业决策层,在具体实施时,根据情况分别处理。

1. 集中采购制度

集中采购是由企业统一采购材料,通过企业内部材料市场分别向施工项目供应材料。它有利于对材料采购的指导、控制、统一决策以及统筹采购资金、获得材料折扣优惠、降低材料采购成本,但因施工项目分散、难管理,不能发挥就地采购优势。

2. 分散采购制度

分散采购是由施工项目自行组织采购。它能发挥项目部的积极性,因地制宜,适应现场情况变化,但不能发挥集中采购的诸多优势。

3. 混合采购制度

混合采购指通用材料、大宗材料由企业统一管理,特殊、零星材料分散采购。它汇集了集中采购和分散采购的优点,避免了二者的不足,是一种较成熟的采购制度。

4.2 材料采购管理的内容

材料采购管理是对采购全过程的管理,从收集采购信息到组织材料货源以及从签订经济合同到确定采购批量的全过程的管理。

4.2.1 材料采购信息的管理

采购信息是企业材料经营决策的依据，是采购业务咨询的基础资料，是进行货源开发、扩大货源的条件。

1. 信息的种类

材料采购信息按照采购信息的内容分为资源信息、供应信息、价格信息、运输信息、市场信息、新技术和新产品信息以及政策信息。

2. 信息的来源

材料采购信息应具有及时性，即速度要快、效率要高，失去时效也就失去了使用价值；应具有可靠性，即有可靠的原始数据，切忌道听途说，以免造成决策失误；还应具有一定的深度，反映或代表一定的倾向性，提出符合实际需要的建议。因此，在收集信息时应力求广泛，其中主要途径有：

(1)各种报刊和专业性商业情报所刊载的资料；

(2)有关学术、技术交流会提供的资料；

(3)各种供货会、展销会、交流会提供的资料；

(4)广告资料；

(5)政府有关部门发布的计划、通报及情况报告；

(6)采购人员提供的资料；

(7)材料部门调查取得的信息资料。

3. 信息的整理

为了有效高速地采集信息和利用信息，企业应建立信息员制度和信息网络，并应用电子计算机等管理工具，随时对信息进行检索、查询和定量分析。采购信息整理常用的方法有：

(1)运用统计报表的形式进行整理，按照需用的内容，从有关资料、报告中取得有关数据，分类汇总后得到想要的信息。例如根据历年材料采购业务工作统计，可整理出企业历年采购金额及其增长率和各主要采购对象合同兑现率等。

(2)对某些较重要的、经常变化的信息建立台账，做好动态记录，以反映该信息的发展状况。如按各供应项目分别设立采购供应台账，随时可以查询采购供应完成程度。

(3)以调查报告的形式就某一类信息进行全面的调查、分析、预测，为企业经营决策提供依据。如针对是否扩大企业经营品种、是否改变材料采购供应方式等展开调查，根据调查结果整理出“是”或“否”的经营意向，并提出经营方式、方法的建议。

4. 信息的使用

搜集、整理信息是为了使用信息，从而为企业采购业务服务。信息经过整理后，应迅速反馈给有关部门，以便进行比较分析和综合研究，制定合理的采购策略和方案。

4.2.2 材料采购及加工业务

建筑企业采购和加工业务是有计划、有组织进行的。其内容有计划、设计、洽谈、签订合同、调运、验收和付款等工作，其业务过程可分为准备、谈判、成交、执行和经济结算五个阶段。

1. 材料采购和加工业务的准备

采购和加工业务需要较长时间的准备。无论是计划分配材料或市场采购材料，都必须按照材料采购计划做好细致的调查研究工作，摸清需要采购和加工材料的品种、规格、型号、质量、数量、价格、供应时间和用途，以便落实货源。在准备阶段，必须做好如下四项主要工作：

(1)按照材料分类，确定各种材料采购和加工的总数量计划。

(2)按照需要采购的材料，了解采购货源，选定供应单位，提出采购计划。

(3)确定采购和加工企业，这是做好采购和加工业务的基础。必须选择设备齐全、加工能力强、产品质量好且经验丰富的企业，此外如企业的生产规模、经营信誉等，在选择中均应摸清。在采购和加工大量材料时，还可采用招标法，以便择优落实供应单位和承揽加工企业。

(4)按照需要编制市场采购和加工材料计划，报请领导审批。

2. 材料采购和加工业务的谈判

材料采购和加工计划由相关单位平衡安排；市场采购和加工材料经部门领导批准后，即可开展业务谈判活动。业务谈判指材料采购人员与生产、物资和商业等部门进行具体的协商和洽谈。

采购谈判的主要内容有：

(1)明确采购材料的名称、品种、规格和型号；

(2)确定采购材料的数量和价格；

(3)确定采购材料的质量标准(国家标准、部颁标准、企业专业标准和双方协商确定的质量标准)和验收方法；

(4)确定采购材料的交货地点、方式、方法、交货日期和包装要求等；

(5)确定采购材料的运输方法，如需方自理、供方代送或供方送货；

(6)确定其他事项。

加工业务谈判的主要内容有：

(1)明确加工品的名称、品种和规格；

(2)确定加工品的数量；

(3)确定供料方式，如由定做单位提供原材料的带料加工或由承揽单位自筹材料的包工包料，以及所需原材料的品种、规格、质量、数量和提供日期；

(4)确定加工品的技术性能和质量要求以及技术鉴定和验收方法；

(5)确定由定做单位提供加工品样品的，承揽单位应按样品复制；由定做单位提供设计图纸资料的，承揽单位应按设计图纸加工；生产技术比较复杂的，应先试制，经鉴定合格后成批生产；

(6)确定加工品的加工费用、自筹材料的材料费用以及结算办法；

(7)确定原材料的运输办法及其费用负担；

(8)确定加工品的交货地点、方式、方法以及交货日期和包装要求；

(9)确定加工品的运输方法；

(10)确定双方应承担的责任。如承揽单位对定做单位提供原材料应负保管责任，按规定质量、时间和数量完成加工品的责任，不得擅自更换定做单位提供原材料的责任，不得把加工品任务转让给第三方的责任，定做单位按时、按质、按量提供原材料的责任以及按规定期限付款的责任等。

业务谈判一般要经过多次反复协商，当双方取得一致意见时，业务谈判即告完成。

3. 材料采购和加工业务的成交

材料采购和加工业务经过建筑企业与供应单位反复酝酿和协商，取得一致意见，达成采购、销售协议，称为成交。

成交的形式目前有签订合同的订货形式、签发提货单的提货形式和现货现购等形式。

(1)订货形式：建筑企业与供应单位按双方协商确定材料品种、质量和数量，将成交所确定的有关事项用购销合同的形式固定下来，以便双方执行。订购的材料按合同交货期分批交货。

(2)提货形式：由供应单位签发提货单，建筑企业凭提货单在指定的仓库或堆栈于规定期限内提取。提货单有一次签发和分期签发两种，由供需双方在成交时确定。

(3)现货现购形式：建筑企业派采购人员到物资门市部、商店或经营部等单位购买材料，货款付清后当场取回货物，即一手付钱、一手取货，钱货两讫的购买形式。

(4)加工形式：加工业务在双方达成协议时，应签订加工合同或定做合同。加工合同是指承揽方根据定做方提出的品名、项目、质量要求，使用定做方提供的原料，为其加工特定的产品，收取一定加工费的协议；定做合同是指承揽方使用自己筹办原料的加工协议。

4. 材料采购和加工业务的执行

材料采购和加工业务经供需双方协商达成协议并签订合同后，由供方交货、需方收货。交货和收货过程就是采购和加工的执行阶段，主要有以下几个方面：

(1)交货日期：供方应按规定日期交货，需方应按规定日期收(提)货。未按合同规定日期交货或提货，应做未履行合同处理。

(2)材料验收：由建筑企业派人员对所采购和加工材料进行数量、质量验收。

数量验收是对供方所交材料进行检点，如发现数量短缺，应迅速查明原因，向供方提出。材料质量分为外观质量和内在质量，分别按照材料质量标准和验收办法进行验收。发现不符合规定质量要求的不予验收；如属供方代运或送货的，应妥善保管，并在规定期限内向供方提出书面异议。材料数量和质量经验收通过后，应填写材料验收单报本单位有关部门，表示该批材料已经接收完毕，并验收入库。

(3)材料交货地点：材料交货地点一般是供应企业仓库、堆栈或收料部门事先指定的地点。供需双方应按照成交确定的或合同规定的交货地点进行材料交接。

(4)材料交货方式：材料交货方式指材料在交货地点的交货方式，有车、船交货方式和场地交货方式。由供方发货的车、船交货方式应由供应企业负责装车或装船。

(5)材料运输：供需双方应按成交确定的或合同规定的运输办法执行。委托供方代运或由供方送货的，如材料错发到货地点或接货单位，应立即向需方提出，按协议规定负责运到规定的到货地点或接货单位，由此而多支付的运杂费用应由供方承担；如需方填错或临时变更到货地点，由此而多支付的费用应由需方承担。

5. 材料采购和加工业务的经济结算

经济结算是建筑企业对采购的材料用货币偿付给供货单位价款的清算。采购材料的价款称为货款，加工的费用称为加工费，除应付货款和加工费外，还应付委托供货和加工单位代付的运输费、装卸费、保管费和其他杂费。

货款和费用的结算应按照中国人民银行结算办法的规定办理，其结算方式和具体要求应在成交或签订合同时具体明确。

结算的具体要求是：

(1)明确结算方式；

(2)明确收、付款凭证；

(3)明确结算单位，如通过当地建材公司向需方结算货款。

建筑企业在核付货款和费用时应认真审核，其主要内容有：

(1)材料名称、品种、规格和数量是否与实际收料的材料验收单相符；

(2)单价应按合同规定的价格结算；

(3)委托采购和加工单位代付的运输费用和其他费用应按合同规定核付，自交货地点装运到指定目的地的运费一般应由委托单位负担；

(4)收、付款凭证和手续是否齐全；

(5)总金额经审核无误后才能通知财务部门付款。如发现数量和单价不符、凭证不齐、手续不符等情况，应退回收款单位更正、补齐凭证、补办手续后才能付款；如托收承付结算的，可以采取部分或全部拒付货款。

4.2.3 建筑材料经济合同

1.建筑材料经济合同的含义

(1)合同的含义及特征

合同又叫契约，它是当事人双方在办理事务时，为了确立彼此的权利、义务而订立的一种协议。合同一经签订就具有法律效力，签订合同的各方必须严格履行合同规定的义务与权利。合同是一种法律关系，不是国家行政命令式的权力活动。

经济合同具有以下特征：

①只有在双方当事人充分协商并达成一致时，合同才能成立。

②签订合同的双方法律地位平等，不存在行政隶属关系。

③合同双方的经济关系是等价有偿的关系，签订双方的权利和义务对等。

④违反合同的约定要负法律责任。

(2)经济合同的含义及特征

经济合同是法人之间为实现一定的经济目的而明确相互权利义务关系的协议。这里既包括双方当事人在协商一致的基础上发生的彼此权利义务关系，又包括在法律和政策允许的范围内，变更或终止已经确立的权利义务关系。

建筑材料经济合同是在建筑材料的生产、流通、消费各领域中，发生经济关系的双方对有关建筑材料的生产、交换、供应方面的一种经济合同。建筑材料经济合同就其范围来说是非常广的，它既是建筑材料的生产计划、流通计划和供应计划的具体化，又是这些计划的基础。建筑材料经济合同的特征如下：

①计划性强

建筑材料与国民经济和社会发展关系重大，不论是通过指令性计划分配的建筑材料，还是通过指导性计划安排或市场调节的建筑材料，都直接或间接为计划(市场)经济服务，受国家计划的制约。

②建筑材料经济合同的标的物具有特定性

建筑材料经济合同的标的物是建筑材料，它体现了社会组织之间为完成建筑生产任务而进行相互协作和相互支援的关系。

③建筑材料经济合同将导致标的物所有权或经营管理权的转移

建筑材料经济合同在国民经济中具有重要的作用。自建国以来，国家在各个时期都制定了一系列有关建筑材料经济合同的经济法规。建国初期，原政务院财政经济委员会于 1950 年颁发了《机关、国营企业、合作社签订合同契约的暂行办法》。“一五”时期明确规定，供需双方必须“按照分配计划，订立合同”，“合同一经订立，必须承担合同中所规定的各项义务”。1962 年中共中央、国务院发出了《关于严格执行基本建设程序，严格执行经济合同的通知》，1963 年国家经委制定颁发了《关于工矿产品订货合同基本条款的暂行规定》，并相应地制定了《关于金属材料订货合同补充条款的暂行规定》、《关于森林工业产品执行国家经委工矿产品订货合同基本条款暂行规定的补充规定》、《关于中央统一分配建筑材料及非金属矿产品订货合同基本条款补充规定》和《关于化工产品订货合同补充基本条款规定》。1964 年和 1965 年，国务院又分别批转了《木材统一运货办法》。

1981 年，国家经委颁发了《工矿产品合同试行条款》。当前，与建筑材料经济合同调整有关的法律和法规主要有 1981 年 12 月第五届全国人大第四次会议通过的《中华人民共和国经济合同法》、1984 年 1 月国务院颁发的《工矿产品购销合同条例》以及各类建筑材料购销合同的补充规定。国务院和有关部委发布的涉及建筑材料经济合同的规范性文件，如 1964 年中国人民银行、财政部《关于目前允许存在的预收、预付货款范围的规定》，1983 年中国人民银行关于修改《异地托收承付结算办法》的通知，1985 年国家标准局制定的《全国产品质量仲裁检验暂行办法》，1986 年国务院发布的《工业产品质量责任条例》等，这些也是订立、履行建筑材料经济合同和解决建筑材料经济合同纠纷的法律依据和准绳，应该严格遵照执行。

鉴于建国以来国家公布的涉及调整建筑材料经济合同关系的法规很多，发生纠纷时究竟采用何种法规涉及经济法规的效力和适用问题：第一，根据第五届全国人大常务委员会第 12 次会议通过的《关于建国以来制定的法律、法令效力问题的决议》的精神，凡《经济合同法》施行前颁布的有关建筑材料经济合同的法规，除与《经济合同法》和国务院的新规定相抵触者应当修订或废止外，其余均继续有效，合同双方仍应遵照执行。自《经济合同法》实施后，国务院和有关部委颁发了新规定的按新规定执行。第二，根据《经济合同法》不既往的原则以及为便于经济司法的执行，凡 1982 年 7 月 1 日《经济合同法》施行以前签订的建筑材料经济合同延续到以后还继续履行，发生纠纷时应按照签订建筑材料经济合同时所依据的法规或政策处理。

2. 建筑材料经济合同的分类

在社会化大生产中，建筑材料(商品)要经历从生产领域进入流通领域，再从流通领域进入生产领域这样一个复杂的过程。建筑材料经济合同因其在社会再生产过程中所处的环节不同，性质和作用也有所不同，一般有如下分类：

(1)按立约的部门和单位分,有材料的生产企业与销售单位合同、物资供应企业与物资生产单位合同、物资供应企业与物资消耗单位合同以及物资供应部门内部纵横各环节之间所签订的合同。

(2)按合同的业务性质分,有物资供应合同、物资运输合同、物资保管合同等。其中物资供应合同根据具体业务性质又可分为物资的订货、销售、成套供应、加工改制、协作、租赁、调拨调剂合同。

(3)按购销形式分,有建筑材料供应合同、建筑材料协作合同、建筑材料调剂合同及建筑材料采购合同等。

3. 建筑材料管理业务中常用的合同

购销合同是企业材料部门通过各种渠道购进建筑材料所签订的合同,根据建筑材料购进来源的不同可分为如下几种:

(1)按国家计划分配的订货合同

订货合同有两种:一是由国家物资部和各部门根据国家计划和分配建筑材料指标,由购进单位按照分配指标直接向生产企业订货的合同;二是根据国家计划分配或各部、委、国家物资部分配的建筑材料指标,向国家物资部各专业总公司、各一级站或省、市、自治区物资局各专业公司购进的订货合同。

(2)地方增产的购进合同

它是各省、市、自治区、地、市、县所在各级生产企业在完成国家计划任务后,由地方计委安排增加生产部分建筑材料购进的合同。

(3)采购合同

由企业材料部门直接向有关企业购进建筑材料的合同。

(4)调剂协作合同

企业材料部门在物资调剂、调度会上,或在平时与有关企业间相互调剂余缺、互通有无或定期协作供货等情况下所签订的合同。

(5)代购合同

通过各地生产资料服务公司代为购买建筑材料所签订的合同。

(6)进口材料合同

通过对外贸易所签订的合同。

(7)运输合同

运输合同是企业材料部门委托铁路、公路、航空、航运等交通部门运输货物时所签订的合同。签订运输合同有利于运输部门的统筹安排,节约运力,提高运输效率,也有利于发货单位安排集结、发运货物。

(8)租赁合同

企业材料部门租赁业务中与出租单位建立租赁业务关系时所签订的合同。

(9)代加工、代运输合同

建筑企业材料部门委托代加工、代运输业务时与受托单位所签订的合同。

(10)其他合同

除上述合同外,还有物资储存保管合同、企业间的材料协作合同、建筑工程材料承包合同及建筑材料科技协作合同等。

4. 建筑材料经济合同的履行

建筑材料经济合同的履行应遵守《经济合同法》规定的全面履行、实际履行的原则。由于建筑材料经济合同比较复杂,在履行过程中如发生争议,应按有关规定经过协商及时妥善地解决。

(1)供货数量的履行

①供方交付的建筑材料多于合同规定的数量,买方不同意接受的,在托收承付期内可以拒付多支部分的货款和运杂费。供需双方在同一地点(同城)的,买方应将材料接收下来并负责保管,在货到后10天内通知供方处理。

②供方交付的材料少于合同规定的数量,买方凭有关合法证明,在托收承付期内可以拒付少交部分的货款,并在货到后10天内将详细情况和处理意见通知供方。供方接到通知后应在10天内答复处理,否则视为默认买方的意见。少交货的部分应立即补交,否则造成逾期交货,由供方承担逾期交货的责任。供方通知买方不能履行全部或部分合同规定的交货数量的,供方应负全部或部分不能交货的违约责任。

③根据《工矿产品购销合同条例》规定,发货数与实际验收数之间的差额不超过有关主管部门规定的合理磅差的,按照实际交货数量计算多交或少交的数量;超过规定范围的自然减量,按有关主管部门的规定计算多交或少交的数量。实际交货数量与合同规定的交货数量的正负尾差不超过有关主管部门规定的尾差范围的,双方互不退补;超过规定范围的,按照合同规定的数量计算多交或少交的数量。

(2)建筑材料质量的履行

①建筑材料的外观、品种、型号、规格不符合合同规定,属供方送货或代运的,买方应在货到后10天内(另有规定或当事人另行商定期限者除外)提出书面异议;买方自行提货的,应在提货时或在双方商定的期限内提出异议。

②建筑材料内在质量不符合合同规定的,买方应按合同规定由供方对质量负责的条件和期限内检验或试验提出书面异议。对于某些建筑材料,国家规定有检验或试验期限的,按国家规定处理。

③对某些必须安装运转后才能发现内在质量缺陷的建筑材料,除另有规定或当事人另行商定提出异议的期限外,一般在从运转之日起6个月内提出异议。

(3)建筑材料的运输与交接

供方、买方对建筑材料的运输和装卸应按有关规定与运输部门办理交接手续、做记录、双方签字,明确供方、买方和运输部门的责任。

①凭封印交接材料

凭封印交接材料应注意下列事项:

- 由供方装车(船)、买方到站(港)运输部门卸车(船)的材料,若封印完整而材料发生丢失、短少、损坏、变质、污染,除能证明是运输部门责任外,均由供方负责;封印脱落、损坏,材料发生丢失、短少、损坏、变质、污染,除能证明是供方责任外,均由运输部门负责。
- 由发站(港)运输部门装车(船),买方应会同到站(港)运输部门拆封,若发生丢失、短少、损坏、变质、污染,除能证明属供方或买方责任外,均由运输部门负责。

②凭现状(或件数)交接的货物

由供方组织装车(船)、运输部门按现状(或件数)交接的材料,若发生丢失、短少、损坏、变质、污染,运输部门接收前由供方负责,接收后由运输部门负责;到站(港)后,在买方接收前发生丢失、短少、损坏、变质、污染,由运输部门负责,接收后由买方负责。但对在交接时无法从外部发现的丢失、短少、损坏、变质、污染,除能证明责任者外,均由供方负责。上述属于运输部门责任的,由买方按有关规定向运输部门提出书面异议,要求赔偿损失;属供方责任的,由买方向供方提出书面异议,供方负责处理。

③建筑材料交(提)货期限的履行

● 规定送货或代运建筑材料的交货日期,以供方发运材料时承运部门签发戳的日期为准(另有规定或约定者除外);买方自提的,以供方按合同规定通知的提货日期为准。实际交(提)货日期早于或迟于合同规定的交(提)货期限,即视为提前或逾期交(提)货。

● 合同当事人未按合同规定期限交(提)货的,按以下规定处理:提前交货的,买方提货后仍可按合同规定的交货时间付款;合同规定自提货的,买方可拒绝提货。逾期交货的,供方应在发货前与买方协商,买方仍需要的,供方应照数补交,并负逾期交货责任;买方不再需要的,应在接到供方通知后的15天内通知供方办理解除合同手续,否则视为同意发货。逾期提货的,买方除应按合同规定时间付款外,还应承担逾期提货责任。

(4)建筑材料价格的履行

执行国家定价的,在合同规定的交(提)货期限内若国家调整价格,则按交货时的价格执行。逾期交货的,若遇价格上涨则按原价执行,若遇价格下降则按新价执行。逾期提货或逾期付款的,若遇价格上涨则按新价执行,若遇价格下降则按原价执行。执行浮动定价和协商定价的,不论价格上涨或下降,一律按合同规定的价格执行。

(5)建筑材料货款结算的履行

①建筑材料的料款、实际支付的运杂费和其他费用的结算应当按照合同中商定的结算方式和中国人民银行结算办法的规定办理。

②买方变更开户银行、账户名称和账号,应于合同规定的交货期限前30天通知供方。若买方未按期通知或通知有误而影响结算的,买方应负逾期付款责任;若供方接到通知后仍按变更前的情况办理结算,则一切责任由供方承担。

③买方拒付料款应按中国人民银行结算办法的拒付条件办理。买方无理拒付料款且经银行说服无效的,由银行实行强制扣款;由于买方无理拒付而增加银行审查时间的,自承付期满的次日起按逾期付款处理。

5. 建筑材料经济合同的管理

(1)建立合同管理制度

在建筑材料经营活动中,建筑材料经济合同起着重要的作用,除了签订好合同并认真执行好合同外,另一个重要的工作是把已签订的建筑材料经济合同管理好。

①关于建筑材料购销合同的管理

建筑材料的计划进货人员或采购人员在与建筑材料生产企业或其他供应单位签订好建筑材料购销合同后,应将所签订的合同中属于购进的建筑材料与建筑材料需要计划进行核对。经过逐项核对,若与需要计划、申请计划有不同之处,应尽快设法在合同执行前更正原订合同,修正错误部分。经核对后的合同应分类装订成册。签好的合同一份存档,一份由业务部门作为合同执行的依据。与此同时填制合同登记表，登记表一式四份，一份交综合计划部门，一份交财务部门，一份交储运部门，一份交业务部门。有些企业材料部门还将合同制成图表形式，以便在执行过程中检查，及时发现问题并采取措施，保证合同的全面执行。

②关于合同的分类保管

合同的分类保管一般有两种方法：第一种以产品的品名分类，即按产品的分配目录序号依次编制合同登记表，在表内列出建筑材料名称、规格、型号、数量、单价、交货日期、供货单位、合同号、合同执行情况（交货日期数量或发货日期数量）等内容。这种分类表式的方法适用于机电产品、部分化工材料和部分金属材料。这种方法是按品种和产品目录顺序排列的，有利于计划的编制。第二种以签订合同的对方单位为序建立登记表（卡），这种形式适用于供货品种少、数量大且有较长联系时间的单位，如金属材料、木材、建筑材料生产企业，这种方法便于组织合同催交。

③关于已执行合同的注销

购销合同在执行中，必须在合同登记表的到货栏内认真做好每份合同中每项产品交货数量、交货日期、发货数量、发货日期的注销工作，使合同在执行过程中随时清楚地表示出合同的执行情况，有利于及时提供合同的执行情况，以便迅速检查合同的执行情况。

(2)合同执行情况的检查

对合同执行情况检查的目的是监督和促进立约双方认真严肃地履行合同，检查工作主要由企业主管部门有关机构和本企业主管业务负责人来做。一般情况下常采用定期（可一月、一季、半年、一年等）会议汇报形式或定期统计汇总形式进行。检查内容包括合同所签订建筑材料的品种、规格、质量、数量、交货日期、财务结算、应交未交等。在检查中发现合同未能全部执行的，应立即找出原因并采取有效措施，促使合同得到全部执行。如在检查中遇有合同执行纠纷，应由仲裁单位根据《中华人民共和国经济合同法》及工商行政管理总局《关于工商、农商经济合同基本条款试行规定》作出公正裁决，银行根据裁决可以拒付货款、代扣罚款，甚至对严重违反建筑材料经济合同的单位停止合同的履行。

(3)合同的变更和解除

合同的变更是指在合同签订之后且尚未完全履行之前，对合同的内容进行增加、减少或修改；合同的解除是指对已经签订的合同提前废止。建筑材料经济合同一经签订就必须坚决执行，不能轻易变更和解除。但发生下列情况之一者，允许变更和解除经济合同：

①当事人双方经过协商同意，并且不因此损害国家利益和影响国家计划的执行。

②订立经济合同所依据的国家计划被修改或取消。

③当事人一方由于关闭、停产、转产而确实无法履行材料经济合同。

④由于不可抗力或由于一方当事人虽无过失但无法防止的外因，致使建筑材料经济合同无法履行。

⑤由于一方违约而使建筑材料经济合同履行成为不必要。

当事人一方要求变更或解除合同时，应及时通知对方，所发通知或新的协议应采取书面形式（包括文书、电报等）。变更或解除建筑材料经济合同的建议和答复应在双方协议的期限内或有关业务主管部门规定的期限内提出。如涉及国家指令性计划产品或项目，在变更或解除前，应报下达该计划的业务主管部门核准。新协议未达成之前，原建筑材料经济合同仍然有效。因变更或解除建筑材料经济合同使一方遭受损失的，除依法可以免除责任的之外，应由责任方负责赔偿。建筑材料经济合同订立后，不得因承办人或法定代表人的变动而变更或解除。如遇当事人一方发生合并、分立时，由变更后的当事人承担或履行合同的义务和享受应有的权利。

(4)建筑材料经济合同纠纷的调解和仲裁

建筑材料经济合同发生纠纷，当事人应及时协调解决，协商不成的，任何一方均可向国家规定的合同管理机关申请调解或仲裁，也可直接向人民法院起诉。但申请单位必须在其权利受到侵害之日起一年内，以书面形式向仲裁机关提出申请，具体写明合同纠纷及其主要问题，提出自己的要求，同时附有原合同有关证明材料的正本或者复制本。超过期限的，即一年后才提出申诉的，一般不予受理。调解达成协议的，当事人应去履行。若调解不成，根据有关法律、法令和政策，由双方当事人参加裁决，并作出裁决书。裁决书经主管机关(即负责仲裁的机关)和双方当事人盖章后，即具有法律约束力。当事人一方或双方对仲裁不服或事后反悔的，可以在收到仲裁决定书之日起 15 日内向人民法院起诉，期满不起诉的，裁决即具有法律效力。由仲裁机关督促执行并在当事人拒绝执行时，通知开户银行划拨料款或赔偿金。

4.2.4 购销合同的管理

采取订货方式采购材料，供需双方必须依法签订购销合同。购销合同是供需双方为了有偿转让一定数量的材料而明确双方权利义务关系，依照法律规定而达成的协议。合同依法成立即具有法律效力。

1. 购销合同的含义

购销合同是指物资供需双方为实现购销业务、明确相互权利义务关系而达成的协议。利用合同保护购销双方的合法利益，督促购销双方履行义务。

2. 签订购销合同的基本要求

(1)符合法律规定。购销合同是一种经济合同，必须符合《中华人民共和国经济合同法》等法律法规和政策的要求。

(2)主体合法。合同当事人必须符合有关法律规定，当事人应当是法人或有营业执照的个体经营户或合法的代理人等。

(3)内容合法。不得违反国家的政策、法规，损害国家及他人利益。物资经营单位购销的物资，不得超过工商行政管理部门核准登记的经营范围。

(4)形式合法。购销合同一般应采用书面形式，由法定代表人或法定代表人授权的代理人签字，并加盖合同专用章或单位公章。

3. 签订购销合同的原则

(1)遵守国家法律，符合国家政策的要求。只有合同具有法律效力，双方权益才受到保护。

(2)本着平等互利、协商一致、等价有偿的原则，双方权利、义务平等。

4. 购销合同的签订

购销合同经双方当事人依法就主要条款协商一致即告成立。签订合同人必须是具有法人资格的企事业单位的法定代表人或由法定代表人委托的代理人。签订合同的程序要经过要约和承诺两个步骤。

(1)要约:合同一方(要约方)当事人向对方(受要约方)明确提出签订购销合同的主要条款,以供对方考虑。要约通常是书面或口头形式。

(2)承诺:对方(受要约方)对他方(要约方)的要约表示接受,即承诺。对合同内容完全同意,合同即可签订。

(3)反要约:对方对他方的要约要增减或修改,则不能认为是承诺,应叫做反要约,经供需双方反复协商取得一致意见后达成协议,合同即告成立。

5.购销合同的主要条款

(1)物资名称:应署全名,注明商标、牌号、生产厂家、型号、规格、等级、花色等。

(2)技术标准:检查物资质量的标准,应注明标准的名称、代号、编号。如有特殊要求,应写明。

(3)购销数量和计量方法:数量包括总量和分批交货数量,计量方法按国家规定执行。

(4)包装标准及包装物的供应、回收:包装标准应按国家标准执行,没有规定的由双方协商。应明确包装物的供应与回收方法。

(5)交货方式与运输方式:交货方式有供方供货、供方代办运输、需方自提等,合同中应明确交货时间、地点。双方还应商定运输路线、运输工具、货运事故处理方法等。

(6)接(提)货单位或接(提)货人:接(提)货单位或人可以是需方,也可以是代理经办人,需写清楚。

(7)交货期限:可按日、旬、月、季交货,双方应明确。

(8)验收方法:包括数量的清点方法和质量的检验方法。如需他人检验,应注明质量检验单位。

(9)价格:合同中应明确计价范围、价格水平等。

(10)结算方法:按国家有关规定执行。

(11)违约责任:若当事人违约,则应明确双方的责任及支付违约金的比例。

(12)合同纠纷的处理方式。

(13)其他约定事项。

6.购销合同的管理

签订购销合同仅仅是落实货源,要使合同实施,还应注意合同的管理工作。

(1)签订合同的管理

①必须遵守国家政策、法规,避免签订无效合同。

②贯彻平等互利、协商一致的原则,为全面、实际履行合同打下基础。

③合同条款力求准确、清楚,避免遗漏、错误、含糊不清的现象。

(2)履行合同的管理

①已签订的合同应及时分类整理,装订归档,由专人管理。

②随时检查合同的履行情况,建立合同登记台账,记录应交、已交、欠交、超交的数量和时间以及已交材料的检查验收情况。根据记录分析问题,提出处理意见。

③对到期、误期合同,应组织催交催运,追究对方的违约责任。

④将合同附本或抄件分送给有关业务部门,以便做好履行合同的各项工作。

下面给出购销合同的文件格式(购销合同示范文本,参见工矿产品购销合同(GF-1990-0102))。

工矿产品购销合同

供方：________________　　　　　　　　　　　　　　合同编号：

需方：________________　　　　　　　　　　　　　　签订地点：

　　　　　　　　　　　　　　　　　　　　　　　　　签订时间：　　年　　月　　日

一、产品名称、商标、型号、厂家、数量、金额、供货时间及数量

产品名称	牌号商标	规格型号	生产厂家	计量单位	数量	单价	金额	交(提)货时间及数量		
								合计		
合计人民币金额(大写)________________										

二、质量要求及技术标准，供方对质量负责的条件和期限

三、交(提)货地点、方式

四、运输方式、到达站(港)和费用负担

五、合理损耗和计算方法

六、包装标准、包装物的供应与回收

七、验收标准、方法及提出异议的期限

八、随机备品、配件工具的数量及供应办法

九、结算方式和期限

十、如需提供担保，应另立合同担保书，作为本合同的附件

十一、违约责任

十二、解决合同纠纷的方式：若执行本合同发生争议，则由当事人双方协商解决。协商不成，双方同意由仲裁委员会仲裁(当事人双方不在本合同中约定仲裁机构，事后又没有达成书面仲裁协议的，可向人民法院起诉)

十三、其他约定事项

供　方	需　方	鉴(公)证意见：
单位名称(章)：	单位名称(章)：	
单位地址：	单位地址：	
法定代表人：	法定代表人：	
委托代理人：	委托代理人：	
电　　话：	电　　话：	
电报挂号：	电报挂号：	
开户银行：	开户银行：	经办人：
账　　号：	账　　号：	鉴(公)证机关(章)
邮政编码：	邮政编码：	年　　月　　日

有效期限：　　年　　月　　日至　　年　　月　　日

监制部门：　　　　　　　　印制单位：

7. 签订购销合同应注意的问题

(1)签订合同前应进行资质审查，查看对方是否具有货物或货款支付能力及信誉情况，避免合同欺诈或签订假合同。

(2)签订合同应使用企事业单位章或合同专用章并有代表(理)人签字、盖章，不能使用其他业务章。

(3)不能以产品分配单或调拨单等代替合同。重要合同需经工商行政管理部门签证或经公证机关公证。

(4)合同签订的时间和地点都要写在合同内。

(5)企业(法人单位)名称应用全称,即营业执照上的注册名称。当事人双方的地址电话不能写错。

(6)补偿贸易合同必须由供方担保单位实行担保。

4.2.5 材料采购资金管理

材料采购过程即材料占用的企业流动资金的运转过程。材料占用的流动资金运用情况从一个方面决定了企业经济效益的优劣。管好材料采购资金,挖掘资金的潜力,才能获得较好的经济效益。

编制材料采购计划的同时必须编制相应的资金计划,以确保材料采购任务的完成。材料采购资金管理方法根据企业采购分工的不同而有所不同,具体有下述几种方法:

1.品种采购量管理法

品种采购量管理法适用于分工明确、采购任务量确定的企业或部门,按照每个采购员的业务分工,分别确定一个时期内采购材料实物数量指标及相应的资金指标,用以考核其完成情况。对于实行项目自行采购资金的管理和专业材料采购资金的管理,使用这种方法可以有效地控制项目采购支出,管好用好专业用材料。

2.采购金额管理法

采购金额管理法是确定一定时期内的采购总金额和各阶段采购所需资金,采购部门根据资金情况安排采购项目及采购量。对于资金紧张的项目或部门可以合理安排采购任务,按照企业资金总体计划分期采购。综合性采购部门可以采取这种方法。

3.费用指标管理法

费用指标管理法是确定一定时期内材料采购资金中的成本费用指标。如采购成本降低额或降低率,用以考核和控制采购资金使用。此法适用于分工明确、采购任务量确定的材料采购,它可以鼓励采购人员负责完成采购业务的同时注意采购资金的使用,降低采购成本,提高经济效益。

4.2.6 材料采购批量的管理

材料采购批量是指一次采购材料的数量。其数量的确定是以施工生产需用为前提,按计划分批进行采购。采购批量直接影响采购次数、采购费用、保管费用、资金占用和仓库占用。因此,在某种材料总需用量中每次采购的数量应选择各项费用综合成本最低的批量,也叫经济批量或最优批量。经济批量的确定受多方因素的影响,按照所考虑主要因素的不同一般有以下几种方法:

1.按照商品流通环节最少选择最优批量

向生产厂家直接采购,所经过的流通环节最少,价格最低。不过生产厂家的销售往往有最低销售量限制,因此采购批量一般要符合生产厂家的最低销售批量。这样既减少了中间流通环节费用,又降低了采购价格,而且还能得到适用的材料,从而最终降低了采购成本。

2.按照运输方式选择经济批量

在材料运输中有铁路运输、公路运输、水路运输等不同方式,每种运输中一般又分整车(批)运输和零散(担)运输。在中、长途运输中,铁路运输和水路运输较公路运输价格低,运量大。而在铁路运输和水路运输中,又以整车运输费用较零散而运输费用低,因此一般采购应尽量就近采购或达到整车托运的最低限额以降低采购费用。

3. 按照采购费用和保管费用支出最低选择经济批量

材料采购批量越小，材料保管费用支出越低，但采购次数越多，采购费用越高。反之，采购批量越大，保管费用越高，但采购次数越少，采购费用越低。因此采购批量与保管费用成正比例关系，与采购费用成反比例关系，如图 4-1 所示。

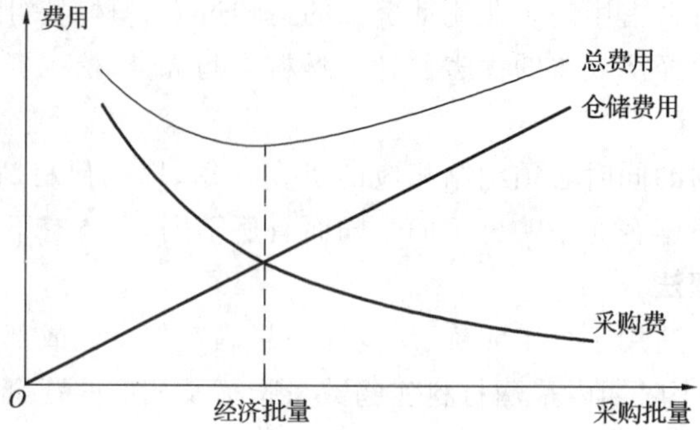

图 4-1 采购批量与费用的关系

某种材料的总需用量中，若每次采购数量使该种材料的保管费用和采购费用之和为最低，则该批量称为经济批量。在企业某种材料全年耗用量确定的情况下，其采购批量与保管费用及采购费用之间的关系是：

$$年保管费用=\frac{1}{2}\times 采购批量\times 单位材料年保管费用 \tag{4-1}$$

$$年采购费用=采购次数\times 每次采购费用 \tag{4-2}$$

$$年总费用=年保管费用+年采购费用 \tag{4-3}$$

【例 4-1】 某企业全年耗用某种材料总量为 180 t，每次采购费用是 75 元，年保管费用率为材料平均储备价值的 15%，材料单价为 50 元/t，求总费用最低的经济采购批量。

计算最优经济批量可用试凑法和直接计算法。用试凑法计算如下：

解：①设全年采购 1 次，则每次采购 180 t，计算可得

年保管费用$=\frac{1}{2}\times 180\times 50\times 15\%=675$ 元

年采购费用$=1\times 75=75$ 元

年总费用$=675+75=750$ 元

②设全年采购 3 次，则每次采购$\frac{180}{3}=60$ t。

年保管费用$=\frac{1}{2}\times 60\times 50\times 15\%=225$ 元

年采购费用$=3\times 75=225$ 元

年总费用$=225+225=450$ 元

③设全年采购 4 次，则每次采购$\frac{180}{4}=45$ t。

年保管费用$=\frac{1}{2}\times 45\times 50\times 15\%=168.75$ 元

年采购费用$=4\times 75=300$ 元

年总费用＝168.75＋300＝468.75 元

④设全年采购 5 次，则每次采购$\frac{180}{5}$＝36 t。

年保管费用＝$\frac{1}{2}$×36×50×15％＝135 元

年采购费用＝5×75＝375 元

年总费用＝135＋375＝510 元

上述计算过程可列成表 4-1。

表 4-1　　材料采购数量及费用

总需用量（t）	采购次数	每次采购量（t）	平均库存量（t）	保管费用（元）	采购费用（元）	总费用（元）
180	1	180	180/2	675	75	750
180	3	60	60/2	225	225	450
180	4	45	45/2	168.75	300	468.5
180	5	36	36/2	135	375	510

由表 4-1 可见，采购 3 次，每次采购 60 t，能使采购费用与保管费用之和最低，则 60 t 为该材料的经济采购批量，其年保管费用支出为 225 元，采购费用支出为 225 元，总费用为 450 元。

另外可知，平均供应间隔期＝360/每年订购次数＝360/3＝120 天。

以上过程也可通过下面的公式计算（直接计算法）：

$$C_j=\sqrt{\frac{2QC}{PA}} \tag{4-4}$$

式中　C_j——一次采购量，即经济批量；

Q——总采购量；

C——每次采购费用；

P——材料单价；

A——年保管费用率（％）。

将上例中各数值直接代入式(4-4)得

$$C_j=\sqrt{\frac{2\times180\times75}{50\times15\%}}=60\ \text{t}$$

即最优经济批量为 60 t，全年宜分 $N=\frac{180}{60}=3$ 次采购，其保管费用和采购费用支出为

年保管费用＝$\frac{1}{2}$×60×50×15％＝225 元

年采购费用＝3×75＝225 元

年总费用＝225＋225＝450 元

平均供应间隔期＝360/N＝360/3＝120 天

材料采购成本包括买价、运杂费用、采购保管费用等。采购费用与采购次数成正比。如果采购总量不变，则采购次数随采购批量的加大而减小，故采购费用同采购批量成反比例关系，即减少采购次数、增大采购批量可以节省采购费用。保管费用由保管数量决定，保管数

量则随采购批量的加大而增加，故保管费用同保管数量成正比例关系。因此，保管中要求减少保管数量而增多采购次数。上述采购费用与保管费用对采购批量的要求是相反的。如何寻求一个恰当的采购批量，使这两种费用的总和为最低，就是经济批量要解决的问题。

应该指出，上述经济采购批量是在一定条件下使用的。一定条件是指：材料需用量均衡稳定；消耗比较均衡；订购量不受市场限制（资源较丰富，能及时补充库存），能按规定日期供货；材料单价、运杂费用率较稳定；仓库条件、材料储存期及资金不受限制。

4.3 材料采购方式

4.3.1 材料采购方式

1. 合同订购

对于消耗量大而需提前订货的材料，一般先签订购销合同，确定供需关系，保证供应。

2. 自由选购

市场上随时都能购买到的材料，需方可在市场或生产厂家中自由选购。

3. 委托代购

企业采购力量不足，可以委托代理商代购所需材料，并付一定的代购费。代理商可以代购、代销、代加工、代办运输和调剂物资。

4. 加工订购

如果企业所需材料市场无货源供应，规格特殊，需要委托外单位按要求加工而获得材料。包括带料加工、成品改制、加工订货等方式。

5. 联营订货

对于消耗量特别大而需求稳定的材料，企业可以与生产厂家投资联营，包销部分产品，从而使企业拥有稳定的货源。

6. 租赁

对于工具、用具、周转材料等可与租赁公司签订租赁合同，支付一定租金后取得这些材料的使用权。

4.3.2 计划资源的订货

计划资源指由国家或地方实行指令性计划分配的材料，主要是少数重要原材料和燃料。属于重点企业生产和纳入重点建设项目的材料一般纳入国家或地方指令性生产计划，实行统一分配。

4.3.3 市场采购

市场采购就是从社会材料经销部门、物资贸易中心、材料市场等地购买工程所需要的各种材料。

1. 市场采购的特点

(1)材料品种、规格复杂，采购工作量大，配套供应难度大。

(2)市场采购材料由于材料生产分散，经营网点多，质量、价格不统一，采购成本不易控制和比较。

(3)受社会经济状况影响,资源、价格波动较大。

2. 市场采购的程序

(1)根据材料供应计划中确定的供应措施,确定材料采购数量及品种规格。根据各施工项目提报的材料申请计划,由期初库存量和期末库存量确定出材料供应量后,应将该量按供应措施予以分解。而其中分解出的材料采购量即成为确定材料采购数量和品种规格的基本依据。同时再参考资金、运输及市场情况确定实际采购数量及品种规格。

(2)确定材料采购批量。按照经济批量法确定材料采购批量、采购次数及各项费用的预计支出。

(3)确定采购时间和进货时间。按照施工进度计划,考虑现场运输、储备能力和加工准备周期,确定进货时间。

(4)选择和比较可供材料的企业或经营部门,确定采购对象。当同一种材料的可供货源较多且价格、质量、服务差异较大时,应进行比较判断。

为保证供应并采购到优质优价的建筑材料,应进行科学的采购决策,包括选择供货单位、订购时间、订购批量等。

选择供货单位遵循以下原则:

①质量适当。供货单位供应的材质必须符合设计要求,这就需要供货单位有完整的质量保证体系来保证材质稳定。应注意不能仅依靠样品判定材质,还应从库房中、所供货物中随机抽查。

②成本低。在质量符合要求的前提下,应选择成本低的供货单位,即对买价、包装、运输、保管费用等进行综合分析后选择供货单位。

③服务质量好。除了质量、价格外,供应单位的服务质量也是一条重要的选择标准。服务质量包括信誉程度、交货情况、售后服务等。

④其他。如企业的资金能力、供应单位要求的付款方式等。

选择供货单位常用的方法有以下几种:

①经验判断法。根据专业采购人员的经验和以前掌握的情况进行分析、比较、综合判断,择优选定供货单位。

供货单位选择是保证供应、降低采购成本的重要环节。选择供货单位必须广泛调查研究,最好编制供货单位一览表以供决策,见表 4-2。

表 4-2　　供货单位一览表

材料名称:　　　　编制日期:

序号	供货单位	供货单位地址	产品质量	产品价格	运费	其他费用	货源数量	信用状况	服务措施

②采购成本比较法。当几个采购对象均能满足材料的数量、质量、价格要求而只在个别因素上有差异时,可分别考核采购成本,选择低成本的采购对象。

【例 4-2】 采购某种材料 200 t,四个供货部门在数量、质量和供应时间上都能满足要求,但其各种费用情况存在差异,见表 4-3。

表 4-3 采购成本比较

供货单位	单价(元/t)	运费(元/t)	每次订购(元)	采购成本(元)
甲	320	10	210	66210
乙	330	10	230	68230
丙	300	20	200	64200
丁	290	30	240	64240

由采购成本比较可知,丙为最佳供货单位。

③采购招标法。材料采购部门提出材料需用的数量和基本性能指标等招标条件,各供货单位根据招标条件进行投标,材料采购部门进行综合比较后进行评标和决标,与最终供货单位签订购销合同。

④综合评分法。将各项选择标准按重要程度规定权数,对各项选择标准打分后进行加权平均,以最后得分作为选择依据。

【例 4-3】 三 A 建筑公司对三个供货单位进行评定,选择质量、价格、合同完成率作为评定标准,评分权数分别为 40%、35%、25%。根据上期供货情况(见表 4-4),选择下一期的供货单位。

表 4-4 上期供货情况

供货单位	产品质量		单价(元/件)	合同完成		备注
	实收数量(件)	合格数量(件)		应交货(件)	实交货(件)	
A	25000	24000	8.30	26000	25000	少交 1000 件
B	20000	19600	8.60	20500	20000	少交 500 件
C	23000	21620	8.50	24500	23000	少交 1500 件

解:列表计算各项指标得分。其中:质量以合格率打分;单价以最低为满分,其他按比例计算;合同按完成率打分,见表 4-5。

表 4-5 各项指标得分

供货单位	产品质量		单价		合同情况	
	合格率(%)	得分	比值	得分	完成率(%)	得分
A	96	96	1.00	100	96	96
B	98	98	0.98	98	98	98
C	94	94	0.99	99	94	94

各供货单位的最后得分计算如下:

A:$96\times0.40+100\times0.35+96\times0.25=97.4$

B:$98\times0.40+98\times0.35+98\times0.25=98.0$

C:$94\times0.40+99\times0.35+94\times0.25=95.8$

由上述计算结果可知,B 单位得分最高,应选择 B 单位作为供货单位。

(5)按照协商的各项内容,明确供需双方的权利义务,签订购销合同。

4.3.4 加工订货

材料加工订货是按照施工图纸要求将工程所需的制品、零件及配件委托加工制作,满足施工生产需求。

1. 金属制品的加工订货

金属制品一般包括成型钢筋和铁件制品两大类。钢筋应按提供的图纸和资料进行加工成型。材料部门应及时提供所需钢筋,并加强钢筋的加工管理。铁件制品包括预埋铁件、楼梯栏杆、垃圾斗、落水管等。金属制品的品种规格多,容易丢失、漏项,加工成型的制品零散多样,不宜保管,因此金属制品的加工必须按施工部位进度安排进行,并制订详细的加工计划,逐项与施工图纸核对。

2. 木制品(门窗)的加工订货

木制品中门窗占有一定比例,而门窗有钢质、铝质、塑料质和木质等多种。任何门窗都应首先按图纸详细计算各种规格型号门窗的数量,确定准确详细的加工订货数量,并按施工进度安排进场时间。对改形及异形门窗应附加工图,甚至要求加工样品,待认为完全符合加工意图后再进行批量加工订货。

3. 混凝土制品的加工订货

按照施工图纸核实确定混凝土制品的品种数量后,按照施工进度分批加工,避免混凝土制品到场后的码放、运输和使用困难。因此要求加工计划准确,加工时间确定,加工质量优良。

4.3.5 与建设单位协作采购

建设项目的开发者或建设项目的业主参与采购活动的情况目前仍占有一定比例。与建设单位协作进行材料采购必须明确分工,划分采购范围及结算方式,并按照施工图纸预算由施工部门提出其负责采购的材料的具体品种、规格及进场时间,以免造成停工待料。建设单位对工程所提出的特殊材料和设备,应由建设单位与设计部门、施工部门共同协商确定采购、验收使用及结算事宜,并做好各业务环节的衔接工作。

4.3.6 补偿贸易

补偿贸易是指建筑企业与建材生产企业建立的补偿贸易关系。一般由施工企业提供部分或全部资金,用于补偿贸易的企业新建、扩建、改建项目或购置机械设备。提供的资金分有偿投资和无偿投资两种,普遍采取有偿投资方式。有偿投资分期归还,利息负担通过协商确定。补偿贸易企业生产的建筑材料可以全部或部分作为补偿产品供应给建筑企业。

补偿贸易方式可以建立长期稳定、可靠的采购协作基地,有利于开发新材料、新品种,促进建材生产企业提高产品质量和工艺水平,从而缓解社会供需矛盾。但是补偿贸易应做好可行性调查,落实资金并签订补偿贸易合同,以保证经济关系的合法和稳定。

4.3.7 联合开发

建筑企业与材料生产企业可以按照不同材料的生产特点和产品特点进行合资经营、联合生产、产销联合和技术协作,开发更宽的货源渠道,获得较优的材料。

1. 合资经营

指建筑企业与材料生产企业共同投资、共同经营管理、共担风险,实行利润分成。这种方式对稳定货源、扩大施工企业经营范围十分有利。

2. 联合生产

由建筑企业提供生产技术，将产品的生产过程分解到材料生产企业，所生产的产品由建筑企业负责全部或部分包销。

3. 产销联合

指建筑企业与材料生产企业之间对生产和销售的协作联合，一般是由建筑企业实行有计划的包销，这样不仅可以保证材料生产企业专心生产，而且可以使其成为建筑企业长期稳定的供货基地。

4. 技术协作

指企业间有偿地转让科技成果、工艺技术、技术咨询、培训人员，以资金或建材产品偿付其劳动支出的合作形式。

4.3.8 调剂与协作组织货源

企业之间本着互惠互利的原则，对短缺材料的品种规格进行调剂和串换，以满足临时、急需和特殊用料。

调剂与协作组织货源一般通过以下形式进行：全国性的物资调剂会；地区性的物资调剂会；系统内的物资串换；各部门设立积压物资处理门市；委托商品部门代为处理和销售；企业间相互调剂、串换及支援。

复习思考题

1. 解释基本概念：材料采购，购销合同。
2. 材料采购应遵循哪些原则？
3. 材料采购应收集哪些信息？
4. 简述材料采购和加工订货的主要内容。
5. 简述材料采购合同的主要条款。
6. 某建筑公司某年钢材入库记录如下，次年钢材总需求量 950 t，试求经济批量。

入库日期	10/1	12/2	21/3	8/4	20/5	10/6	20/7	9/8	14/9	25/10	16/11	20/12
入库量(t)	60	40	68	68	75	59	65	70	60	75	65	60

7. 某企业在计划年度内计划平均每天耗用 A 种材料 0.5 t，该材料单价 1600 元/t，平均每次订购费 70 元，年仓储费用率 4%，试求经济订购批量、订购周期和订购次数。

8. 设 12 月 31 日实际库存 35 t，计划 1 月 8 日进货，试按第 6 题的资料计算 12 月 31 日的订购批量。

9. 案例分析题：泰山建筑工程公司三亚项目部需采购 p. o42. 5 水泥 200 t，现有四个供应商在数量、质量和供应时间上都能满足要求，但各种费用存在差异。具体费用情况分别为：川中公司的单价 420 元/t，运费 20 元/t，每次订购费用 210 元；川西公司的单价 430 元/t，运费 15 元/t，每次订购费用 230 元；平原公司的单价 410 元/t，运费 25 元/t，每次订购费用200元；山川公司的单价405元/t，运费35元/t，每次订购费用240元。项目经理认为山川公司单价最低，应从山川公司采购水泥。你认为可以吗？请分析并给出结论。

10. 简述选择和比较可供材料的企业或经营部门以及确定采购对象的方法。

11. 简述材料市场采购的程序。

12. 如何加强采购合同的管理？

13. 材料订货计划的形式是订货明细表。订货明细表的主要内容有哪些？

14. 某建筑公司计划年度需要某种材料8000吨，每次订购费用为200元，年保管费用率为10%，材料单价为2000元。试确定经济订购批量。

15. 三公司二分公司2003年第二季度计划需用某种钢材205 t，其单价为2900元/t，平均每次订购费用100元，单位价值材料年仓储费用率为5%，试求经济订购批量。

16. 单项选择题

(1)(　　)适用于分工明确、采购任务量确定的企业或部门。

A. 品种采购量管理法　　B. 采购金额管理法

C. 费用指标管理法　　D. 经济批量法

(2)(　　)是由供需双方根据材料分配指标或生产需要，采用面对面订货方式进行。

A. 集中订货　　B. 地方订货　　C. 分散订货　　D. 混合订货

(3)签订合同应使用企事业单位章或合同专用章并有(　　)签字或盖章。

A. 法人　　B. 代表(理)人　　C. 董事长　　D. 总经理

17. 多项选择题

(1)常用的材料采购分工方式有(　　)。

A. 集中采购　　B. 分散采购　　C. 大批量采购　　D. 小额采购

E. 自由采购

(2)材料采购加工的成交形式有(　　)。

A. 订货形式　　B. 提货形式　　C. 现货现购　　D. 加工形式

E. 委托加工形式

(3)选择、比较、确定材料供应商的办法有(　　)。

A. 经验判断法　　B. 采购成本比较法　　C. 采购招标法　　D. 协商谈判法

E. 面谈法

(4)材料采购方式有计划资源订货、(　　)、补偿贸易、联合开发、调剂与协作组织货源。

A. 市场采购　　B. 加工订货　　C. 与建设单位协作采购　　D. 自行开发

E. 自由采购

(5)材料信息整理的方式有(　　)。

A. 运用统计报表的形式进行整理

B. 对某些较重要的、经常变化的信息建立台账，做好动态记录

C. 以调查报告的形式就某一类信息进行调查、分析、预测

D. 以大脑记忆为基础的整理

E. 以经验为基础的整理

(6)经济批量的确定受多方面因素影响,按照所考虑主要因素的不同,一般有以下几种方法( )。

A. 按照商品流通环节最少选择最优批量

B. 按照运输方式选择经济批量

C. 按照采购费用和保管费用支出最低选择经济批量

D. 按照保管费用支出最低选择经济批量

E. 按照运输费用最低选择经济批量

第5章 材料供应管理

5.1 材料供应管理概述

材料供应管理指及时、齐备、按质按量地为施工生产提供材料的经济管理活动。材料供应管理是保证施工生产顺利进行的重要环节。

5.1.1 材料供应管理的特点

建筑企业独特的生产和经营方式决定了材料供应管理的特点。

(1)建筑产品的固定性和施工生产的流动性决定了材料供应管理必须随施工生产转移,形成了材料供应管理的特异性。

(2)建筑产品体形庞大、材料需用量大、品种规格多、运输量大,形成了材料供应管理的复杂性。

(3)建筑工程由多个分部分项工程组成,各分部分项工程有其自身的生产特点和材料需求特点,这就形成了材料需求的多样性。

(4)材料供应受社会经济状况影响较大。

(5)材料供应受季节影响较大。

(6)施工中的可变因素多,材料供应须有较强的应变能力。

(7)对材料质量要求高,对材料供应工作要求也高。

5.1.2 材料供应管理应遵循的原则

(1)必须从“有利生产、方便施工”的原则出发,建立健全材料供应制度和方法。

(2)必须遵循“统筹兼顾、综合平衡、保证重点、兼顾一般”的原则。

(3)加强横向经济联合,合理组织货源,提高物资配套供应能力。

(4)坚持勤俭节约,充分发挥材料效用,创造最大的经济效益。

5.1.3 材料供应管理的内容

1.编制材料供应计划

编制材料供应计划应实事求是、积极可靠、统筹兼顾。

2.材料供应计划的实施

材料供应计划确定以后,就要对外分渠道落实货源,对内组织计划供应(即定额供料)来保证计划的实现。在计划执行过程中，影响计划执行的因素有多种，而且会出现许多不平衡现象，因此还要注意在落实计划中组织平衡调度，其方式主要有以下几种：

(1)会议平衡。月度或季度供应计划编制后，供应部门或供应机构召开材料平衡会议，由供应部门向用料单位说明计划期材料到货和各单位需用的总情况，同时说明如何根据施工进度及工程性质，结合内外资源，分轻重缓急。在保竣工扫尾、保重点工程的原则下，先重点、后一般，最后具体宣布对各单位的材料供应量。平衡会议一般由上而下召开，逐级平衡。

(2)重点工程专项平衡。对列为重点工程的项目，由公司主持召开会议，专项研究组织落实计划，拟订措施，切实保证重点工程的顺利进行。

(3)巡回平衡。为协助各单位工程、解决供需矛盾，一般在季(月)度供应计划的基础上，组织服务队定期到各施工点巡回服务，切实掌握第一手资料来搞好计划落实工作，确保施工任务的完成。

(4)与建设单位协作配合搞好平衡。属建设单位供应的材料，建筑企业应主动积极地与建设单位交流供需信息，互通有无，避免脱节而影响施工。

3. 材料供应情况的分析和考核

对供应计划的执行情况经常进行检查分析，发现执行过程中的问题，采取对策，保证计划实现。检查的方法主要有经常检查和定期检查两种。

经常检查即在计划执行期间随时对计划进行检查，发现问题并及时纠正。定期检查如月度、季度和年度等固定时间进行的检查。

(1)材料供应计划完成情况的分析

将某种材料或某类材料实际供应数量与计划供应数量进行比较，可考核某种或某类材料计划完成程度和完成效果。其计算公式为

$$\text{某种(类)材料供应计划完成率}=\frac{\text{该种(类)材料实际供应数量(金额)}}{\text{该种(类)材料计划供应数量(金额)}}\times 100\%$$

考核某种材料供应计划完成情况时，其实物量计量单位一致，可使用实物量指标；考核某类材料供应计划完成情况时，若其实物量计量单位有差异，则应使用金额指标。

考核材料供应计划完成率是从整体上考核材料供应计划完成情况，而对具体品种规格，特别是对未完成材料供应计划的材料品种，进行品种配套供应考核是十分必要的。

$$\text{材料供应品种配套率}=\frac{\text{实际满足供应的品种数}}{\text{计划供应品种数}}\times 100\%$$

【例 5-1】 第三分公司第三季度地方材料供应计划完成情况见表 5-1。

表 5-1　　材料供应计划完成情况

材料名称及规格		计量单位	计划供应量	实际进货量	完成计划(%)
砖		千块	1300	1000	76.9
黏土瓦		千匹	400	500	125.0
石灰		t	4500	4000	88.9
细沙		m^3	3000	4000	133.3
石子	总量	m^3	3500	5000	142.9
	0.5～1.5	m^3	1200	1100	91.7
	3～7	m^3	300	500	166.7

从表5-1可以看出：

①砖实际完成计划的76.9%，与原计划供应量差距颇大。砖目前仍是土建结构工程的主要材料，如果缺乏足够的储备，势必影响施工生产计划的完成。

②石灰只完成计划的88.9%。石灰在主体工程和装饰工程中都是必需的材料，完不成供应计划，必将影响主体和收尾工程的完成。

③石子总量实际完成计划的142.9%，超额颇多。但是，其中0.5～1.5的石子只完成计划的91.7%，供应不足，混凝土构件的浇灌将受到影响。

④从品种配套情况看，六种材料中有三种没有完成供应计划，配套率只有50%。

$$材料供应品种配套率=\frac{3}{6}\times 100\%=50\%$$

这样的配套不但影响施工的进行，而且使已进场的其他地方材料形成呆滞，影响资金的周转使用。要认真查找完不成计划的原因，采取相应措施，力争按计划配套供应。

(2)材料供应及时性分析

在检查考核材料收入总量计划的执行情况时，还会遇到收入总量的计划完成情况较好，但实际上施工现场却发生停工待料的现象。即收入总量充分，但供应时间不及时，也同样会影响施工生产的正常进行。

分析考核材料供应的及时性，应把时间、数量、平均每天需用量和期初库存量等信息联系起来考查。例如表5-2中p.o42.5水泥完成情况为110%，从总量上看满足了施工生产的需要，但从时间上看供料很不及时，几乎大部分水泥的供应时间集中在中、下旬，影响了上旬施工生产的顺利进行。

表5-2　　第三分公司8月份p.o42.5水泥供应及时性考核

进货批数	计划需用量(kg)		月初库存量(kg)	计划收入		实际收入		完成计划(%)	对生产保证程度		延误	
	本月	平均每日用量		日期	数量	日期	数量		按日数计	按数量计	时间	数量
	39000	1500	3000						2	3000		
第一批				1	8000	5	4500		3	4500	4	3500
第二批				7	8000	14	10500		7	10500	7	
第三批				13	8000	19	12000		8	12000	6	
第四批				19	8000	27	15900		3	4500	8	
第五批				25	7000							
总计	39000						42900	110	23	34500		

注：在计算全月工作天数时，一般以当月的日历天数扣除周末休假天数进行计算。8月份日历天数为31天，设8月2日为星期天，则全月共有10个休假天。

(3)材料消耗情况分析

按照施工生产验收的工程量，考核材料供应量是否全部消耗，分析所供材料是否适用，以指导下一步材料供应并处理好遗留问题。

实际供应材料剩余量＝实际供应量－实际消耗量

式中，实际供应量是材料供应部门按项目申请计划所确定的数量而供应项目的数量；实际消耗量是根据班组领料、退料、剩料和验收完成的工程量统计的材料数量。

5.2 材料供应方式

材料供应方式是指材料由生产企业向需用单位流通过程中所采取的方式。不同的材料供应方式对企业材料储备、使用和资金占用都有一定的影响。

5.2.1 材料的流通过程

由于材料流通过程的环节各不相同，材料供应方式有直达供应方式和中转供应方式两种。二者相辅相成，具体采取何种方式应根据当时当地的实际情况而定。

1. 直达供应方式

直达供应方式指由材料生产企业直接供给需用单位材料，而不经过第三者。这种供应方式减少了中间环节，缩短了材料流通时间，减少了材料的装卸、搬运次数，节省了人力、物力和财力支出，因此降低了材料流通费用和材料途中损耗，加速了材料周转和材料资金周转。

2. 中转供应方式

中转供应方式指材料生产企业供给需用单位材料时，由第三者衔接。由于通过第三者与生产企业和需用单位联系，故可以减少材料生产企业的销售工作量，同时也可以减少需用单位的订购工作量，使生产企业把精力集中于搞好生产。这种方式适用于消耗量小、通用性强、品种规格复杂、需求可变性较大的材料，如建筑企业常用的小五金、辅助材料、工具等。它虽然增加了流通环节，但从保证配套、提高采购工作效率和就地就近采购方面来看，是一种必不可少的材料供应方式。

但是，中转供应方式同样有它的局限性和缺陷，例如无法做到直达供应等，因此中转供应方式也有一定的适用范围。

5.2.2 影响供应方式选择的因素

选择合理的供应方式，其目的在于实现材料流通的合理化。选择合理的供应方式能使材料用最短的流通时间、最少的费用投入使用，加速材料和资金周转，加快生产过程。选择供应方式时，主要应考虑如下因素：

1. 需用单位的生产规模

生产规模大，需要同种材料数量也大，适宜采取直达供应方式；生产规模小，需要同种材料数量相对也少，适宜采取中转供应方式。

2. 需用单位的生产特点

生产的阶段性和周期性往往使阶段性和周期性的材料需用量较大，此时宜采取直达供应方式，反之可采取中转供应方式。

3. 材料的特性

专用材料使用范围狭窄，以直达供应为宜；通用材料使用范围广，当需用量不大时，以中转供应为宜。体大笨重的材料，如钢材、水泥、木材、煤炭等，以直达供应为宜；不宜多次装卸、搬运且储存条件要求较高的材料，如玻璃、化工原料等，宜采取直达供应方式；品种规格多且需求量不大的材料，如辅助材料、工具等宜采取中转供应方式。

4. 运输条件

运输条件的好坏直接关系到材料的流通时间和费用。一次发货量不够整车的，一般不宜采取直达供应方式而采用中转供应方式较好。需用单位离铁路线较近或有铁路专用线和装卸机械设备等，宜采取直达供应方式。需用单位如果远离铁路线且在不同运输方式的联运业务未广泛推行的情况下，宜采取中转供应方式。

5. 供销机构的情况

材料供销网点比较广泛和健全，离需用单位较近，库存材料的品种、规格比较齐全，能满足需用单位的要求，服务比较周到的，中转供应的比重就会增加。

6. 材料生产企业的订货限额和发货限额

订货限额是生产企业接受订货的最低数量，如钢厂的订货限额多以换辊定额为基础来制定。同时考虑使用情况，对一般规格的普通钢材，订货限额较高；对优质钢材和特殊规格钢材一般用量较小，订货限额也较低。发货限额通常是以一个整车装载量为标准，采用集装箱时，则以一个集装箱的装载量为标准。某些普遍用量较小的材料和不便中转供应的材料如危险材料、腐蚀性材料等，其发货限额可低于上述标准。订货限额和发货限额定得过高，会影响直达供应的比重。

5.2.3 材料供应方式

按照供应单位在建筑施工中的地位不同，材料供应方式有甲方供应方式、乙方供应方式、甲乙双方联合供应方式和物资企业供应方式。

1. 建设单位组织供应

建设单位组织供应即建设单位按照建筑工程施工图纸预算的材料用量及施工单位有关材料品种、规格、使用时间的计划，将全部材料供应到施工现场，由施工单位负责验收。凡使用过程中造成的损失和浪费，均由施工单位承担。

2. 建筑企业供料

建筑企业供料指由建筑企业组织全部材料的供应，有利于建筑企业对材料进行统一管理和统一核算，降低材料成本。

3. 建设单位和建筑企业分别供应

建设单位和建筑企业签订工程承包合同时，应签订材料供应分工协议，明确双方在材料供应中应承担的责任和拥有的权利。施工过程中，双方按照协议明确的分工范围分别组织材料的供应。建设项目开发部门或建设项目业主根据分工确定的材料采购供应范围，实施材料供应的方式。由于是甲乙双方联合完成一个项目的材料供应，因此在项目开工前必须就材料供应中的具体问题作明确分工，并签订材料供应合同。在合同中应明确以下内容：

(1)供应范围：包括项目施工用主要材料、辅助材料、装饰材料、水电材料、专用设备、各种制品、周转材料、工具用具等的分工范围。应明确到具体的材料品种甚至规格。

(2)供应材料的交接方式：包括材料的验收、领用、发放、保管及运输方式和分工及责任划分，还有材料供应中可能出现问题的处理方法和程序。

(3)材料采购、供应、保管、运输、取费及有关费用的计取方式：包括采购保管费的计取、结算方法，成本核算方法，运输费的承担方式，现场二次搬运费、装卸费、试验费及其他费用，材料采购中价差核算方法及补偿方式。

(4)材料供应中可能出现的其他问题：如质量、价格认证及责任分工，材料供应对工期的影响等因素均应阐明要求，以促进双方的配合和协作。

甲乙双方联合供应方式在目前是一种较普遍的供应方式。这种方式一方面可以充分利用甲方的资金优势和采购渠道优势，又能使施工企业发挥其主动性和灵活性，提高投资效益。但这种方式易出现采购供应中必然产生的由交叉因素所带来的责任不清问题，因此必须用有效的材料供应合同作保证。

甲乙双方联合供应方式一般以由甲方负责主要材料、装饰材料和设备，由乙方负责其他材料的分工形式为主；也有所有材料以甲方或乙方为主，另一方为辅的分工形式。无论哪种方式，必定与资金、储备、运输的分工及利益发生关系。因此，建筑企业在进行材料分工的谈判前，必须确定材料供应必保目标和争取目标，为建设项目的顺利施工和完成打下基础。

4. 物资企业供应

物资企业供应是将材料供应业务发包给材料公司，由材料公司负责全部材料的供应工作。

5.2.4 材料供应的数量管理

材料供应的数量管理方法有限额供应和敞开供应两种。

1. 限额供应

限额供应也称定额供应，就是根据计划期内施工生产任务、材料消耗定额和技术节约措施等因素来确定的供应材料数量标准。材料部门依此作为供应的限制数量，施工操作部门在限额内使用材料。

限额供应分为定期和不定期两种，既可按旬、按月、按季限额，也可按部位、按分项工程限额。不论其限额时间长短，限额数量都可一次供应就位，也可分批供应，但供应累计总量不得超过限额数量。限额的限制方法可以采取凭票、凭证方法，按时间或部位分别计账、分别核算。凡在施工中材料耗用已达到限额而未完成相应的工程量，需超限额使用时，均必须经过申请和批准，并记入超耗账目。

2. 敞开供应

根据资源和需求供应，对供应数量不作限制、不下指标，材料耗用部门随用随要的供应方法即为敞开供应。

这种方式对施工生产部门来说灵活方便，可减少现场材料管理的工作量，使施工部门集中精力搞生产。实行这种供应方式的材料必须是资源比较丰富、材料采购供应效率高且供应部门必须保持适量的库存。敞开供应容易造成用料失控，材料利用率下降，从而增加成本。故这种供应方式通常用于抢险工程和突击性建设工程的材料需用。

5.2.4 材料的领用方式

按照材料供应中实物到达方式不同，材料领用方式可分为领料供应方式和送料供应方式。

1. 领料供应方式

领料供应方式也称提料方式，是由施工生产用料部门根据供应部门开出的提料单或领料单，在规定的期限内到指定的仓库（堆栈）提（领）取材料。提（领）取材料过程的运输由用料单位自行办理。

2. 送料供应方式

送料供应方式是由材料供应部门根据用料单位的申请计划负责组织运输，将材料直接送到用料单位指定地点。送料供应方式要求材料供应部门做到供货数量、品种、质量必须与生产需要相一致，送货时间必须与施工生产进度相协调，送货间隔期必须与生产进度的延续性相平衡。

5.2.6 材料供应的责任制和承包制

材料供应管理关系到建设项目管理，材料供应管理水平必然影响项目管理水平。因此在材料供应管理中，必须采取实用有效的措施提高管理水平。

1. 面向建设项目开展材料供应优质服务

材料供应部门对施工生产用料实行“三包”和“三保”。“三包”即包供应、包退换、包回收，“三保”即保质、保量、保进度。

2. 实行材料供应承包制

供应承包是建筑企业在工程投标时，由材料供应机构根据投标项目的要求和市场行情报材料价，作为报价的依据，中标后由材料供应机构包价供料，承担价格变动的风险。

材料供应承包制可以是工程项目材料供应承包，也可以是分部或分项工程材料供应承包，还可以是某类材料供应承包。

5.3 材料定额供应方法

定额供应、包干使用是在实行限额领料的基础上，通过建立经济责任制，签订材料定包合同，以达到合理使用材料、提高经济效益的目的。限额领料指施工时必须将材料的消耗量控制在消耗定额之内。

5.3.1 限额领料的形式

1. 按分项工程限额领料

按分项工程限额领料指按工程进度限额，以班组为对象限额领料。

2. 按工程部位限额领料

按工程部位限额领料指按基础、结构、装饰等施工阶段，以混合队为对象进行限额。它是扩大了的分项工程限额领料。

3. 按单位工程限额领料

按单位工程限额领料指对一个工程从开工到竣工的用料实行限额。它是工程部位限额领料的扩大，适用于工期不太长的工程。

5.3.2 限额领料数量的确定

1. 限额数量的确定依据

(1)正确的工程量是确定材料限额的基础。

(2)定额的正确选用是计算材料限额的标准。

(3)凡实行技术措施的项目，一律采用节约措施规定的单方用料量。

2. 实行限额领料应具备的技术条件

(1)施工组织设计

施工组织设计是组织施工的总则，协调人力、物力，妥善搭配，根据施工的组织设计计划分流水段，搭接工序、操作工艺以及现场平面布置图和节约措施，用以组织管理。

(2)施工预算

施工预算是根据施工图纸计算的分项工程量及施工定额计算来反映为完成一个单位工程所花费用的经济文件,见表 5-3。

表 5-3 **施工预算工程量人工材料分析表**

工程名称: 年 月 日 第 页 共 页

定额编号	工程项目	单位	数量	其中分层	劳动定额			材料分析					
					编号	时间定额	合计工日	( )	( )	( )	( )	( )	( )

①工程量:按施工图纸和施工定额的口径规定计算的分项、分层、分段工程量。

②人工数量:根据分项、分层、分段工程量及时间定额计算出用工量,最后计算出单位工程的总用工数和人工数。

③材料限额耗用数量:根据分项、分层、分段工程量及施工定额中的材料消耗数量,计算出分项、分层、分段的材料需用量,然后汇总成为单位工程材料用量,并计算出单位工程材料费。

(3)班组作业计划

班组作业计划(班组任务书)主要反映施工班组在计划期内所施工的工程项目、工程量及工程进度要求,是企业按照施工预算和施工作业计划把生产任务具体落实到班组的一种形式,见表 5-4。

表 5-4 **班组作业计划**

单 位:

工程名称: 年 月 日 编号 下达日期: 年 月 日

班 组: 验收日期: 年 月 日

施工定额编号	工程部位及项目	计量单位	计划				实际				材料名称									
											规格									
											单位									
			工程量	每工产量	时间定额	定额用工	工程量	定额工日	实际用工	达到定额(%)	配合比	单方	数量		单方	数量		单方	数量	
													计划	实际		计划	实际		计划	实际

用工记录																			
	日期	1	2	3	4	5	6	7	8	9	10	11	12	13	14	15	16	原因分析	
	工数																		
	日期	17	18	19	20	21	22	23	24	25	26	27	28	29	30	31	合计	实际耗用量	
	工数																	节(+)超(−)	

计划员:_____ 预算员:_____ 劳动定额员:_____ 工长:_____ 材料定额员:_____ 材料员:_____ 成本员:_____

(4)技术节约措施

企业内部定额的材料消耗标准是在一般的施工方法、技术条件下确定的，为了降低材料消耗、保证工程质量，必须采取技术节约措施。

(5)混凝土及砂浆的试配资料

定额中混凝土及砂浆的消耗标准是在标准材质下确定的，而实际采用的材质往往与标准相差较大。为保证工程质量，必须根据进场的实际材料进行试配和试验。因此，计算混凝土及砂浆的定额用料数量要根据试配合格后的用料消耗标准计算，见表5-5和表5-6。

表5-5 **混凝土配合比申请单**

编号________

委托单位：________ 工程名称：________ 施工部位：________

设计的强度等级：________ 申请强度等级：________ 坍落度要求：________

其他要求：________________

搅拌方法：________ 振捣方法：________ 养护方法：________

水泥品种及标号：________ 厂别及牌号：________ 进场日期：________ 试验编号：________

砂子产地及品种：________ 细度模数：________ 含泥量：________ 试验编号：________

石子产地及品种：________ 最大粒径：________ 含泥量：________ 试验编号：________

其他材料：________________

掺和料名称及掺量：________ 外加剂名称及掺量：________

申请日期：________ 使用日期：________ 申请负责人：________ 联系电话：________

混凝土配合比通知单

标　号	水灰比	砂率%	水泥(kg)	水(kg)	砂(m^3)	石(m^3)	掺和料	配合比	试配编号

备注：

负责人：________ 审核：________ 计算：________ 试验：________

报告日期：　年　月　日

表5-6 **砂浆配合比申请表** 编号：________

委托单位：________ 工程名称：________ 电　话：________

砂浆种类：________ 等　级：________ 施工部位：________

水泥品种及标号：________ 厂别：________ 进场日期：________ 试验编号：________

砂子产地：________ 细度模数：________ 含泥量：________ 试验编号：________

掺和料种类：________ 申请日期：________ 使用日期：________ 申 请 人：________

砂浆配合比通知单

标　号	配合比					每立方米砂浆的材料用量(kg/m^3)				
	水泥	白灰膏	砂子	掺和料	外加剂	水泥	白灰膏	砂子	掺和料	外加剂

提要：砂浆稠度为7～10 cm，白灰膏沉入度为12 cm。

负责人：________ 审核：________ 计算：________ 试验：________

报告日期：　年　月　日

(6)有关技术翻样资料

主要指门窗、五金、油漆、钢筋、铁件等。其中五金、油漆在施工定额中没有明确的式样、颜色和规格,这些问题需要和建设单位协商,根据图纸和当时资源情况来确定。门窗也可根据图纸、资料,按有关标准图集提出加工单。钢筋根据图纸和施工工艺的要求由技术部门提供加工单。所以,资料和技术翻样是确定限额领料的依据之一,见表5-7~表5-9。

表5-7 **加工申请表**

施工单位:________

工程名称:________ 年 月 日 第 页 共 页

图集代号	产品名称	型号规格	单位	合计数量	分层数量								备注
					基础	一层	二层	三层	四层	五层	六层	七层	

申请单位: 经办人: 电话: 制表: 电话:

表5-8 **钢筋配料单**

施工单位:________

工程名称:________ 年 月 日 第 页 共 页

编号	规格(mm)	间距(cm)	钢筋形状(cm)	断料长度(cm)	每件根数	总根数	总长(m)	总重(kg)	备注

审核: 翻样:

表5-9 **铁件加工单**

施工单位:________

工程名称:________ 编号:________

编号	名称	单位	数量	说明	编号	名称	单位	数量	说明

附图

审核: 制表: 年 月 日

(7)补充定额

材料消耗定额的制定过程中可能存在遗漏,也可能随着新工艺、新材料、新的管理方法的采用,原制定的定额已不适用,因此使用中需要进行适当的修订和补充。

5.3.3 限额领料的程序

1. 限额领料单的签发

限额领料单的签发由计划统计部门按施工预算的分部分项工程项目和工程量编制班组作业计划，由劳动定额员计算用工数量，材料定额员按照企业现行内部定额扣除技术节约措施的节约量计算限额用料数量，见表5-4，并注明用料要求及注意事项。

在签发过程中要注意的问题是定额要选用准确，对于采取技术节约措施的项目应按试验室通知单上所列配合比单方用量加损耗签发，见表5-5和表5-6。另外，装饰工程中采用新型材料时，定额中没有的项目一般采用的方法有：参照新材料的有关说明书，协同有关部门进行实际测定，套用相应项目的预算。

2. 限额领料单的下达

限额领料单一般一式五份，一份交计划员作存根，一份交材料保管员作发料凭证，一份交劳资部门，一份交材料定额员，一份交班组作为领料依据。限额领料单要注明质量等部门提出的要求，由工长向班组下达和交底，对于用量大的领料单应进行口头或书面交底。

用量大的领料单一般指分部位承包下达的混合队领料单，如结构工程既有混凝土又有砌砖及钢筋支模等，应根据月度工程进度做出分层次分项目的材料用量，这样便于控制用料及核算，起到限额用料的作用。

3. 限额领料单的检查

在限额领料方法应用过程中，会有许多因素影响班组用料。定额员要深入现场调查研究，会同有关人员从多方面检查，发现问题则帮助班组解决，使班组正确执行定额用料，落实节约措施，做到合理使用。检查内容主要有：

(1)查项：检查班组是否按照用料单上的项目进行施工，是否存在串料项目。在定额用料中，对班组经常进行检查和落实，主要有五个方面：检查设计变更的项目是否发生变化；检查用料单所包括的施工是否做、是否甩、是否做齐；检查项目包括的工作内容是否都做完了；检查班组是否做限额领料单以外的施工项目；检查班组是否有串料项目。

(2)查量：检查班组已验收的工程项目的工程量是否和用料单上下达的工程量一致。

(3)查操作：检查班组在施工中是否严格按照规定的技术操作规范施工。

(4)查措施的执行：检查班组在施工中节约措施的执行情况。

(5)查活完脚下清：检查班组在施工项目完成后是否做到三清及用料有无浪费现象。若材料超耗的因素是落地灰过多，则可以采取以下措施：一是少掉灰；二是及时清理，有条件的要随用随清；三是不能随用的应集中分拣利用。

材料员要协助促使班组计划用料，做到砂浆不过夜，灰槽不剩灰，半砖砌上墙，大堆材料清底使用，砂浆随用随清，运料车严密不漏，装车不要过高，运输道路保持平整，筛漏集中堆放，后台保持清洁，刷罐灰尽量利用。通过对活完脚下清的检查，达到利用现场废物和节约材料的目的。

4. 限额领料单的验收

班组完成任务后，应由工长组织有关人员进行验收，工程量由工长验收签字、统计，预算部门把关、审核工程量，工程质量由技术质量部门验收并在任务书签署检查意见，用料情况由材料部门签署意见，验收合格后办理退料手续，见表5-10。

表5-10　　限额领料五定五保验收记录

项　目	施工队五定	班组五保	验收意见
工期要求			
质量标准			
安全措施			
节约措施			
协　作			

5. 限额领料单的结算

班组长将验收件合格的任务书送交定额员结算。材料定额员根据验收的工程量和质量部门签署的意见计算班组实际应用量和实际耗用量并结算盈亏，最后根据已结算的定额用料单分别录入班组用料台账，按月公布班组用料节超情况，并作为评比和奖励的依据，见表5-11。

表5-11　　分部分项工程材料承包结算表

<table>
<tr><td>单位名称</td><td></td><td>工程名称</td><td></td><td>承包项目</td><td></td></tr>
<tr><td>材料名称</td><td colspan="5"></td></tr>
<tr><td>设计预算用量</td><td colspan="5"></td></tr>
<tr><td>发包量</td><td colspan="5"></td></tr>
<tr><td>实耗量</td><td colspan="5"></td></tr>
<tr><td>实耗与设计预算比</td><td colspan="5"></td></tr>
<tr><td>实耗与发包量比</td><td colspan="5"></td></tr>
<tr><td>节超价值</td><td colspan="5"></td></tr>
<tr><td>提供率</td><td colspan="5"></td></tr>
<tr><td>提奖率</td><td colspan="5"></td></tr>
<tr><td colspan="3">主管领导审批意见</td><td colspan="3">材料部门审批意见</td></tr>
<tr><td colspan="3">（盖章）　　年　月　日</td><td colspan="3">（盖章）　　年　月　日</td></tr>
</table>

在结算中应注意以下问题：

(1)班组任务书中若个别项目由于某种原因由工长或计划员进行了更改，原项目未做或完成一部分而又增加了新项目，则需要重新签发用料单后与实耗对比。

(2)若由上道工序造成下道工序用料超过常规，则应按验收的实际工程量计算材料用量。如抹灰班组施工的某一项目——墙面抹灰，定额标准厚度是2 cm，由于墙面不平整而增加了抹灰工序的抹灰厚度，应按工长实际验收的厚度换算单方用量后再进行结算。

(3)在要求结算的任务书中,材料耗用量与班组领料单实际耗用量及结算数字要相符。

6. 限额领料单的分析

根据班组任务结算的盈亏数量进行节超分析,主要是根据定额的执行情况弄清材料节约和浪费的原因,堵塞漏洞,总结并交流节约经验,促使进一步降低材料消耗和工程成本,并为今后修订和补充定额提供可靠资料。

5.3.4 限额领料的核算

核算的目的是考核该工程的材料消耗是否控制在施工定额以内,同时也为成本核算提供必要的数据。

(1)根据预算部门提供的材料进行分析,作出主要材料分部位的两算对比。

(2)要建立班组用料台账,定期向有关部门提供评比奖励依据。

(3)建立单位工程耗料台账,按月登记各工程材料耗用情况,竣工后进行汇总,并以单位工程的报告形式作出结算,作为现场用料节约奖励和超耗罚款的依据。

复习思考题

1. 解释基本概念:材料供应管理,材料供应方式,限额供应,限额领料。

2. 材料供应管理有何特点?

3. 简述材料供应管理的主要内容。

4. 材料供应有哪几种方式?

5. 简述限额领料的形式、数量的确定及程序。

6. 限额领料计算的依据是什么?

7. 材料供应管理应遵循什么原则?

8. 单项选择题

(1)限额领料的依据是(　　)。

A. 正确的工程量　　B. 正确的施工定额

C. 正确的工程量和正确的施工定额　　D. 正确的预算定额

(2)(　　)就是按不同工种所担负的分项工程进行限额。

A. 按分项工程限额领料　　B. 按工程部位限额领料

C. 按单位工程限额领料　　D. 按工程形象进度限额领料

(3)限额领料的依据是(　　)。

A. 正确的工程量　　B. 正确的施工定额

C. 正确的工程量和施工定额　　D. 正确的计算

(4)施工进度的快慢(　　)材料消耗总量。

A. 不影响　　B. 会影响　　C. 不直接影响　　D. 直接影响

9. 多项选择题

(1)从材料流通过程的环节看,材料供应方式有(　　)。

A. 直达供应方式　　B. 甲方供应方式　　C. 中转供应方式　　D. 乙方供应方式

E. 现场供应方式

(2)检查材料收入执行情况，是将一定时期内的材料实际收入量与计划收入量作对比，以反映计划完成情况。一般从以下几方面进行考核：(　　)。

A. 检查材料收入量是否充足　　B. 检查材料供应的及时性

C. 检查材料的质量　　D. 检查材料供应商的诚意

(3)材料供应数量的管理方法有(　　)。

A. 限额供应法　　B. 敞开供应法　　C. 凭票供应法　　D. 自己供应法

E. 封闭供应法

(4)确定建筑材料供应量应考虑的因素有(　　)。

A. 计划需用量　　B. 计划期末储备量　　C. 计划期初库存量　　D. 计划期损耗量

E. 计划期销售量

(5)材料采购应遵循的原则有(　　)。

A. 遵纪守法　　B. 以需订购　　C. 择优选购　　D. 恪守信誉

E. 保守机密

(6)选择和比较可供材料的企业或经营部门、确定采购对象的方法有(　　)。

A. 经验判断法　　B. 采购成本比较法　　C. 采购招标法　　D. 运输费用比较法

E. 谈判法

第6章 材料运输管理

6.1 材料运输管理概述

建筑企业的材料供应是通过材料采购、运输、储备和供应四个环节来实现的，以满足施工用料的需要。而采购和储备又是通过运输来完成的。有了货源但没有运输，供应就无法实现，建筑工程就要停工待料。材料运输在材料供应活动中是不可缺少的，它对保证施工的顺利进行起着重要的作用。

6.1.1 材料运输管理的作用

材料运输管理是对材料运输过程运用计划、组织、指挥和调节等职能进行管理，使材料运输合理化。其重要作用主要表现在以下几个方面：

(1)加强材料运输管理是保证材料供应并促使施工顺利进行的先决条件。

(2)加强材料运输管理、合理组织运输可以缩短材料运输里程，减少材料在途时间，加快材料运输速度和周转速度，提高材料的使用效能。

(3)加强材料运输管理、合理选用运输方式以及充分合理地使用运输工具可以节省运力，减少运输损耗，提高运输经济效果。

6.1.2 材料运输管理的任务

材料运输管理的基本任务是：根据经济规律和合理运输材料的基本原则，通过计划、组织、指挥、监督和调节材料运输过程，争取以较短的里程、较低的费用、较短的时间，采用安全的措施完成材料在空间的转移，保证工程的需要。为实现这个任务，必须做到以下几点：

(1)按照及时、准确、安全、经济的原则组织运输。

(2)加强材料运输的计划管理，做好货源、流向、运输路线、现场道路、堆放场地等的调查和布置工作。

(3)建立和健全以岗位责任制为中心的运输管理制度，明确运输工作人员的职责范围，加强经济核算，不断提高材料运输管理水平。

6.1.3 材料运输方式

1. 按运输工具分

(1)铁路运输

铁路运输是长距离运输的主要方式。它具有货运能力大，运输速度快，运费较低，不受季节影响,连续性强,运行较安全、准点,始发和到达的作业费较高等特点,有整车运输和零担运输两种方式。

铁路是现代化的交通运输工具。载运货物的车辆称为货车,货车按产权可分为铁路货车和企业自备车两种。我国铁路上运用的货车类型较多,主要有棚车、敞车、煤车、平车、砂石车、罐车和保温车等,其基本符号和主要用途见表6-1。

表6-1　铁路货车的主要类型、基本符号和主要用途

主要类型		基本符号	主要用途
棚车类	棚车类	P	装运较贵重和不能受潮的货物,如水泥
	通风车	F	装运蔬菜、新鲜水果等货物
敞车类	敞车	C	装运一般货物,如砂石、石、木、生铁、钢材
	煤车	M	装运煤炭
	矿石车	K	装运矿石
平车		N	装运钢轨、汽车、大型机械设备和长大货物
罐车		G	装运液体货物
保温车		B	装运保持一定温度的货物
砂石车		A	装运砂石
其他	长大货物车	D	装运长大货物
	散装水泥车	K_{15}	装运散装水泥
	毒品车	PD	毒品专用车
守车		S	供货运列车长和有关人员办公用

铁路货车标记都涂在车辆外侧明显的地方,一般常见的货车标记有:

①路徽。

②车号。在货车基本记号和辅助记号后还有货车号码,在车体的两侧,如P_{13}601515,"P"代表车种,"13"代表车皮结构,"601515"代表货车号码。

③承重标志。按照货车各部分结构强度而确定的货车装载货物最大质量,以t为单位。装载整车散装建筑材料均按货车载重标记的载重量装载。

④容积。货车主体内的容积,以长度(m)×宽度(m)×高度(m)来表示。如C_{60}敞车,载重标记60 t,容积标记是13 m×2.8 m×2 m。

装运整车散装建筑材料时,货车的长度和宽度都是按货车标记计算,装载高度按发运和到达的实际装载高度测定,据此计算该货车的材料装载体积和装载质量。

⑤自重。货车的自身质量,以t为单位。

⑥特殊标记。铁路车站是铁路运输的基本生产单位,按照其工作性质分为编组站、区段站、客运站和货运站。货运站设置货运室,受理货物的托运、装卸和交付运输等铁路运输业务。

铁路货物运输分为整车、零担、集装箱运输三种,它是根据托运货物的性质、数量、体积和运输条件等确定的。整车货物运输是指一批货物的质量或体积需使用一辆30 t以上货车运输,或虽不能装满一辆货车,但由于货物的性质、形状和运输条件等情况,按照铁路规定必须单独使用一辆货车装运;零担货物运输指一批货物的质量、体积、形状和运输条件等不够整车运输条件,可以与其他货物配装在同一辆货车内;集装箱运输指货物放置在集装箱内进行运输。

铁路运输必须按照一个单位货物(即一批)办理货物的托运、承运、装车、提货和计算货物的运杂费。整车货物运输每车为一批;跨装、爬车和使用游车运输的货物,每一车组为一批。零担货物运输和集装箱货物运输以每张运单为一批。集装箱运输的货物,每批必须是同一箱型,每批至少一箱,最多不超过一辆货车所能装运的集装箱数。

(2)公路运输

公路是联结城市与城市、城市与乡镇、乡镇与乡镇之间的纽带,为城乡运送货物,满足人民生活需要和建设项目生产需要。

目前我国公路运输工具有非机动车辆和机动车辆两种。非机动车辆有人力板车、马车、骡车等,大部分承担短途运输;机动车辆有汽车和拖拉机等。

公路运输基本上是地区性运输。地区公路运输网与铁路、水路干线及其他运输方式相结合,构成全国性的运输体系。公路运输的特点是运输面广、机动灵活、速度快且装卸方便。公路运输是铁路运输不可缺少的补充,是现代很重要的运输方式之一,担负着极其广泛的中、短途运输任务。由于公路运输中机动车运输特别是汽车运输的设备磨损及燃料耗费成本较高,因此不宜用于长距离运输。

(3)水路运输

水路运输具有投资少、见效快、运量大和运输费用低等优点,适用于装运建筑材料的运输。

水路运输按照航运条件可分为内河运输和海上运输两种:

①内河运输是指船舶在河流中航行的运输。装运材料的船舶有货轮、油轮、客货轮、油驳和货驳等。沿江大城市设有港务局,下设港务站,办理货物进出港吞吐、港口装卸和货物托运等业务。拖驳船队是目前内河航运的主要运输工具,具有装载量大、能分散装卸、管理方便和经济效益高等优点,适用于装运大批量材料的运输。

②海上运输是指船舶在近海和远洋中航运的运输方式。国内水路货物运输按照交通部门颁发的《水路货物运输规则》规定,分为整批、零担和集装箱运输。一张运单的货物质量满 30 t 或体积满 34 m^3 的应按整批货物托运,不足此数的按零星货物托运。使用集装箱的货物,每张运单至少一箱。内河船舶按照船舶的装载水线或水尺及航运管理部门核准的船舶准载吨位确定其装载质量。

(4)航空运输

航空运输的运输速度最快,它适用于紧急货物、抢救材料和贵重物品的运输,但其运输量很小,运费很高。目前航空运输占全国材料运输周转量的比重很小。

(5)管道运输

管道运输是一种新型的运输方式,有很大的优越性。其特点是运输速度快、损耗小、费用低、效率高,适用于输送各种液体、气体及粉状、粒状材料,目前主要用于运输液体和气体。

表 6-2 为各种运输方式的特点比较。

表 6-2 各种运输方式的特点比较

运输方式	铁路运输	公路运输	水路运输	航空运输	管道运输
运量	大	小	大	很小	大
运行速度	快	较快	较慢	最快	快
运输费用	低	较低	较高	很高	低
气候影响	一般不受影响	除大雾、大雪外一般不受影响	受大风、台风、大雾影响，并受水位、潮期限制	受一定影响	一般不受影响
适用条件	长途运输大宗材料	短途运输、市内运输	大、中型船舶宜长途运输；小型船舶宜短途运输	急用材料、救灾抢险材料的运输	气体、液体及粉状、粒状材料

(6)非机动(车船)运输

指人力、畜力、非机动船只的运输。它具有机动灵活、路况要求低、分布广的优点，但运力小且速度慢，只能作为短距离运输的补充力量。

2. 按运输线路分

(1)直达运输：指材料从起运点直接运到目的地。它的运输时间短，不需中转，装卸损耗及费用少。运输材料应尽量选择这种方式。

(2)中转运输：指材料从起运点到中转仓库，再由中转仓库到目的地。建筑企业施工点多，分布面广，材料品种、规格复杂，需要再次分配材料；零星、易耗、量小而集中采购的材料需要再次分配；受现场保管条件限制，近期不用的材料也需中转运输。

在选择具体运输线路时，应根据运输条件、流向等合理选择运距短的线路，缩短运输时间，节约运输费用。并且应尽量避免选用对流运输、重复运输、迂回运输和过远运输。

3. 按装载方式和运输途径分

(1)集装箱运输：指把适于装箱的货物装入集装箱，并以集装箱作为基本装卸、搬运作业单元的一种运输方式。

(2)散装运输：指粉(粒)状货物或液体货物不易进行包装，直接用适当的运载工具进行运输的一种运输方式，如砂、石运输及罐车运输。

(3)混装运输：也称杂货运输，指同一运输工具同时装载各类包装货物(如桶装、袋装、箱装、捆装等)的一种运输方式。

(4)联合运输：简称联运，指凭一份运送凭证，由两种或两种以上运输方式或同一运输方式的几个运输企业遵照统一规章和协议，实行多环节、多区段的接力式运输。联合运输是一种综合利用各种运输工具、多方协同营运的综合性运输方式。

4. 按运输条件分

(1)普通运输：不需要特殊运输工具的运输，如砂、石、标砖的运输等。

(2)特殊运输：用特殊结构的车船，采取特殊措施，运输特种材料。

①超限材料运输：即质量、长度、宽度、高度等任何一项超过运输部门规定的运输。

②危险品运输：指易燃、易爆、腐蚀、毒害、放射性等物品的运输，如汽油、炸药、铀的运输等。

6.2 材料运输管理的内容

6.2.1 材料运输管理原则

组织材料运输必须贯彻“遵守规程、及时准确、安全运输、经济合理”的管理原则。

1. 遵守规程

承托运双方必须按照《货物运输规程》所规定的要求办理货物运输。

《货物运输规程》所规定的主要内容有：货物的托运、受理和承运，货物的装货和卸货，货物的到达和交付，货物的到达期限，货运事故、赔偿和运输费用的追补，承运部门与收货、发货人责任的划分，货物的运输价格以及其他货物运输的规定。

《货物运输规程》的各项规定是运输部门和收、发货人之间划分权利和义务的依据，是运输契约的基本条款，承托运双方必须履行。

2. 及时准确

及时运送材料指的是将采购的材料迅速运往目的地。准确运送材料包括材料的品种、规格和数量准确，按指定的地点装卸材料，准确预报车船到达时间，是保证材料运输质量的标志之一。

3. 安全运输

确保安全运输、安全生产是运输、装卸和收发货单位的一项十分重要的工作，务必重视，否则就有可能发生严重的安全事故，给人民生命和国家财产造成损失。在材料运输、装卸、中转和保管等过程中，必须做好货运安全工作。

4. 经济合理

建筑企业必须经济、合理地组织材料运输，选择最经济的运输路线和运输工具，加强装卸和中转管理，采取措施降低材料运输损耗，加强材料运杂费的审核，避免不合理的费用支出。

6.2.2 材料运输的合理化

1. 合理运输的概念

合理运输就是在材料运输中用最少的劳动消耗、花费最少的时间、走最短的里程完成材料运输，以取得最大的经济效益。

2. 常见的材料不合理运输方式

组织材料合理运输必须避免不合理的材料运输流向。不合理的运输流向会造成运输过程中人力、物力和财力上的浪费，主要有以下三种：

(1)对流运输：指同品种货物在同一条运输线路上或者在两条平行的线路上相向而行，如图6-1所示。

(2)迂回运输：指从发运地到目的地不是走最短的路线，而是迂回绕道从而造成过长的运输里程。如图6-2所示，由A地到B地本可以走甲路线，但却从A地经C地、D地再到B地，即走乙路线，产生了迂回运输。

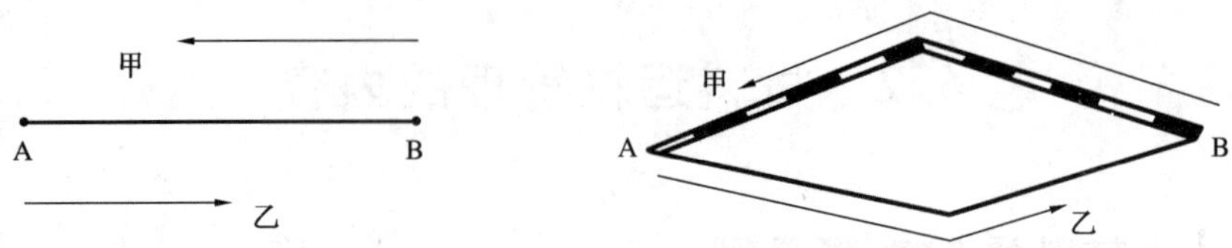

(a) 同一条运输线路上的对流运输　(b) 两条平行运输线路上的对流运输

图 6-1　对流运输

(3)重复运输:指同一批货物由发运地运到后,不经过加工等作业又重复运往发运地,如图 6-3 所示。

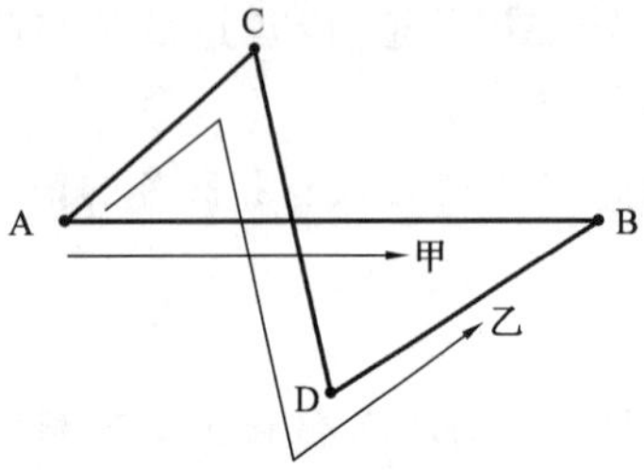

图 6-2　迂回运输

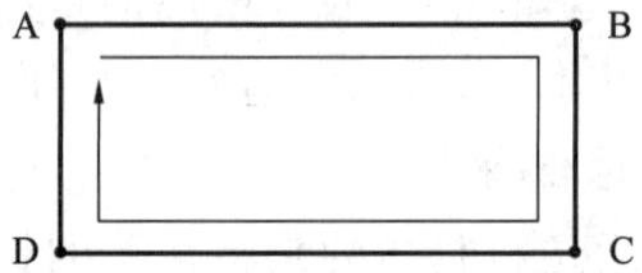

图 6-3　重复运输

(4)过远运输:指舍近求远,购买较远产地的材料,形成不合理的远距离运输(过远运输是因采购时选择供应商不当,导致货源地过远)。

3. 组织材料的合理运输

货源地点、运输路线、运输方式、运输工具等都是影响运输效果的主要因素,要组织合理运输应从这几方面着手。首先在材料采购过程中应该就地就近取材,组织运输距离最短的货源,为合理运输创造条件。要制订和落实好运输计划,并指导实施。

合理组织运输的途径主要有以下五个方面:

(1)选择合理的运输路线。根据交通运输条件与合理流向的要求,选择里程最短的运输路线,最大限度地缩短运输的平均里程,消除各种不合理运输方式。组织建筑材料运输时,要采用分析、对比的方法,结合运输方式、运输工具和费用开支进行选择。

(2)尽量采取直达运输,减少不必要的中转运输环节。直达运输就是把材料从交货地点直接运到用料单位或用料地点,减少中转环节。许多地区广泛采用"四就直拨"方法,即在大、中城市及地区性的短途运输中采取"就厂直拨、就站(车站或码头)直拨、就库直拨、就船直拨"的办法,把材料直接拨给用料单位或用料工地,以减少中转环节,节约流转费用。

(3)选择合理的运输方式。根据材料的特点、数量、性质、需用的缓急、里程的远近和运费的高低,选择合理的运输方式,以充分发挥其效用。

(4)提高材料运输装载技术。这是提高材料运输质量的主要方法,可以降低材料损耗,保证材料质量,从而降低材料成本,增加企业利润。材料运输装载技术是衡量企业运输管理水平的一个标志。

提高材料运输装载技术的措施主要有:

①在装货时必须采取装载加固的措施。做好用支柱、铁丝、钢丝绳、麻绳、罩网(网络)、苫布、挡木和三角木等扎紧加固和装卸防护工作,防止材料在运输中发生移动、倒坍、坠落等

情况。

②装运怕湿材料应将篷布覆盖严密、捆绑牢固并搭盖呈屋脊形。堆放露天场地一定要下垫上苫。

③装卸材料要轻装轻卸，要掌握材料重心轻吊稳落，码垛要牢固，桩脚要固定，要便于点件。

④货位和货场必须清扫干净，以防止材料被混杂。

⑤对经常装运的散装材料，应与运输部门协商确定材料的运输损耗率，超过损耗部分的材料应由承运部门赔偿。

(5)改进材料包装，提高运输效率。散装运输是指产品不用包装，直接通过专用的设备组织运输的形式。目前主要是水泥采用这种运输形式。散装运输的特点是能够改善劳动条件、提高劳动生产率、节约包装材料、减少运耗并保证材料质量。

集装箱运输是指使用一种特殊容器——集装箱，通过现代化的车或船进行物资运输的一种形式。集装箱或零散物资集成一组，采用机械化装卸作业，是一种新型、高效率的运输形式。集装箱运输的特点是安全、迅速、简便、节约、高效。

6.2.3 材料运输业务

材料具有各种不同的性质和特征，在材料运输中必须按照材料的性质和特征安排装运合适的车船，采取相应的安全措施，将材料及时、准确、安全地运送到目的地。

1.材料运输业务的种类

按照材料的运输条件，可将材料运输业务分为普通材料运输和特种材料运输。

(1)普通材料运输：指不需要特殊的车辆和船舶装运，如砂、石、砖瓦、煤炭等材料运输，可使用铁路的敞车、水路的普通船队或货驳及一般载重货车装运。

(2)特种材料运输：需用特殊结构的车船或采取特殊的运送措施，有超限材料运输、危险品材料运输和易腐材料运输三种。

①超限材料运输：材料的长度、宽度或高度中的任何一个超过运输部门规定标准尺度的材料称为长大材料，如大型钢管、钢梁等。凡一件材料的质量超过运输部门规定标准质量的货物称为笨重材料，如大型预制构件和大型机械设备等。

铁路运输的材料凡一件(捆、箱、包)装车后，在平直线上停留时，材料的高度和宽度超过机车车辆界限的称为超限材料；一件材料的长度超过所装平车长度，需要使用游车或跨装运输的材料称为超长材料；一件材料的质量大于应装平车负重面长度的最大载重量的材料称为集重材料。

水路运输的材料，件重或长度超过规定标准的，应按笨重或长大材料托运。

超限、超长和集重材料的运输应按铁道部、交通部颁发的超限、超长和集重材料运输规则办理。

汽车在市区运送特殊超高、超长、超重的材料，必须经公安、市政工程、车辆管理部门审查发给准运证，在规定的线路和时间行驶，并在材料末端悬挂标志(夜间挂红灯、白天挂红旗)才能行驶。特殊超高材料的运输要派专门车辆在前面引路，以便排除障碍。

②危险品材料运输：凡具有自燃、易燃、爆炸、腐蚀、毒害和放射等特性，在运输过程中易引起人身伤亡、使人民财产遭受毁损的材料称为危险品材料，如汽油、煤油、酒精、油纸、油布、硫酸、硝酸、盐酸、生石灰、火柴、生漆、雷管、镭、铀等。

装运危险品材料的运输工具应按危险品材料运输要求进行安排，如内河水路装运生石灰，应选派良好的不漏水的船舶；装运汽油等液体危险品材料，应用槽罐车，并有接地装置。

在运输危险品材料时，必须按铁道部、交通部颁发的危险品材料运输规则办理。主要应做好如下几项工作：

- 托运人在填写材料运单时要填写材料的具体名称，不可书写土名、俗名；
- 要有良好的包装和容器（如铁桶、罐瓶），不能有渗漏，装运时应事先做好检查；
- 在材料包装物或挂牌上，必须按国家标准规定标印危险品货物包装标志，如图 6-4 所示；

图 6-4 危险品货物包装标志

- 装卸危险品时要轻搬轻放，防止摩擦、碰撞、翻滚，码垛不能过高；
- 要做好防火工作，禁止吸烟，禁止使用蜡烛、汽灯、桅灯；
- 油布、油纸要保持通风良好；
- 配装和堆放时，不能将性质抵触的危险品材料混装和混堆；
- 汽车运输应在车前悬挂标志。

③易腐材料运输：指装运易腐材料的运输。建筑材料中属于易腐材料的较少。

2. 材料的托运、装卸和领取

材料运输业务必须经过托运和承运、到达和交付（领取）、装货和卸货等工作过程。

（1）材料的托运和承运

铁路整车和水路整批托运材料应由托运单位在每月规定日期内向有关运输部门提出月度货物托运计划，铁路运输的货物应填送《月份要车计划表》（见表 6-3），水路运输的货物应填送《月度水路货物托运计划表》。托运计划经有关运输主管部门平衡批准后，按批准的月度托运计划向承运单位托运材料。

表 6-3 **年 月份要车计划表**

发货单位公章、名称________

年 月 日 批准计划号码 电话号码________

地 址________

序号	到达			收货单位		货物		吨数	车种代号	车数	下面铁路填写				发站	电报码
	局	车站	电报码	名称	电话号码	名称	代号				运价号/重费计	核减号	特征号	一装车批数		
1											/					
2											/				品类	代号
3											/					

注：车种代号：棚车 P、敞车 C、平车 N、轻油罐车 G、保温车 B、毒品车 PD、牲畜车 J、砂石车 A，自备车（化工）在车种代号前加“自备车”字样。

发货人托运货物应向车站（起运港）按批提出货物运单，见表 6-4。货物运单是发货人与承运单位之间为共同完成货物运输任务而填制的，是具有运输契约性质的一种运送票据。货物运单应认真、具体、逐项填写。

表 6-4 **×× 铁路局货物运单**

货物指定于 月 日搬入 铁路/发货人装车

货位： 铁路/发货人施封

计划号码或运输号码：

运到期限 日 发货人 发站 到站 收货人 货票第 号

发货人填写			
发站		到站（局）	
到站所属省（市）自治区			
发货人	名称		
	地址		电话
收货人	名称		
	地址		电话

铁路填写			
车种车号		货车标准	
施封号码			
经由	铁路货车篷布号码		
	集装箱号码		
运价里程			

货物名称	件数	包装	发货人确定质量(kg)	铁路确定质量(kg)	计费质量	运价号	运价率	现付	
								费别	金额
								运费	
								装费	
								取送车费	
								过秤费	
								合计	
合 计									
发货人记载事项：				铁路记载事项：					

注：本单不作为收款凭证 发货人签字或盖章 到站交付日期戳：

规格：350 mm×135 mm 年 月 日 发站承运日期戳：

托运的货物应按毛重确定货物的质量，运输单位运输货物按件数和质量承运。货物质量(件数)是承运和托运单位运输货物、交接货物和计算运杂费用的依据。

发货人应在承运单位指定的日期内将运输的材料搬入运输部门指定的货场或仓库，以便承运单位装运。发货人托运的材料应根据材料的性质、质量、运输距离以及装载条件，必须使用便于装卸和保证材料安全的运输包装。材料包装直接影响材料运输质量，必须选用牢固的包装。有特殊运输和装卸要求的材料，应在材料包装上标印或粘贴运输包装指示标志，如图 6-5 所示。

托运零担材料时，应在每件货物上标明货物标记(图 6-6)，在每件材料的两端各拴挂一个，不适宜用纸签的货物应用油漆书写，或用木板、金属板、塑料板等制成标记。材料的运费是依据材料等级、里程和质量，按规定的材料运价计算，包括装卸费、过闸费、候闸费和送车费等费用。材料的运费和杂费应在承运的当天一次付清，如承托运双方订有协议的，应按协议规定办理。

图 6-5 运输包装指示标志

货物标记(货签)式

运输号码______

到　　站______

收 货 人______

货物名称______

总 件 数______

发　　站______

图 6-6 货物标记

发运车站(起运港)将发货人托运的货物经确认一切运送要求和核收运杂费后，加盖车站(港口)承运日期戳，即表示材料已经承运。承运是运输部门负责运送材料的开始，对发货人托运的材料承担运送的义务和责任。

为了预防材料在运输过程中发生意外事故而造成损失，托运单位应向保险公司投材料运输保险。一般可委托承运单位代办或与保险公司签订材料运输保险合同。

(2)材料的到达和交付(领取)

材料运到后，由到达站(到达港)根据材料运单上发货人所填写的收货人名称、地址和电话发出到货通知，通知收货人到指定地点领取材料。到货通知一般有电话通知、书信通知和特定通知等方法。

收货人在接收运输的材料时，应凭材料运单规定的材料名称、规格和数量，与实际装载情况进行核对，经确认无误后由收货人在有关运输凭证上签名盖章，表示运输的材料已经收到。

材料在到达站(到达港)货场或仓库领取的，收货人应在运输部门规定期限内提货，过期提货应向到达站(到达港)缴付过期提货部分材料的暂存费。

(3)材料的装货和卸货

材料的装货和卸货也必须贯彻“及时、准确、安全和经济”的管理原则。做好材料装卸是完成材料采购、运输和供应任务的保证，是提高企业经济效益和社会效益的重要环节。对材料装卸应做好如下工作：

①掌握与运输、资源、用料和装卸有关的各项动态，做到心中有数，做好充分准备。

②随时收听天气预报，注意天气变化。

③准备好麻袋、纸袋，以便换装破袋和收集散落材料；准备好堵塞铁路货车漏洞用的物品等。

④随时准备好货场、货位和仓位，以便装卸材料。

⑤做好车、船的预报工作，并做好记录。

⑥材料装货前要检查车、船的完整，保证没有破漏且车门、车窗齐全，车、船内已进行了清扫等工作；装货后，检查车、船是否装足材料数量。

⑦材料卸货前，检查车、船装载情况；卸货后，检查车、船内材料是否全部卸清。

发生延期装货和延期卸货时应查明原因，属于不可抗拒的自然原因(包括停电)和运输部门责任的，应在办理材料运输交接时，在运输凭证上注明发生的原因；属于发货人或收货人责任的，应按实际装卸延期时间，按照规定支付延期装货或延期卸货费用。

避免发生延装和延卸一般可采取如下措施：收、发料人员应严格执行岗位责任制，应在现场工作，督促装卸工人做好材料装卸工作；收、发料单位应与装卸单位相互配合，搞好协作，安排足够的装卸力量，做到快装快卸，如有条件可签订装卸协议，明确责任，保证车、船随到随装，随到随卸；装卸机械要定期保养和维修，建立制度，保持机械设备完好；码头、货位、场地应经常保持畅通，防止堵塞；调派车、船时，应在装卸货地点的最大装卸能力范围内安排，不能过于集中，否则超过其最大装卸能力会造成车、船的延装和延卸。

(4)运输中货损、货差的处理

货物在运输过程中，发生货物数量的损失称为货差，发生货物质量、状态的改变称为货损。货差和货损都是运输部门的货运事故。货运事故大致有火灾、货物被盗、货物丢失、货物损坏(货物破裂、变形、湿损、污损、变质)、票货分离和误装卸、错运、误交付、件数不符等。

发生货运事故时，应在车、船到达当天由运输部门进行处理，向运输部门索取有关记录。

记录有货运记录(表6-5)和普通记录(表6-6)两种：

货运记录具有法律意义，可作为分析事故责任和托运人要求承运人赔偿货物的一种基本文件。货运记录应由运输部门负责处理事故的专职人员签名或盖章，加盖车站(港口)公章或专用章。

普通记录是一般性的证明文件，不作为向运输部门赔偿的依据。普通记录应有运输部门有关人员的签名或盖章并加盖车站(港口)戳。

托运部门在提出索赔时，应向运输部门提出货运记录、货物运单、赔偿要求书以及其他证件。可在从运输部门交给货运记录的次日起最多不超过180天内提出索赔，逾期提出索赔，运输部门可不予受理。

表 6-5 **铁路局货运记录**

编号：__________

补充编制记录时记人补充__________铁路局__________站于________年________月________日所编号记录

一、一般情况____

办理种别__________ 货票号码__________号 于________年________月________日承运

发站__________ 发局__________ 发货人__________

到站__________ 到局__________ 收货人__________

车种车号________标记载重________吨 于________年________月________日________时________分________次

到装车单位__________ 铅封施封单位__________ 个数________ 卸车者__________

二、事故情况：

项 目	货件名称	件数	包装	质 量		发货人记载事项
				发货人	铁路	
票据原记录						
按照实际						
事故详细情况						
鉴定事项						

三、参加人员盖章：车站负责人__________ 编制人__________

收货人__________ 其他__________ 货运员__________

四、附件：1. 普通记录__________页； 2. 装载清单__________页； 3. 铅封__________个

其他

五、交付货物时收货人意见

________年________月________日__________铁路局__________站（公章）

注：1. 本记录一式三份，一份送责任站调查，一份交收货方负责人或发货人，一份留站存查。

2. 请收货人或发货人在 180 天内提出赔偿，同时需提出赔偿要求，并附运单、物品清单、价格证明、发货票、调拨单等有关资料。

3. 如需同时送一个以上单位调查，则可使用不带号码的抄件。

表 6-6 **铁路局普通记录**

年 月 日 站编制 编号：

第 次列车在 站与 站间
发站 发局 发货人
到站 到局 收货人
运送票据第 号于 年 月 日 承运
货物名称 件数 实重 kg
车种车号 于 年 月 日 时 分第 次到达
车辆技术状态及厂、段名称起讫年月
发生的事实情况：

车站人员__________

参加人员（盖章）有关人员__________ 站 戳

乘 务 员__________ 所属段名

段 戳

注：本记录一式两份，一份存查，一份交有关单位。如换装整理或有其他需要调查时，应作抄件送责任单位。

复习思考题

1. 解释基本概念:材料运输管理,合理运输。

2. 材料运输的几种方式各有何特点?

3. 材料运输管理应遵循哪些原则?

4. 简述材料运输业务的内容。

5. 如何实现合理运输?

6. 案例分析题:景泰工程处于市区一环路内,为 39 层现浇混凝框架结构商住楼。对混凝土运输提出了以下几种建议:(1)施工现场地面搅拌,吊车垂直运输;(2)将水泥、砂石用吊车运到工作面搅拌;(3)购买商品混凝土,花 150 万元购一台高层建筑专用混凝土运输泵运送;(4)商品混凝土吊车垂直运输。请分析上述四种方法的利弊,并做出决定。

7. 单项选择题

(1)(　　)指同一种货物在同一条运输线路上或在两条平行运输线路上相向而行。

A. 对流运输　　B. 迂回运输　　C. 重复运输　　D. 反向运输

(2)(　　)指从发运地到目的地不是走最短的路线,而是迂回绕道从而造成过多的运输里程。

A. 对流运输　　B. 迂回运输　　C. 重复运输　　D. 反向运输

(3)确流定材料运输方式时要注意考虑(　　)。

A. 对流运输方式　B. 中转运输方式　C. 迂回运输方式　D. 组合运输方式

8. 多项选择题

(1)材料运输的方式有(　　)、非机动车辆运输。

A. 公路运输　　B. 水路运输　　C. 航空运输　　D. 管道运输

E. 人力运输

(2)材料运输管理应遵循的原则有(　　)。

A. 遵守规程　　B. 及时准确　　C. 安全运输　　D. 经济合理

E. 美观

(3)常见的材料不合理运输方式有(　　)。

A. 对流运输　　B. 迂回运输　　C. 重复运输　　D. 过远运输

E. 频繁运输

(4)材料运输方式按装载方式和运输途径分为(　　)。

A. 集装箱运输　　B. 散装运输　　C. 混装运输　　D. 联合运输

E. 捆绑运输

(5)材料运输方式按运输条件分为(　　)。

A. 散装运输　　B. 集装箱运输　　C. 普通运输　　D. 特殊运输

E. 捆扎运输

第7章 材料储备管理

7.1 材料储备概述

7.1.1 材料储备的意义

材料储备是为保证施工生产正常进行而作的材料准备。材料离开生产过程进入再生产消耗过程前，以在途、在库、待验、再加工等形态停留在流通领域和生产领域，这就形成了材料储备。

材料储备的意义如下：

(1)材料储备可解决材料生产和材料消耗之间的矛盾，可缓解材料生产和材料消耗在空间和时间上的分离。

(2)材料储备过程中的再加工可实现材料供应成品化、配套化，提高利用效果。材料储备过程中的再加工是材料生产过程在流通中的延伸，可缓解因材料品种规格不全带来的使用困难。

7.1.2 材料储备的种类

社会再生产过程中，按材料储备所处的领域和所在的环节不同，一般分为生产储备、流通储备和国家储备。

建筑企业材料储备是生产储备，它处于生产领域内，是为保证生产进行、材料不间断供应而建立的储备。它又分为经常储备、保险储备和季节储备三类。

1.经常储备

经常储备又叫周转储备，是指企业在正常供应条件下两次材料到货的间隔期中，为保证生产的进行而需经常保持材料的存在。它的特征是：在进料后达到最大值，叫最高经常储备，此后随着陆续投入消费而逐渐减少，在下一批到料前达到最小值，叫最低经常储备，然后再补充进料，如此循环，周而复始。在两次到料之间的时间间隔叫供应间隔期，以天数计算，每批到货量叫到货批量。在均衡消费等间隔、等批量到货的情况下，材料库存曲线如图 7-1 所示。建筑企业实际上是随机型消费，即消费不是均衡的，不同时期的消费量均不相等；随机型的到货条件即到货间隔和批量均不相等，这时的材料库存曲线如图 7-2 所示。为了解决随机型消费和到货情况下的储备问题，要先从均衡消费、等间隔、等批量到货的情况入手。

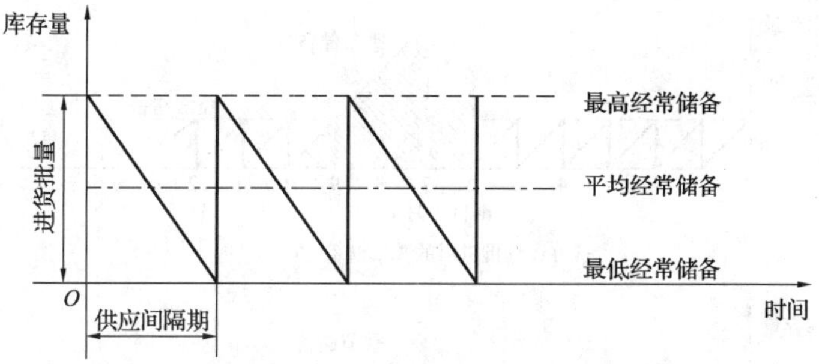

图 7-1 均衡消费等间隔、等批量到货情况下的材料库存曲线

2. 保险储备

保险储备是在材料不能按期到货或到货不适合使用、消费速率加快等情况下，为保证施工生产需要而建立的保险性材料库存。它是一个常量，如图 7-3 所示，即平时不动用，在必要时动用，动用后要立即补充。对那些容易补充、对施工生产影响不大而可以用其他材料代用的材料，不必建立保险储备。

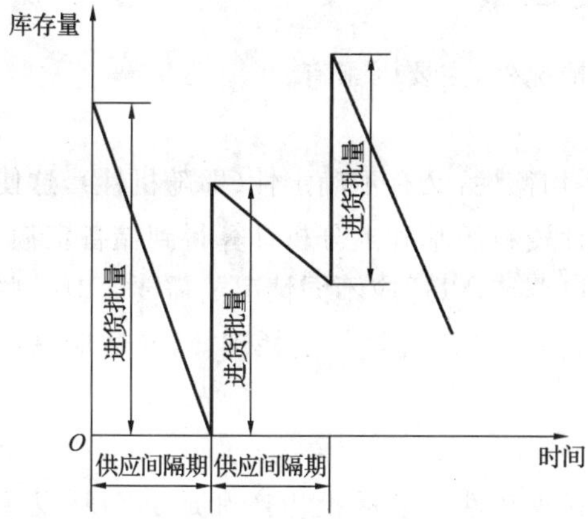

图 7-2 随机型消费、随机型到货情况下的材料库存曲线

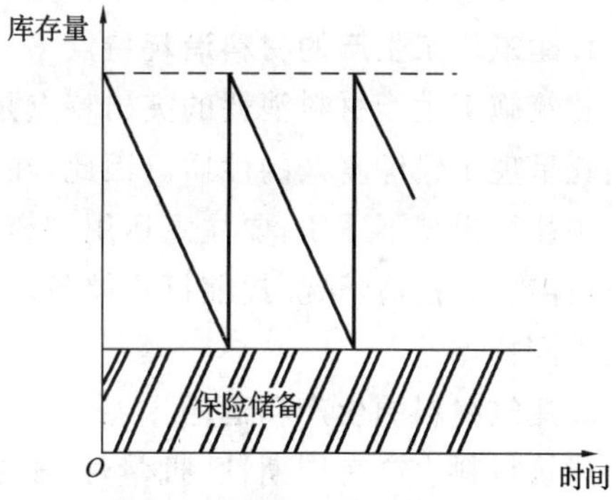

图 7-3 保险储备

3. 季节储备

季节储备是指由于材料生产上有季节性中断，如北方冬季的砖瓦生产、南方夏季洪水期间的河砂、河卵石生产等，为保证施工生产供应需要，在材料生产中断间隔期内所建立的材料储备，如图 7-4 所示。它的特征是将材料生产中断间隔期间的全部需用量在中断前一次或分批购进、存储，以备不能进料期间的消耗，直到材料恢复生产可以进料时，再转为经常储备。

由于某些材料在施工消费上有季节性，一般不需建立季节储备，而只在用料季节建立季节性经常储备。

此外，还有一部分材料处于运输途中，这部分材料叫在途储备。在它到达之前不构成库存，不能使用。它只是潜在的资源，所以一般不把它单独列入材料储备量额度。它要占用资金，在计算储备资金定额时要计算它占用的份额。

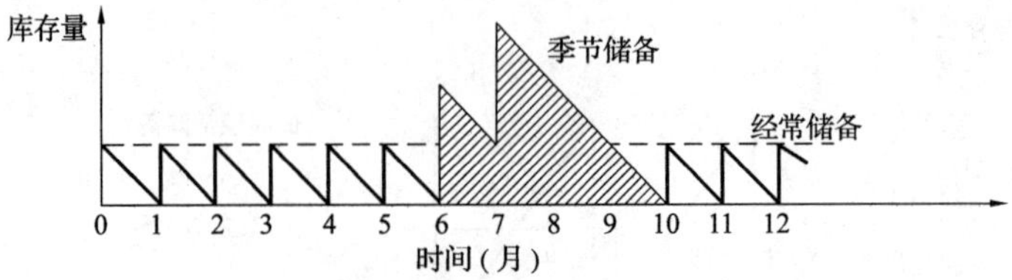

(a) 分批进料的季节储备

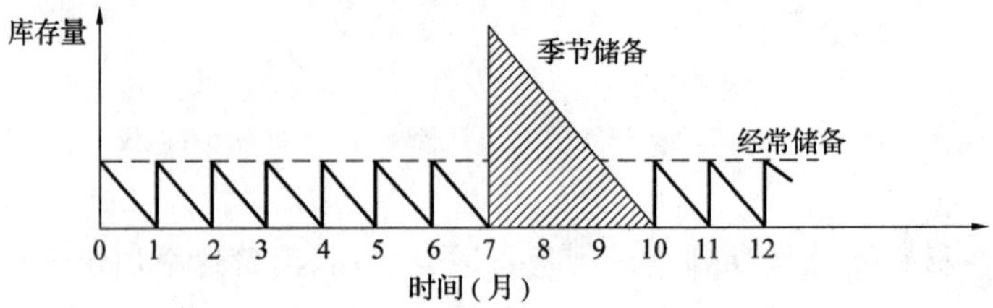

(b) 一次性进料的季节储备

图 7-4 季节储备

7.1.3 影响建筑企业材料储备的因素

影响建筑企业材料储备的因素很多,除特殊情况外,主要因素有:

1. 建筑施工生产的材料消耗特点

建筑施工生产材料消耗的突出特点是既有不均衡性,又有不确定性(即随机性),这使材料消耗呈现出错综复杂的性质。因此,在使用统计资料的基础上分析计算得到储备定额,在执行中往往出现不适用,要注意运用调整系数加以调节,以适应不同情况的需要。对一些特殊材料需及时摸清情况,提前订货储备。总之,储备要符合材料的消耗规律,并适应材料消耗的不同特点。

2. 建筑材料的生产和运输

建筑材料生产有周期性、批量性,材料消耗有成套性。若成批生产和成套消耗发生矛盾,应由储备来调节。另外,材料的发货和运输的顺序安排以及发运能力的限制都具有随机性。因为批量生产和发运工作的随机性反映为不规则的各个供应间隔期,从而影响材料的正常储备。

3. 储备资金的限制

材料储备占用资金较多,由以下三部分组成:

(1)在库备料占用的资金;

(2)已付款未到货,在途材料占用的资金;

(3)已发出尚未消费,生产准备阶段材料占用的资金。

材料(实物量)储备定额指在库材料,其数量受该部分资金限制。在途材料和生产准备阶段的材料也需要资金,也受该部分资金限制,都要列入储备资金定额内,但都不列入材料储备定额内。

4. 材料供应方式

材料供应方式不同,对施工生产提供的供料保证程度不同。建筑企业应根据具体情况设置相应的材料储备。

5. 材料管理水平和市场条件

材料计划准确程度高、货源组织能力强、信息灵通、各环节协作密切、供需关系协调、市场机制健全、货源充沛均可降低储备水平；反之，则需增加材料储备，才能保证生产需要。

影响材料储备的因素很多，要进行具体分析，考虑它们的综合运用，作出储备决策。还要根据各个时期各种影响因素的变化，对储备定额进行调整，以适应不同时期的不同需要。

7.1.4 材料储备定额

1. 材料储备定额的概念

材料储备定额指在一定条件下为保证施工生产正常进行及材料合理储备的数量标准。

材料储备定额是确定能保证施工生产正常进行的合理储备量。材料储备过少，不能满足施工生产需要；材料储备过多，会造成资金积压，不利周转。建立储备定额的关键在于寻求能满足施工生产需要且不过多占用资金的合理储备数量。

2. 材料储备定额的作用

(1)是编制材料计划的依据

建筑企业的材料供应计划、采购计划、运输计划都必须依据储备定额编制。

(2)是确定订货批量、订货时间的依据

企业应按储备定额确定订购批量、订货时间，保证经济合理。

(3)是监督库存变化、保证合理储备的依据

材料库存管理中应以储备定额为标准随时检查库存情况，避免超储或缺货。

(4)是核定储备资金的依据

材料储备占用资金的定额只能依据材料储备定额计算。

(5)是确定仓库规模的依据

设计材料仓库规模，必须根据材料的最大储备量确定。

3. 材料储备定额的分类

(1)按作用分

①经常储备定额(周转储备定额)：指在正常条件下，为保证施工生产需要而建立的储备定额。

②保险储备定额：指因意外情况造成误期或消耗加快，为保证施工生产需要而建立的储备定额。

③季节储备定额：指由季节影响而造成供货中断，为保证施工生产需要而建立的储备定额。

(2)按计量单位分

①相对储备定额：以储备天数为计量单位的储备定额。它用储备的材料相对可以使用多少天来表示储备的数量标准。

②绝对储备定额：以材料的实物量或价值为计量单位的储备定额。它表示储备材料的绝对实物量或价值量。

(3)按综合程度分

①品种储备定额：按材料品种核定的储备定额，如钢材、水泥、木材储备定额等。它主要用于品种不多但量大的主要材料的储备。

②类别储备定额：按材料目录的类别核定的储备定额，如油漆、五金配件、化工材料储备定额等。主要用于品种多的材料储备。

③综合储备定额：以各类材料综合价值核定的储备定额，主要用于核定储备资金。

(4)按期限分

①季度储备定额：以季度为适用期限的储备定额，用于耗用呈阶段性、周期性变化的材料。

②年度储备定额：以年度为适用期限的储备定额，用于消耗稳定、均衡的材料。

7.2 材料储备定额的制定

7.2.1 经常储备定额的制定

经常储备定额是在正常情况下，为保证两次进货间隔期内材料需用量而确定的材料储备数量标准。经常储备定额随进料、生产、使用呈周期性变化。

在经常储备条件下，每批材料进货时储备量最高；随着材料的消耗，储备量随时间逐步减少；到下次进货前，储备量降到零。然后再补充，即进货—消耗—进货，如此循环。经常储备定额就是指每次进货后的储备量。

在经常储备中，每次进货后的储备量叫最高储备量，每次进货前的储备量叫最低储备量，二者的算术平均值叫平均储备量，两次进货的时间间隔叫供应间隔期。经常储备定额的循环过程如图 7-5 所示。

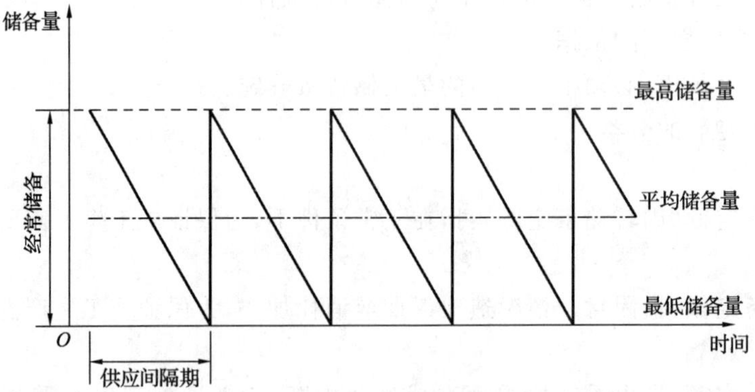

图 7-5 经常储备定额的循环过程

经常储备定额的制定方法有供应间隔期法和经济批量法。

1. 供应间隔期法

供应间隔期法指用平均供应间隔期和平均日耗量计算材料经常储备定额，公式如下：

$$C_j = T_g \cdot H_r$$

式中 C_j——经常储备定额；

T_g——平均供应间隔期；

H_r——平均日耗量。

平均供应间隔期(T_g)可以利用统计资料分析推算，公式如下：

$$T_g = \frac{\sum t_{ij} \cdot q_i}{\sum q_i}$$

式中 t_{ij}——相邻两批到货的时间间隔；

q_i——第 i 期到货量。

平均供应间隔期就是各批到货间隔时间的加权(以批量为权数)平均值。

平均日耗量按计划期材料的需用量和计划期的日历天数计算，公式如下：

$$H_r = \frac{Q}{T}$$

式中 Q——计划期材料需用量；

T——计划期的日历天数。

【例 7-1】 华西公司 2008 年水泥 p. o42. 5 实际进货记录见表 7-1，2009 年水泥材料计划需用量 2050 t，根据以下资料编制 2009 年该材料的经常储备定额。

表 7-1 材料进货记录汇总表

进货日期	进货量(t)	供应间隔期(天)	进货日期	进货量(t)	供应间隔期(天)
1月11日	130		7月6日	240	21
2月17日	180	37	8月20日	120	45
3月13日	210	24	9月9日	160	20
4月25日	180	43	10月22日	180	43
5月28日	150	33	11月18日	220	27
6月15日	200	18	12月19日	(250)	31

解：首先计算平均供应间隔期（T_g）：

$$T_g = \frac{\sum t_{ij} \cdot q_i}{\sum q_i}$$

$$= \frac{37\times130+24\times180+43\times210+33\times180+18\times150+21\times200+45\times240+20\times120+43\times160+27\times180+31\times220}{130+180+210+180+150+200+240+120+160+180+220}$$

$=32$ 天

计算计划年度内平均日耗量(H_r)：

$$H_r = \frac{Q}{T} = \frac{2050}{360} = 5.69\ \text{t/天}$$

计算经常储备定额(C_j)：

$$C_j = T_g \cdot H_r = 32\times5.69 = 182.08\ \text{t}$$

2. 经济批量法

经济批量法是通过经济订购批量确定经常储备定额的方法。

用供应间隔期制定经常储备定额只考虑了满足消费的需要，而未考虑储备量的变化对材料成本的影响。经济批量法就是从经济的角度去选择最佳的经常储备定额。

当材料购入价和运费不变时，材料成本受仓储费和订购费的影响。

材料仓储费指仓库及设施的折旧、维修费及材料保管费、维修费、装卸堆码费、库存损耗、库存材料占用资金的利息支出等。仓储费随着储备量的增加而上升，即与订购批量的大小成正比。

材料订购费指采购材料的差旅费、检验费等。材料订购费随订购次数的增加而上升，在总用量不变的条件下，与订购的批量成反比。

订购批量与仓储费、订购费的关系如图 4-1 所示。经济批量是仓储费与订购费之和最低的订购批量。则有(符号含义见第 4 章 4.2 节的相关内容)：

$$计划期仓储费=\frac{1}{2}C_j PL$$

$$计划期订购费=NK=\frac{Q}{C_j}K$$

$$仓储订购总费用=\frac{1}{2}C_j PL+\frac{Q}{C_j}K$$

用微分法可求得使总费用最小的订购批量为

$$C_j=\sqrt{\frac{2QK}{PL}}$$

【例 7-2】 某种材料单价 $P=2900$ 元/t，需用量 $Q=2050$ t，订购费 $K=1000$ 元/次，单位价值材料年仓储费率 $L=5\%$，试求经常储备定额。

解：利用经济批量公式确定经常储备定额。将已知条件代入公式，得

$$C_j=\sqrt{\frac{2QK}{PL}}=\sqrt{\frac{2\times 2050\times 1000}{2900\times 0.05}}=168.15\ \text{t}$$

每年订购次数 N 和平均供应间隔期 T_g 分别为

$$N=\frac{Q}{C_j}=\frac{2050}{168.15}\approx 12\ 次$$

$$T_g=\frac{360}{12}=30\ 天$$

7.2.2 保险储备定额的制定

保险储备定额一般确定为一个常量，无周期性变化，正常情况下不动用，只有发生意外而使经常储备不能满足需要时才动用。保险储备的数量标准就是保险储备定额。

保险储备与经常储备的关系如图 7-6 所示。保险储备定额又称最低储备定额，保险储备定额加经常储备定额又称最高储备定额。

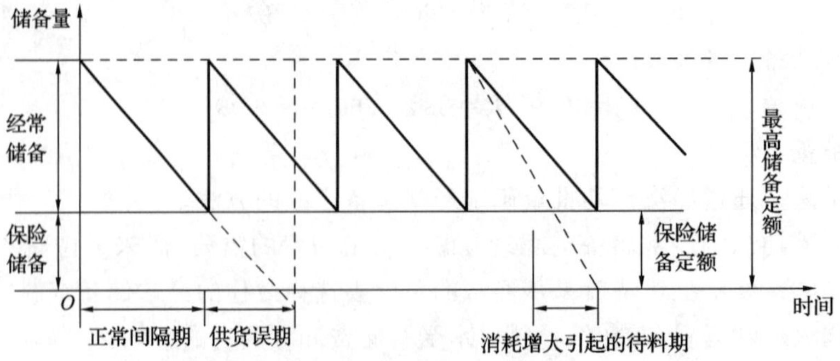

图 7-6 保险储备与经常储备的关系

保险储备定额有以下几种制定方法：

1. 平均误期天数法

公式如下：

$$C_b = T_w \cdot H_r$$

式中 C_b——保险储备定额；

T_w——平均误期时间；

H_r——平均日耗量。

平均误期时间根据统计资料计算，公式如下：

$$T_w = \frac{\sum T_{w(ij)} q_i}{\sum q_i}$$

$$T_{w(ij)} = T_{ij} - T_g$$

式中 $T_{w(ij)}$——相邻两批到货的误期时间；

q_i——第 i 期到货量；

T_{ij}——相邻两批到货的间隔期；

T_g——平均供应间隔期。

【例 7-3】 试用**【例 7-1】**的相关数据求 2009 年保险储备定额。

解：列表计算误期时间，见表 7-2（$T_g = 32$ 天）。

表 7-2 **误期时间计算表**

进货日期	进货量(t)	供应间隔期(天)	误期时间(天)	加权数
1月11日	130			
2月17日	180	37	5	650
3月13日	210	24		
4月25日	180	43	11	2310
5月28日	150	33	1	180
6月15日	200	18		
7月6日	240	21		
8月20日	120	45	13	3120
9月9日	160	20		
10月22日	180	43	11	1760
11月18日	220	27		
12月19日	(250)	31		
合 计	1970(2220)			8020

$$T_w = \frac{8020}{130+210+180+240+160} = 8.72 \text{ 天}$$

$$C_b = T_w \cdot H_r = 8.72 \times \frac{2050}{360} = 49.7 \text{ t}$$

2. 安全系数法

公式如下：

$$C_b = KC_j$$

式中　K——安全系数；

　　C_j——经常储备定额。

安全系数K根据历史统计资料的保险储备定额和经常储备定额计算，公式如下：

$$K=\frac{\text{统计期保险储备定额}}{\text{统计期经常储备定额}}$$

3. 供货时间法

指按照中断供应后，再取得材料所需时间作为准备期计算保险储备定额的方法，公式如下：

$$C_b=T_d \cdot H_r$$

式中　T_d——临时订货所需时间；

　　H_r——平均日耗量。

临时订货所需时间包括办理临时订货手续、发运、运输、验收入库等所需的时间。

7.2.3 季节储备定额的制定

有的材料因受季节影响而不能保证连续供应，如砂、石等，在洪水季节无法生产，不能保证连续供应。为满足供应中断间隔期施工生产的需要，必须建立相应的储备。季节储备定额是为防止季节性生产中断而建立的材料储备数量标准。

季节储备一般在供应中断之前逐步积累，供应中断前达到最高值，供应中断后逐步消耗，直到供应恢复，如图7-7所示。

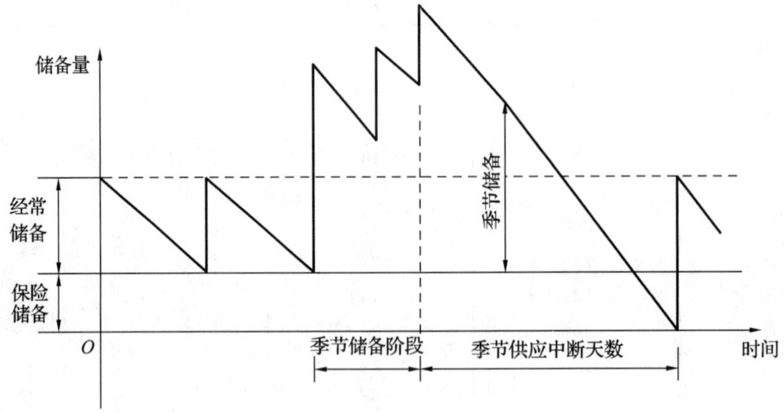

图7-7　季节储备积累与使用

季节储备定额通常根据季节中断间隔期和平均日耗量计算，公式如下：

$$C_z=T_z \cdot H_r$$

式中　C_z——季节储备定额；

　　T_z——季节中断间隔期；

　　H_r——平均日耗量。

季节中断间隔期 T_z 必须在深入实地调查了解并掌握实际资料后确定。

7.3 材料储备管理业务

建筑企业施工生产所需各种材料不可能一次全部运到现场，部分材料不可避免地要在仓库中转，因此仓库管理是材料管理的一个重要环节。

7.3.1 仓库分类

1. 按储备材料种类分

(1)综合性仓库

综合性仓库指可以储存多种材料的仓库，如在同一仓库中储存钢材、五金材料、电器材料、小型工具用具和其他零星材料等。

(2)专业性仓库

专业性仓库指仅储存某一类材料的仓库，如水泥库、钢材库、电器材料库等。

2. 按保管条件分

(1)普通仓库

普通仓库指无特殊储备要求的一般性材料仓库。

(2)特殊仓库

特殊仓库指有特殊储备要求的特种专业仓库，如冷藏库、散装水泥库、危险品仓库等。

3. 按库房形式分

(1)封闭式仓库

封闭式仓库指有房顶、墙、窗、门，可以全封闭的仓库，适于储存五金、化工、机械配件、劳保用品等体积小、价值高且易受物理、化学侵蚀的材料。

(2)半封闭式仓库

半封闭式仓库指有顶无墙的仓库，即各种料棚，通风性能好，出入库方便，可以防雪防雨，用于储存钢材、木材、塑料制品等材料。

(3)露天仓库

露天仓库指露天料场，主要储存不易受自然条件影响的大宗材料，如砖、瓦、砂、石、混凝土构件等。

4. 按管理权限分

(1)中心仓库

中心仓库指公司一级设立的库房。中心仓库的吞吐量大，材料品种多，便于综合平衡使用，减少资金积压。

(2)总库

总库一般指企业所属分公司设立的仓库。主要是为施工生产备料，也称备料仓库。

(3)分库

分库指施工现场的临时仓库，属现场临时设施的一部分，用于现场材料储备。

7.3.2 仓库规划

1. 仓库位置的选择

施工现场的材料库(分库)应按施工组织设计中施工平面图的要求布置，永久性总库和中心仓库按以下原则选择地址：

(1)交通方便

交通方便指仓库的交通道路畅通,便于运输和装卸。按照材料的主要运输方式,应选择靠近运输线路的地方。例如,以公路运输为主,应靠近干线公路;以水路运输为主,应靠近码头。

(2)布局合理

建筑企业常设多个库房,应根据企业的生产规模、施工范围以及各库房储备材料品种的分工,合理确定各级各类库房的位置。

(3)地势较好

要求地形平坦,便于排水、防洪、防风、防潮。

(4)环境适宜

仓库附近没有腐蚀性有害气体、粉尘的侵蚀。特殊库房还应满足特殊环境的要求,如危险品仓库、易燃品仓库等要与其他建筑保持一定的距离。

2. 仓库面积的确定

(1)仓库有效面积的计算

公式如下:

$$S_1=\frac{G}{V}$$

式中 S_1——仓库有效面积;

G——仓库最高储备量;

V——材料堆放定额,见表 7-3。

表 7-3 **材料堆放参考定额**

材料名称	单位	定额(每平方米)	堆放高度(米)	包装类型	储存方法	备注
钢筋	t	2~3	0.8~1		棚库	
盘条钢	t	1.5~2	0.8~1	捆	棚库	
角钢	t	1.5~2	0.5~0.8		棚库	
工字钢	t	1~1.5	0.5		露天	
原木	m^3	1.6~2.2	2~2.5		露天	
成材	m^3	1.6~2.2	2~2.5		棚库	
层板	张	200~300	1.5~2		仓库	
门扇	扇	12~15	1.5~1.8		棚库	
门框	樘	12	1.5		棚库	
窗扇	扇	60~70	1.5~1.8		棚库	
窗框	樘	12	1.5		棚库	
水泥	t	2~2.8	1.5~1.6	袋	仓库	
石灰	t	1.6	1.5	散装	露天	
石棉瓦	张	25	0.8		棚库	
玻璃	箱	6~10	0.8~1.2	箱	棚库	
油毡	卷	15~30	1~2		仓库	
沥青	t	1.2	1.2		露天	
小五金	t	1.2~1.5	1.8~2.0	箱	仓库	
大径铁管	t	0.5~0.8	1~1.2		露天	
小径铁管	t	0.8~1	1~1.2		棚库	
暖气片	片	100	0.7		棚库	
油 漆	桶/t	50~100/0.3~0.6	1.5		仓库	
电线	t	0.9	2.2		仓库	
……	……	……	……	……	……	

仓库有效面积指堆放材料的实地占地面积，不含通道、材料之间的间隔等。

(2)仓库总面积的计算

公式如下：

$$S_2=\frac{S_1}{\alpha}$$

式中 S_2——仓库总面积；

S_1——仓库有效面积；

α——仓库面积利用系数，见表 7-4。

表 7-4 仓库面积利用系数

序号	仓库类型	系数值
1	封闭式普通仓库(内设货架，每两排货架之间留 1 m 通道，主通道宽为 2.5～3.5 m)	0.35～0.4
2	罐式密封仓库	0.6～0.9
3	堆置桶装或袋装的封闭式仓库	0.45～0.6
4	堆置木材的露天仓库	0.4～0.5
5	堆置钢材的棚库	0.5～0.6
6	堆置砂石的露天料场	0.6～0.7

7.3.3 仓库的业务流程

仓库业务流程指仓库业务活动按一定程序，在时间和空间上进行合理安排和组织，使仓库管理有序进行。仓库业务流程如图 7-8 所示。

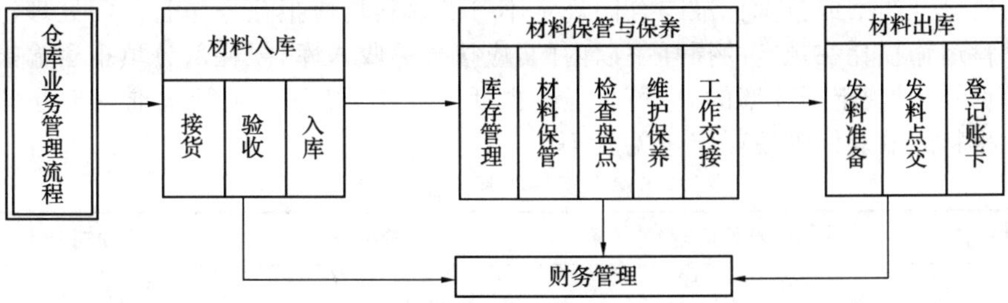

图 7-8 仓库业务流程

1. 材料入库

材料运输到达目的地后，需接货、验收，然后才能入库。材料入库是仓库管理的第一个环节。验收入库是把好入库材料质量的第一关，是划分材料采购环节与材料保管环节责任的分界线。只有进行严格准确的材料验收，才能将采购运输过程中发生的问题在验收阶段解决，使入库材料的数量和质量有保证。

材料验收要求做到：

第一，准确。对入库材料的品种、规格、质量、数量、包装、价格、成套产品的配套性要严格核对，准确无误。可按照采购合同和有关标准严格验收。

第二，及时。材料验收应及时在规定时间内完成。一方面使验收合格的材料可以及时办理结算，及时入账；另一方面对于验收中发现的问题可以迅速提出异议，及时办理拒付或索赔，避免发生超过复议期限而造成损失。

(1)接货

接货指到火车站、码头、机场提货，包括铁路专用线接货、供货方送货到现场仓库、到供货方库房提货等。

(2)验收准备

材料到达之前,必须做好各项验收准备工作。包括准备验收资料,如合同、质量标准等;准备验收材料的各类工具;安排库内堆放位置,准备支垫材料;准备搬运工具及人员;准备危险品的防护措施等。

(3)核对验收资料

核对发票、货票、合同、质量证明书、说明书、化验单、装箱单、磅码单、发票明细表、运单、货运记录等。必须做到准确、齐全,否则不予验收。

(4)检查实物

包括数量检查和质量检查两部分。数量检查即按规定的方法检尺、验方、称重等,清点到货数量。质量检查即按规定分别检验包装质量、材料外观质量和内在质量。建筑材料品种繁多,质量检验标准也很多,检验方法各异,材料验收人员必须熟悉各种标准和方法,必要时可请有关技术人员参与。

(5)处理验收中的问题

验收中若发现各种不符合规定的问题,应按问题的性质分别处理。

①数量不足、规格型号不符、质量不合格等应拒绝验收。验收人员要做好记录,及时报送业务主管部门处理。验收记录是办理退货、调换、赔偿、追究责任的主要依据,应严肃对待。做好记录的同时,应及时向供方提出书面异议,对于未验收的材料要妥善保管,不得随意动用。

②凡证件不全的到库材料均应作待验收处理,临时保管并及时与有关部门联系催办,等证件齐全后再验收。

③凡质量证明书或技术标准与合同规定不符的材料均应报业务主管部门处理。

④材料运输损耗在规定的损耗率以内的,应按数验收入库,损耗部分填报运输损耗报告单冲销;损耗超过规定损耗率的,应填写运输损耗报告单,经业务主管批准后再办理验收入库手续。材料运输及保管损耗定额见表7-5。

表7-5 材料运输及保管损耗定额(供参考)

材料名称	场外运输损耗(%)	保管损耗(%)	损耗合计(%)
普通砖	2.0	0.5	2.5
空心砖	2.0	0.5	2.5
瓷砖	0.3	—	0.3
面砖	0.5	—	0.5
白石子	0.5	—	0.5
砂子	—	3.0	3.0
石灰	1.5	1.0	2.5
石屑	—	0.1	0.1
水泥	0.3	0.1	0.4
玻璃	0.4	0.1	0.5
石膏	0.3	0.1	0.4
耐火砖	0.5	—	0.5
陶瓷管	0.5	—	0.5
黏土瓦管	1.0	1.0	2.0
混凝土管	0.5	—	0.5
烧碱	3.0	2.0	5.0
电石	3.0	2.0	5.0
玻璃灯罩	0.5	0.5	1.0
瓷管	1.0	1.0	2.0
……	……	……	……

(6)办理入库手续

到货材料经检查、验收合格后,按实收数及时办理入库手续,填写入库验收单(见表7-6)。办理入库手续是采购工作和仓库保管工作的界限,入库验收单是报销及记账的凭证。

表 7-6 **××公司材料入库验收单**

供应单位: 收料仓库:

发票号数: 材料类型:

发货日期: 年 月 日 编 号:

<table>
<tr><td rowspan="2">材料编号</td><td rowspan="2">材料名称</td><td rowspan="2">规格</td><td colspan="4">发票数</td><td colspan="4">实收数</td><td colspan="2">短缺</td><td rowspan="2">备注</td></tr>
<tr><td>单位</td><td>数量</td><td>单价</td><td>金额</td><td>单位</td><td>数量</td><td>单价</td><td>金额</td><td>数量</td><td>金额</td></tr>
<tr><td></td><td></td><td></td><td></td><td></td><td></td><td></td><td></td><td></td><td></td><td></td><td></td><td></td><td></td></tr>
<tr><td></td><td></td><td></td><td></td><td></td><td></td><td></td><td></td><td></td><td></td><td></td><td></td><td></td><td></td></tr>
<tr><td></td><td></td><td></td><td></td><td></td><td></td><td></td><td></td><td></td><td></td><td></td><td></td><td></td><td></td></tr>
<tr><td colspan="3">实际价款合计</td><td colspan="9">万 仟 佰 拾 元 角 分</td><td>小写</td><td></td></tr>
<tr><td colspan="2" rowspan="2">附记</td><td>运输单位</td><td></td><td>车种</td><td></td><td>运单号</td><td></td><td>距离</td><td></td><td>起止地点</td><td colspan="3"></td></tr>
<tr><td>运费</td><td></td><td>装卸费</td><td></td><td>包装费</td><td></td><td>其他费</td><td></td><td>费用小计</td><td colspan="3"></td></tr>
</table>

主管: 审核: 验收员: 采购员:

2. 材料保管与保养

(1)材料保管

验收入库的材料必须加强库内保管,保证完好、方便地发料和盘点。为保证在库材料完好无损,应根据材料的不同性质选择恰当的堆码方法。材料保管的另一个基本要求是方便合理,便于装卸搬运、收发管理和清仓盘点。

①选择材料保管场所。建筑企业的仓库设施不够完备,材料保管场所尚不能满足所有材料的保管需要。建筑企业存放材料的场所有库房、库(货)棚和货(料)场。

库房也称封闭式仓库,是指四周有围墙和门窗,可以完全将库内空间与室外隔离开的建筑物。由于其隔热、隔湿、遮风挡雨,所以存放在库房的材料多是那些怕风吹、日晒、雨淋,对空气中温度、湿度及有害气体反应较敏感的材料。如钢材中的镀锌板、镀锌管、薄壁电线管、优质钢材等,化工材料中的胶粘剂、溶剂、防冻剂等,五金材料中的各种工具、电线电料、零件配件等。

库(货)棚是指上面有顶棚、四周是墙,但未完全封闭起来的建筑物。这种储备材料的场所能够遮雨并挡住日光曝晒,但温度、湿度与外界基本一致。怕雨淋、日晒而对空气中温度、湿度要求不高的材料可以存放在库(货)棚内,如铸铁制品、卫生陶瓷、散热器、石材制品等。有些材料按其特点本应存入库房内,但由于库房限制或材料周转较快,也可存放于库(货)棚内。

货(料)场又称露天仓库,是指露天的但地面经过一定处理的储存材料的场所。一般要求货(料)场的地势较高,地面夯实或进行适当处理。露天料场用于存放那些不怕风吹、日晒、雨淋且对空气中温度、湿度及有害气体反应均不敏感的材料,或是虽然受到各种自然因素影响,但在使用时可以消除影响的材料,如钢材中大型型材、大部分钢筋及砂石、砖、砌块、木材等。

另外有一部分材料对保管条件要求较高，如需要保温、低温、冷冻、隔离保管的材料，必须按保管要求存放在特殊库房内。汽油、柴油、煤油等燃料油必须低温保管；部分胶粘剂在冬季必须保温保管；有毒品必须单独保管。

保管场所的选择是相对的，并非一成不变。当库房储存能力较大时，可适当多进入库房保管。当保管条件较差时，只能把不入库房保管即造成根本性破坏的材料放入库房保管。

②材料的合理码放。材料码放关系到材料保管中所持的状态，码放形状和数量必须满足材料的性能要求。

材料的码放形状必须根据材料性能、特点、形状、体积来选择。例如对于钢材、钢筋和小型型材，成捆包装的可码十字交叉垛或顺垛；而散捆的小型型材则不宜码十字垛，以免受压变形而影响使用。大型型钢一般应单板顺码或十字交叉码放；桶装液体材料，如漆、稀料、酸等适当单列码放，一旦渗漏能立即发现并处理；油毡等卷材须根据其基底材料性能确定码放方法，一般纸基石油沥青油毡韧性较好，适宜竖放，而玻璃布油毡由于基底为玻璃布，抗折性能较弱，不宜竖码，应采用横(躺)码；板状材料如三合板、塑料板，石膏板等适宜采用错头码放，便于清点和发放；橡胶制品如三角带、轮胎等应做一定处理，如三角带应挂放，轮胎特别是内胎应适当充气码放于架上。

材料的码放数量首先要视存放地点的地坪负荷能力而定，以使地面、垛基不下陷和垛位不倒塌为原则。同时看材料码放时，底层材料所能承受的重量以材料不受压变形、变质、损坏为原则。例如袋装水泥，一般情况下只能码放 10 袋高，若高度超过 10 袋则会出现包装破裂或底层受压硬结。再如石油沥青纸油毡，适宜竖向码放两层，如果高度超过此量，则易出现垛位倒塌、底层受压变形，影响使用。

材料的码放还应特别注意性能互相抵触的材料，应将其严格分开，如酸和碱，橡胶制品和油脂，酸、稀料等液体材料和水泥、电石、滑石粉。工具、配件等怕水、怕潮材料也要分开，否则易发生相互作用而降低使用性能甚至破坏。

为便于清点、堆码，入库材料应按类别、按系列放在库房的固定区域内，并采取货位编号、四号定位、五五摆放等方法，使其标记鲜明，材质不混，整齐有序。

- 四号定位、对号入座

四号定位法是在对仓库统一规划、合理布局的基础上进行货位管理的一种方法，要求每一种材料用四个号码表示所在的固定货位。

仓库内货架及架位的布局必须全面考虑，因地制宜地做出规划。四号定位、对号入座是按四角号码字典查字原理和电影院座位的对号入座方法，对仓库货位进行系统管理，按照不同的材质、规格、性能进行分类堆放。仓库保管材料的四个号码分别代表仓库号、货架号、架层号、货位号(简称库号、架号、层号、位号)；料场保管材料的四个号码分别代表区号、点号、排号、位号。对库内材料实行定位存放管理，便于清点、发货。

- 五五摆放法

五五摆放法是堆码材料的具体方法。它根据人们习惯以五为基数计数的特点，将材料以五或五的倍数为单位堆码。应做到：大的五五成方，高的五五成行，矮的五五成堆，小的五五成包(箱)，带眼的五五成串。这样便于清点且整齐好看。

③材料的安全消防。不同的材料性能决定了消防方式的不同。固体材料燃烧应采用高压水灭火，若同时伴有有害气体挥发，则应用黄砂灭火并覆盖。液体材料燃烧适合使用干粉

灭火或黄砂灭火，避免液体外溅以扩大火势并造成危害。

每种材料的安全消防方式应视具体材料性能而定。

(2)材料保养

材料受自然界各种因素的影响，其物理性能和化学性能会有不同程度的变化，有一些变化会影响材料的质量。例如钢材生锈、水泥受潮、木材腐烂等。材料保养就是采取一定的措施或手段，改善所保管材料的性能或使受到损坏的材料恢复其原有性能。材料保养的目的，就是采取各种措施控制仓库的湿度、温度，使金属防锈、防虫害，保证在库材料不变质或少变质，满足使用要求。

①妥善保养材料的措施。引起材质变化的主要因素有：材料本身的物理化学性能；材料储存的自然环境，如湿度、温度、虫害、灰尘、空气及日光等；储存期过长。防止材质变化应针对材料的不同特性和要求采取相应的措施。

- 安排适应所储存材料性能要求的场所。
- 材料堆放注意防风、防潮。
- 对湿度、温度要求高的材料，仓库要有相应的设备及措施。
- 做好仓库清洁卫生工作，清除虫害等。
- 建立定期检查维护制度，随时掌握材料质量变化情况，及时采取措施防止材料变质。

②材料的保养方法主要有：

- 除锈。当金属材料及金属制品因各种原因产生锈蚀时，可用油洗、研磨、刮除等方法除掉锈渍，恢复其原有性能。
- 涂油、密封。部分工具、用具、零件、仪表、设备等需定期进行涂油养护，避免由于油脂干燥脱落而使其性能受到影响。部分仪表、工具经过涂油后还需进行密封，隔绝外部空气进入，减少油脂挥发。
- 干燥。部分受潮材料应做干燥养护，可采用日晒、烘干、翻晾等方法，使吸入的水分挥发。通常在库房内放置干燥剂，如滑石粉、氯化钙等吸收潮气，降低环境湿度。应注意有些材料不宜日晒或烘干，如磨具(砂纸、砂轮等)日晒后会降低强度，影响性能。
- 降温。怕高温的材料在夏季应做降温养护，可采用房顶喷水、室内放置冰块、夜间通风等措施改善环境温度。
- 防虫害和鼠害。有些材料易受虫、鼠的侵害，可通过喷洒、投放药物来减少损害。如夏季棉、麻、丝制品及皮制品应放置樟脑丸以防止咬食受损，防鼠药则一年四季都应投放。

(3)仓库保管工作的交接

仓库保管人员发生变动时，要办理交接手续。

(4)材料盘点

材料盘点就是清查库存材料的数量、质量。通过盘点可以掌握实际库存情况，如是否积压和短货以及材料的质量现状。

3. 库存控制

库存控制指控制材料的库存量保持在合理的范围内。库存控制主要解决控制的重点和库存量的调整两个方面问题。

(1)重点管理法

重点管理法又称ABC分类法,指根据库存材料的品种、资金占用等因素,通过排队分类,确定出控制重点的管理方法,又称ABC分析法。

建筑企业施工生产所需材料的种类很多,但耗用量并不均衡,消耗量最多的往往只是少数品种的材料。这部分材料的品种少,但消耗量大、资金占用多,因此必须作为重点控制。

重点管理法从材料的品种和价值两个方面分析材料的重要程度,划分控制重点,把全部材料按一定标准分为A、B、C三类,实施分类管理,分类标准见表7-7。

表7-7 重点管理法分类标准

材料类别	占总品种的比例(%)	占总价值的比例(%)
A	5～20	70～90
B	25～40	10～25
C	50～70	5～15

A类:重点管理对象,严格控制库存量,尽量以经济批量进货,随时检查库存状况。A类材料控制得好坏对降低资金占用将起到重要的作用。

B类:一般管理对象,按定额控制库存量,以定量订购的批量或定期订购的批量进货,定期检查库存情况。

C类:非重点管理对象,对库存量不进行严格控制,可以定量订购的批量进货,如有必要,则库存数允许适当高于定额。

(2)库存量的调整

库存量控制应根据储备定额对重点控制的材料作及时调整。

4. 材料出库

材料出库是仓库管理的最后一个环节,也是材料库存和材料使用的界限。

(1)材料发放的要求

材料出库应遵循"先进先出"的原则,及时、准确、面向生产、为生产服务,保证生产顺利进行。

及时指及时审核发料单据中的各项内容是否符合要求,及时核对库存材料是否足够;及时备料、安排送料、发放;及时下账改卡,及时复查发料后的库存量与下账改卡后的结存数是否相符;剩余材料(包括边角废料、包装物)及时回收利用。

准确指按发料单的品种、规格、质量、数量进行备料、复查、点交;准确计量,以免发生差错;准确下账、改卡,确保账、卡、物相符;准确掌握送料时间,防止与施工活动争场地,避免材料二次搬运,还应防止材料供应不及时而使施工中断——停工待料。

节约指有保存期限要求的材料应在限期内发放;对回收利用的材料,在保证质量的前提下先发旧的后发新的;能用次料不发好料,能用小料不发大料,凡规定交旧发新的,坚持交旧发新。

(2)材料出库程序

①发放准备。材料出库前,应做好计量工具、装卸倒运设备、人力以及随货发出的有关证件的准备,根据用料计划或限额领料单做好发料准备工作,以提高材料出库效率。

②核对凭证。材料出库凭证是发放材料的依据,材料出库必须依据材料拨料单、限额领料单和内部转库单发料,认真审核材料发放地点、单位、品种、规格、数量,并核对签发人的签

章及单据有效印章，都无误后方可发放。非正式出库凭证一律不得发放，凭证不实不能发料。

③备料。凭证经审核无误后，按出库凭证所列材料的品种、规格、数量准备材料。

④复核。为防止发生发放差错，备料后必须复查。首先复查准备材料与出库凭证所列项目是否一致，检查所发材料和凭证所列材料是否吻合，然后复查发放后的材料实存数与账务结存数是否相符，确认无误后再下账、改卡。

⑤点交。无论是内部领料还是外部提料，发放人与领取人应当面点交清楚。如果是一次领(提)不完的材料，应做出明显标记，并得到领(提)料人的确认，防止差错，分清责任。

⑥清理。材料发放出库后，应及时清理拆散的垛、捆、箱、盒，部分材料应恢复原包装要求，整理垛位，登卡记账。

5. 账务管理

仓库业务各环节均有账务管理要求。为及时了解材料到货和使用情况，通常建立一般材料账和低值易耗品账。记账程序为：审核凭证，即审核凭证的合法性和有效性；整理凭证，将凭证分类、排序；登账，根据账卡要求将凭证所列各项逐项登记；轧账及编制报表，对一个会计期间发生的经济业务做出小结。

(1)记账依据

仓库账务管理的基本要求是系统、严密、及时、准确。材料保管账由仓库保管员按材料出入库凭证及耗料、盘点等凭证记账。一般包括以下几种：

①材料入库凭证，如验收单、入库单、加工单等。

②材料出库凭证，如调拨单、借用单、限额领料单、新旧转账单等。

③盘点、报废、调整凭证，如盘点盈亏调整单、数量规格调整单、报损报废单等。

(2)记账程序

记账程序是从查核凭证、整理凭证开始，到按规定登记账册、结算金额以及编制报表的全部账务处理过程。正确的记账程序能方便记账，提高记账效率，及时、准确、全面、系统地提供所要核算的资料。

(3)仓库盘点管理

①盘点内容

● 材料数量：根据账、卡、物逐项查对，核实库存数，做到数量清楚、质量清楚、账表清楚。

● 材料质量：检查是否变质、报废。

● 材料堆放：检查堆放是否合理，上盖、下垫是否符合要求，四号定位、五五摆放是否达到要求。

● 其他：如计量工具、安全、保卫、消防等。

②盘点方法

● 定期盘点法：指月末、季末、年末对仓库材料进行全面盘点的方法。定期盘点应结合仓库检查工作进行，查清库存材料的数量、质量，并提出处理意见。

● 永续盘点法：指每日对有变动的材料及时盘点的方法。即当日复查一次，做到账、卡、物相符。

● 实地盘点法：指盘点人员逐一对库存材料进行清点、过磅计重，查明库存材料的实有数量。

③编制盘点报告

对盘点中发现的问题，如材料损失、失盗、盘亏、盘盈、变质、报废等应编制盘点报告。发生数量盈亏则编制盘点盈亏报告，凡发生质量降低、损坏则编制报损报废报告，见表7-8、表7-9。然后按规定及时报上级主管部门处理，根据盘点报告批复意见调整账务并做好善后处理。

表7-8　　材料盘点盈亏报告

填报单位：　　　　年　　月　　日　　　　第　　号

材料名称	单位	账存数量	实存数量	盈(+)亏(-)数量及原因
部门意见				
领导批示				

表7-9　　材料报损报废报告

填报单位：　　　　年　　月　　日　　　　第　　号

材料名称	单位	数量	单价及金额	报损报废原因	技术鉴定处理意见
部门意见					
领导批示					

通过盘点应达到："三清"，即数量清、质量清、账表清；"三有"，即盈亏有分析、事故差错有报告、调整账表有依据；"三对"，即账、卡、物对口。

④盘点中问题的处理

- 盘点中若发现数量盈亏，当其盈亏量在国家和企业规定的范围之内时，可在盘点报告中反映，不必编制盈亏报告，然后经业务主管审批后据此调整账务；当盈亏量超过规定范围时，除在盘点报告中反映外，还应填写盘点盈亏报告，经领导审批后再行处理。
- 当库存材料发生损坏、变质、降等问题时，应填写材料报损报废报告并通过有关部门鉴定降等、变质及损坏损失金额，经领导审批后，根据批示意见处理。
- 当库房已被判明被盗，对丢失及损坏材料数量及相应金额应作专项报告，由报告保卫部门认真查明，经批示后才能处理。
- 当出现品种规格混串和单价错误时，可查实后经业务主管审批后进行调整。
- 若库存材料在1年以上没有动态，则应列为积压材料，应编制积压材料清册，报请处理。
- 代保管材料和外单位寄存材料应与自有材料分开，分别建账，单独管理。

7.3.4 储备量管理

材料储备定额是在均衡消耗、供应运输等批量、等间隔条件下(实际上是一种理想状态下)的材料储备。建筑企业的生产实际上做不到均衡消耗及等间隔、等批量供应,因此储备量管理应根据变化因素调整材料储备。

1. 实际库存变化情况

(1)在材料消耗速度不均衡的情况下,若材料消耗速度增大,则在材料从进货点到来前经常储备已经耗尽,当进货日到来时已动用了保险储备,如果仍然按照原进货批量进货,将出现储备不足现象,如图7-9(a)所示。

若材料消耗速度减小,则在材料从进货点到来前经常储备尚有库存,如果仍然按照原进货批量进货,则库存量将超过最高储备定额,造成超储损失,如图7-9(b)所示。

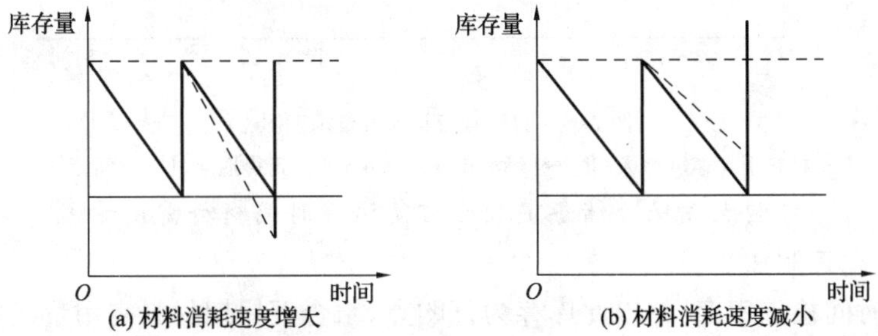

图7-9 不同消耗速度下的库存变化情况

(2)在到货日期提前或拖后的情况下,到货拖期使按原进货点确定的经常储备耗尽,并动用了保险储备,如果此时仍然按照原进货批量进货,则会造成储备不足。提前到货使原经常储备尚未耗完,如果按照原进货批量再进货,会造成超储损失,如图7-10所示。

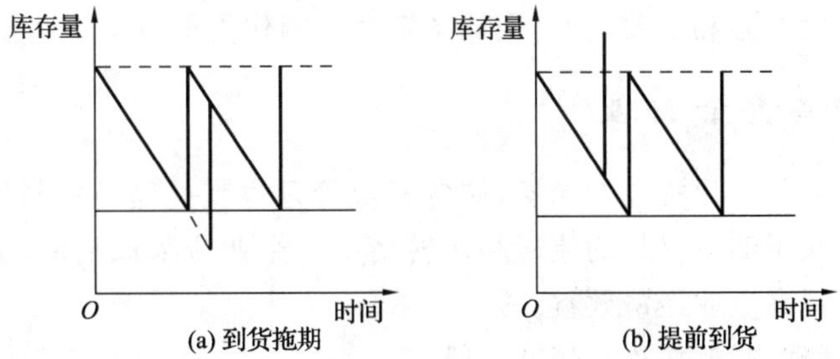

图7-10 不同到货间隔情况下的库存变化情况

2. 储备量控制方法

当出现上述情况时,应采取一定的措施予以控制,使储备量呈合理状态。

(1)定量库存控制法

确定一个库存量水平为订购点,当库存量下降到订购点时立即提出订购,每次订购的数量均为订购点到最高储备之间的数量。

一般情况下,订购点的库存水平应高于保险储备定额。因为从派人订购之日起到材料入库之日止的这段时间内,包括采购人员在途天数、订购谈判天数、供货单位备料天数、办理运输手续天数、运输天数、验收天数等,材料仍在继续消耗,这段时间叫备运期。订购点必须设在保险储备定额和备运期间材料消耗量的基础上，才能保证材料的连续供应，如图 7-11 所示。

这种方法使订购点和订购批量可以相对稳定，但订购周期却随情况而变化。若消耗速度增大，则订购周期变短；若消耗速度减小，则订购周期变长。这种方法的关键是确定一个恰当的订购点。

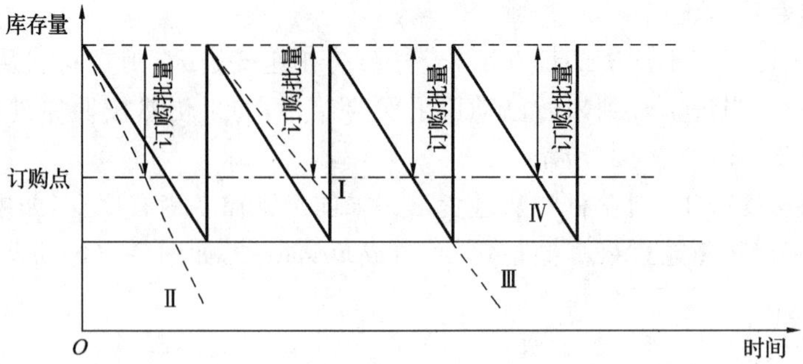

图 7-11　订购点及订购批量示意图

Ⅰ—材料消耗速度增大；Ⅱ—材料消耗速度减小；Ⅲ—到货拖期；Ⅳ—提前到货

订购点＝保险储备定额＋订货运输时间材料需用量

(2)定期库存控制法

采用固定时间检查库存，并以此库存为订购点，结合下周期材料需用量确定订购批量。

这种方法使订购周期相对稳定，但每一次的订购点不同，故订购批量也不同。当材料消耗速度增大时，订购点低，订购批量增大；当材料消耗速度减小时，订购点高，订购批量减小。订购批量的确定方法如下：

订购批量＝最高储备－订购点实际库存＋订货运输时间材料需用量

除上述两种控制方法外，企业也可根据材料储备中的最高储备定额和最低储备定额作为控制材料储备量的上限和下限，也可用储备资金定额作为衡量材料储备量的标准。

7.3.5　储备资金管理

材料储备实际上是物化资金的储备，储备资金管理也就是储备材料管理。储备资金的占用和周转情况反映了储备材料的流通和运转情况。企业应采取措施，尽可能减小资金占用，加速资金周转，提高企业经济效益。

(1)运用重点管理法，抓住重点带动一般。

(2)按期分析库存资金情况，促进资金占用合理化。以储备定额为依据确定的储备资金定额是较为合理的资金占用。同一时期内储备实际占用资金情况与其进行比较，可以反映资金占用水平，从而考核储备经济效益。其计算公式为

$$储备资金节约(超占)率=(1-\frac{实际占用资金}{储备资金定额})\times 100\%$$

若上式计算结果为正，则说明实际占用资金小于储备资金定额，材料储备资金节约；反之，若上式计算结果为负，则表明储备资金超占，必须充分利用库存，加强采购控制，降低材料储备，避免储备和资金失控。

7.3.6 储备管理中的内业资料管理

材料储备是材料供应中的一个重要环节。材料储备中各种资料、凭证、档案是材料供应核算和企业生产正常运转的重要内容。应加强储备中的内业资料管理，使其统一化、规范化且流转畅通。

1. 材料储备流转凭证的管理

材料入库、出库、内部调拨、暂借、预支、周转使用等各种凭证必须分类管理，并按月、季、年装订成册，视企业及有关部门规定保留1～10年。各种报表，如库存报表、资金占用报表等应按月编制，并应制成年度动态图表，随时掌握和监督储备变化情况。年度或季度的盘点报告应集中管理，并应进行考查、核对，对处理意见应有结果，避免差错延续。年度或季度应对储存期超过规定期限的材料登记造册，交给有关部门及时处理。旧品、回收品、待修理品的账目报表应单独核算并严格管理。

2. 定期进行业务考核，提高储备管理水平

为了检验仓库的经营成果并挖掘潜力，调动一切积极因素，充分利用仓库设备，提高工作效率和劳动生产率，降低材料损耗，加速周转，必须对储备业务情况进行考核，这样有助于发现工作中的问题，及时采取措施解决问题，同时可以用同一指标与其他企业同业务进行比较，从而学到更多、更好的管理方法。一般储备业务考核指标主要有：

(1)材料储备吞吐量：也称材料周转量，是计划期内进库、出库材料数量的总和，其计算公式为

$$\text{材料储备吞吐量}=\text{总进库量}+\text{总出库量}$$

(2)材料周转次数：是计划期内仓库材料的出库量(金额)与同期内材料的平均库存量(金额)之比，其计算公式为

$$\text{材料周转次数}=\frac{\text{计划期材料出库量(金额)}}{\text{计划期材料平均库存量(金额)}}$$

(3)仓库利用率：指仓库面积利用程度，其计算公式为

$$\text{仓库利用率}=\frac{\text{仓库有效使用面积}}{\text{仓库总面积}}\times 100\%$$

(4)劳动生产率：是反映仓库人员工作效率的指标，主要有人均保管价值和人均周转价值，其计算公式为

$$\text{人均保管价值}=\frac{\text{考核期内平均库存金额(万元)}}{\text{考核期内平均保管员人数}}$$

$$\text{人均周转价值}=\frac{\text{考核期内材料吞吐金额(万元)}}{\text{考核期内平均保管员人数}}$$

(5)盘点盈亏率：反映仓库在保证快进、快出、多储备、保管好前提下，在一定限度内发生的经营性亏损指标，其计算公式为

$$\text{盘点盈亏率}=\frac{\text{考核期内累计盈亏金额}}{\text{考核期内材料吞吐金额}}\times 100\%$$

(6)货损货差率：反映仓库在材料收、发、存过程中出现的损失和差错比率，其计算公式为

$$\text{货损货差率}=\frac{\text{考核期内材料损失、差错金额}}{\text{考核期内材料吞吐金额}}\times 100\%$$

3. 材料技术档案管理

材料技术档案包括进出库材料的数量、质量、来源、库存动态、使用方向的记录资料，其中使用方向的记录资料包括必须随实物向使用单位提供的质量、性能证明资料和使用说明书。

材料技术档案资料是工程质量检查和验收的重要依据之一，因此做好材料技术档案管理工作能促进材料管理的科学化。

存档资料应包括材料出厂时的各种凭证、技术资料、材料入库验收记录、技术检验证件和出库凭证。

材料技术档案应一物一档。同批次、同规格、同生产厂出品者可归一档，并由专人管理。档案应统一编号并注明，以便查阅。试验资料及试验总结材料应长期保存，以便为今后提供参考。各种材料技术档案应按规定妥善保管，不得丢失和任意销毁。

复习思考题

1. 解释基本概念：材料储备定额，经常储备，保险储备，季节储备。
2. 简述材料储备的意义和种类。
3. 影响材料储备的因素有哪些？
4. 各类材料储备之间有何关系？
5. 怎样制定材料储备定额？
6. 某建筑公司某年钢材入库记录如下表，次年钢材总需求量为 950 t，试求经常储备定额和保险储备定额。

入库日期	10/1	12/2	21/3	8/4	20/5	10/6	20/7	9/8	14/9	25/10	16/11	20/12
入库量(t)	60	40	68	68	75	59	65	70	60	75	65	60

7. 设订购期为 11 天，试按第 6 题的计算结果确定订购点。
8. 怎样检查、控制、考核材料储备定额？
9. 简述仓储管理的业务流程。
10. 选择仓库位置有哪些原则？
11. 材料入库验收应按什么程序进行？应检查哪些项目？
12. 重点管理法有何特点？
13. 简述仓库盘点的内容和方法。
14. 储备量控制有哪几种方法？
15. 仓储业务的主要考核指标有哪些？
16. 简述材料的保管、保养方法。
17. 仓库盘点时应达到哪“三清”、“三有”、“三对”？
18. 建筑企业材料储备定额分为哪几类？
19. 技院工地 12 月份需钢材 30 t，准备运输期 8 天，保险储备 10 天，求订购点。
20. 兴发建筑公司附属木材加工厂全年耗用木材 400 m^3。上年度木材入库记录如下表，试确定本年度的木材经常储备定额。

入库日期	17/1	6/3	27/5	30/6	17/8	31/12	合计
入库量(m^3)	52	118	36	4 4	67	21	317
供应间隔期(天)	48	82	34	48	77	—	—
供应加权数							

21. 五公司共有汽车50辆,上年度耗用汽车配件价值20万元。今年核定的储备天数为90天,求汽车配件的储备资金定额。

22. 单项选择题

(1)(　　)是按照储备材料所能保证的供应时间确定的储备定额。

A. 储备量定额　B. 储备期定额　C. 储备资金定额　D. 储备品种定额

(2)为保证施工的正常进行,项目材料储备(　　)。

A. 要适度　B. 尽可能少　C. 尽可能多　D. 越多越好

(3)对库房每日有变动(增加或减少)的材料应当日复查一次,即当天对库房收入或发出的材料核对账、卡、物是否相符的盘点方式是(　　)。

A. 对口盘点　B. 永续盘点　C. 定期盘点　D. 按时盘点

(4)盘点时,当库房已被判明被盗,对丢失及损坏材料数量及相应金额应作专项报告,由(　　)认真查明,经批示后才能处理。

A. 财务部门　B. 行政办公室　C. 材料主管　D. 保卫部门

23. 多项选择题

(1)材料验收准备主要是做好(　　)的准备。

A. 验收人员　B. 验收工具　C. 验收资料　D. 验收场地

E. 会计账簿

(2)建筑企业存放材料的场所有(　　)。

A. 库房　B. 库(货)棚　C. 货(料)场　D. 露天堆场

E. 河滩

(3)储备量控制方法有(　　)。

A. 供应期控制法　B. 定点控制法　C. 定量库存控制法　D. 定期库存控制法

E. 仓库面积控制法

(4)制定经常储备定额的方法有(　　)。

A. 供应间隔期法　B. 经济批量法　C. 定期订购法　D. 定量订购法

E. 定点订购法

(5)按照储备定额中供应间隔期所包括的范围不同,材料储备定额可分为(　　)。

A. 经常储备定额　B. 保险储备定额　C. 季节储备定额　D. 期间储备定额

E. 年度储备定额

(6)盘点要求库存材料达到"三清",具体指(　　)。

A. 数量清　B. 质量清　C. 账表清　D. 责任清

E. 奖惩清

(7)材料验收时的数量检验方法有(　　)。

A. 过磅称重　B. 点箱计件　C. 估计定量　D. 量尺换算

E. 计时

第8章

施工现场材料管理

8.1 施工现场材料管理概述

8.1.1 现场材料管理的概念

施工现场是建筑企业从事施工生产活动，形成建筑产品的场所。占工程成本75%左右的材料费都是在施工现场形成的。现场材料管理指在现场施工过程中，根据工程类型、场地环境、材料保管和消耗特点，采取科学管理办法，在从材料投入到产品形成的全过程中进行计划、组织、指挥、协调和控制，力求保证生产需要和材料合理使用，以最大限度地降低材料消耗。

8.1.2 现场材料管理的原则

现场材料应全面规划、计划进场、严格验收、合理存放、妥善保管、控制领发、监督使用、准确核算。

材料消耗过程的管理是现场材料管理的中心环节。

8.1.3 现场材料管理的阶段划分

1.施工前的准备工作

(1)了解工程概况，调查现场环境

应在工程开工前掌握以下情况：设计资料，工程合同的有关规定，工程概况、工程地址及周围交通运输条件，自然条件，对材料的要求，工期、材料供应方式、付款方式，施工设计方案、施工方法及进度情况，主要材料，机具和主要构件的需用量，资源和供应渠道，临时设施及用料情况，相关节约代用材料资源情况。

(2)参与制订现场施工平面布置规划

现场的施工平面布置规划以施工技术部门为主组织编制，但由于材料堆场、仓库设置、道路布置是现场平面布置的重要内容，故材料管理人员必须主动参加，从加强现场材料管理的要求出发参与讨论研究，确定一个合理的方案，同时注意以下问题：

①材料堆场要以使用地点为中心，在可能的条件下越靠近使用地点越好，避免发生二次搬运。

②材料堆场及仓库道路的选择不能影响施工用地，以避免料场、仓库中途搬家。

③材料堆场的容量：一是能够存放供应间隔期内的最大需用量，二是要方便施工。

④材料堆场场地要平整，设排水沟，不积水，特别是构件堆放场地要夯实。

⑤现场临时仓库还要符合防火、防雨、防潮和保管的要求。

⑥现场运输道路要坚实，循环畅通，有回转余地。雨季施工要有排水措施。

⑦在现场淋制石灰的灰池要避开施工道路和材料堆场，最好设在现场边沿。

(3)计算材料用量，编制材料计划

根据施工进度计划和资源供应条件编制各类材料计划，并按计划要求落实货源。

2.施工阶段的现场材料管理工作

材料消耗主要在施工阶段完成。现场材料管理工作的中心工作是监督和控制材料消耗，主要内容包括：

(1)建立健全现场管理责任制，划区分片、包干负责，定期组织检查和考核。

(2)加强进场材料的验收，做好现场材料的保管工作。

(3)加强现场平面布置的管理，根据不同施工阶段的材料消耗变化合理调整堆料位置，减少二次搬运，方便施工。

(4)掌握施工进度，及时掌握用料信息，正确组织材料进场，保证施工需要。

(5)所用材料和构件严格按照施工平面图堆放整齐，经常保持堆料场地清洁整齐。

(6)认真执行材料、构件的验收、发放、退料和回收制度。建立健全原始记录和各种材料统计台账，按月组织材料盘点，抓好业务核算。

(7)严格执行限额领料制度，加强对班组材料消耗情况的考核。限额领料制度是指按照定额标准向班组供料，一般包括限额领料单的签发、下达、应用、检查、验收和考核六个环节。

3.工程收尾阶段的现场材料管理

工程竣工收尾和施工现场转移的管理是指在工程已完成总量的70%以后即进入收尾阶段，必须做好施工转移的准备工作。搞好工程收尾有利于施工力量迅速向新的工程转移，应该注意以下几点：

(1)当一个工程的主要分项工程(指结构、装修)接近收尾时，一般是材料已使用了70%以上，要检查现场存料，估计未完工程用料，在平衡的基础上调整原用料计划，控制进料，以免产生剩料积压，为工程完、场地清创造条件。

(2)对不再使用的临时设施可以提前拆除，并充分考虑旧料的重复利用，节约建设费用。

(3)对施工现场的建筑垃圾，如筛漏、碎砖等，要及时轧细过筛使用，确实不能利用的废料要随时进行处理。

(4)对于设计变更造成的多余材料以及不再使用的周转材料要随时组织退库，以利于竣工拨点、及时转移。

(5)做好材料收发存的总结算工作，办理材料核销手续，进行材料决算和材料预算的对比。考核单位工程材料消耗的节约和浪费并分析其原因，总结经验和教训，以改进材料的供应与管理工作。

(6)整理、汇总各种原始资料。对施工过程中发生的材料工作的原始数据进行整理、汇总，归档保存。

(7)编写施工项目材料管理工作报告。对施工项目的材料供应与管理工作进行全面分析与总结。

8.2 施工现场材料管理的内容

8.2.1 现场材料的验收和保管

1. 现场材料进场验收要求

(1)根据现场平面布置图认真做好材料的堆放和临时仓库的搭设工作,要求做到有利于材料的进出和存放,方便施工,避免和减少二次搬运。

(2)在材料进场时,根据进料计划、送料凭证、质量保证书或材质证明(包括厂名、品种、出厂日期、出厂编号、试验数据等)以及产品合格证进行数量验收和质量确认,做好验收记录,办理验收手续。

(3)材料的质量验收工作要按质量验收规范和计量检测规定进行,严格执行验品种、验型号、验质量、验数量、验证件制度。

(4)要求复检的材料要有取样送检证明报告;新材料未经试验鉴定不得用于工程中;现场配制的材料应经试配,使用前应签证和批准。

(5)材料的计量设备必须经具有资格的机构定期检验,确保计量所需的精确度,不合格的检验设备不允许使用。

(6)对不符合计划要求或质量不合格的材料应更换、退货或降级使用,严禁使用不合格的材料。

2. 现场材料储存保管要求

(1)材料需验收后入库,按型号、品种分区堆放,并编号、标识、建立台账。

(2)材料仓库或现场堆放的材料必须有必要的防火、防雨、防潮、防盗、防风、防变质、防损坏等措施。

(3)易燃易爆、有毒等危险品材料应专门存放,设专人负责保管,并有严格的安全措施。

(4)有保质期要求的材料应做好标识,定期检查,防止过期。

(5)现场材料要按平面布置图定位放置,有保管措施,符合堆放保管制度。

(6)对材料要做到日清、月结、定期盘点、账物相符。

3. 材料验收的一般性工作内容和方法

现场材料验收工作随时都在进行,它是材料进入施工现场的第一关,应把好此关。

(1)验收准备

①场地和设施的准备。料具进场前,根据用料计划、施工平面图、《物资保管规程》及现场场容管理要求进行存料场地及设施准备。场地应平整、夯实,并按需要建棚、建库。

②苫垫物品的准备。对进场露天存放、需要苫垫的材料,在进场前要按照《物资保管规程》的要求,准备好充足适用的苫垫物品,确保对验收后的料具做到妥善保管,防止其损坏变质。

③计量器具的准备。根据不同材料的计量特点,在材料进场前配齐所需的计量器具,确保验收顺利进行。

④有关资料的准备。包括用料计划、加工合同、翻样、配套表、有关材料的质量标准以及砂石沉陷率、运输途耗规定等。

(2)核对凭证

确认应收材料,凡无进料凭证和经确认不属于应收的材料不办理验收,并及时通知有关部门处理。进料凭证一般是运输单、出库单、调拨单或发票。

(3)质量验收

现场材料的质量验收由于受客观条件所限,主要通过目测对材料外观进行检查,并对材质性能证件进行检验。材料外观检查包括对材料的规格、型号、尺寸、颜色、方正及完整性的检查,做好检查记录。凡专用、特殊及加工制品的外观检查,应根据加工合同、图纸及翻样资料,会同有关部门进行质量验收并做好记录。

(4)数量验收

现场材料数量验收一般采取点数、称重、检尺的方法,对分批进场的要做好分次验收记录,对超过磅差的应通知有关部门处理。

(5)验收手续

经核对质量、数量无误后,可以办理验收手续。验收手续根据不同情况采取不同形式。一般由收料人依据来料凭证和实收数量填写收料单;有些材料由收料人依据供方提供的调拨单直接填写实际验收数量并签字;属于多次进料最后结算办理验收手续的,如大堆材料,则由收料人依据分次进料凭证、验收记录核对结算凭证填写验收单,或在供方提供的调拨单上签认。

由于结算期延长或部分结算凭证不全而不能及时办理验收,若影响使用,则可办理暂估验收,依据实际验收数量填写暂估验收单,待正式办理验收后冲回暂估数量。

(6)验收问题的处理

进场材料若发生品种、规格、质量不符,应及时通知有关部门及时退料;若发生数量不符,应与有关部门协商办理索赔和退料。

8.2.2 几种主要材料的验收保管方法

1.水泥

水泥的验收工作从以下几方面进行:

(1)水泥的外观验收

水泥的包装和标志在国家标准中都有明确规定。水泥袋上应清楚标明产品名称、代号、净含量、强度等级、生产许可证编号、生产者名称和地址、出厂编号、执行标准号及包装年、月、日等。外包装上印刷体的颜色也有具体规定,如硅酸盐水泥和普通水泥的印刷采用红色,矿渣水泥采用绿色,火山灰和粉煤灰水泥采用黑色。

(2)水泥的质量验收

①大厂水泥以出厂质量保证书为凭,进场时要查验单据上水泥品种、标号与水泥袋上印的标志是否一致,不一致的应分开码放,待进一步查清。

②检查水泥出厂日期是否超过规定时间,超过的要另行处理。

③有两个单位同时到货时,应详细验收,分别码放,防止品种不同而混杂使用。小厂水泥由于受生产条件的限制而性能不稳定,这类水泥即使出厂有质量合格证明,为了严格进行质量管理,也还需要按规定取样送检,经试验安定性合格后方可使用。

水泥的质量验收是抽取实物试样,检验水泥的各项技术性质是否与国家标准的具体规定相符。所有项目均符合标准规定的水泥为合格品,若有某些技术性质与国家标准不相符,则为不合格品或废品。具体规定如下:

● 不合格品。凡细度、终凝时间、不溶物、烧失量以及混合材料掺量中的任何一项不符合标准规定者，或强度低于该品种水泥强度等级规定者，均为不合格品。另外，水泥包装标志中水泥品种、强度等级、生产厂名称和地址、出厂编号不全者也为不合格品。

● 废品。凡氧化镁、三氧化硫含量及初凝时间、体积安定性中任何一项不符合标准规定者，或强度低于该品种水泥最低强度等级规定者，均为废品。

通用水泥按标准 JC/T 452—2002 的规定划分为优等品、一等品和合格品三个质量等级。各质量等级的技术指标应符合表 8-1 的规定。

表 8-1 通用水泥的质量等级

水泥品种		优等品		一等品		合格品
		硅酸盐水泥 复合水泥 石灰石硅酸盐水泥	矿渣水泥 火山灰水泥 粉煤灰水泥	硅酸盐水泥 复合水泥 石灰石硅酸盐水泥	矿渣水泥 火山灰水泥 粉煤灰水泥	通用水泥各品种
抗压强度(MPa)	3d 不小于	32.0	28.0	26.0	22.0	
	28d 不小于	56.0	56.0	46.0	46.0	
	不大于	$1.1\overline{R}$	$1.1\overline{R}$	$1.1\overline{R}$	$1.1\overline{R}$	
终凝时间(h)不大于		6.5	6.5	6.5	8.0	

注：$\overline{R}$ 为同品种同强度等级水泥的 28d 抗压强度上月平均值。

(3)水泥的数量验收

袋装水泥在车上或卸入仓库后应点袋计数，同时对水泥要实行抽检，以防每袋质量不足。袋破的要灌袋计数并过秤，防止质量不足而影响混凝土和砂浆强度，产生质量事故。罐车运送的散装水泥可按出厂秤码单计量净重，注意卸车时要卸净，检查的方法是看罐车上的压力表是否为零及拆下的泵管是否有水泥。压力表为零、管口无水泥即表明卸净。对怀疑质量不足的车辆要进行单独存放并检查。

水泥的数量验收也是根据国家标准的规定进行的。国家标准规定：袋装水泥每袋净含量 50 kg，且不得少于标志质量的 98%。随机抽取 20 袋总净质量不得少于 1000 kg。

(4)水泥的合理码放

水泥应入库保管。仓库地坪要高出室外地面 20～30 cm，四周墙面和地面要有防潮措施，码垛时一般码放 10 袋，最高不得超过 15 袋。不同品种、标号和日期要分开码放，并挂牌标明。

如遇特殊情况，水泥需在露天临时存放时，必须有足够的遮垫措施，做到防水、防雨、防潮。

散装水泥要有固定的容器，既能用自卸汽车进料，又能人工出料。

(5)水泥的保管

水泥储存的时间不能太长，出厂后超过三个月的水泥要及时抽样检查，经化验后按重新确定的标号使用，如有硬化的水泥，须经处理后降级使用。水泥应避免与石灰、石膏以及其他易于飞扬的粒状材料同存，以防混杂，影响质量。包装如有损坏，应及时更换以免散失。水泥库房要经常保持清洁，落地灰应及时清理、收集、灌装，并应另行收存使用。根据使用情况安排好进料和发料的连接，严格遵守先进先发的原则，以防止发生长时间不动的死角。

水泥进场后的保管应注意以下问题：

①不同生产厂家、不同品种、不同强度等级和不同出厂日期的水泥应分别堆放，不得混存混放，更不能混合使用。

②水泥的吸湿性大，在储存和保管时必须注意防潮防水。临时存放的水泥要做好上盖下垫：必要时盖上塑料薄膜或防雨布，要垫高存放，离地面或墙面至少 200 mm 以上。

③存放袋装水泥时，堆垛不宜太高，一般以 10 袋为宜，太高会使底层水泥过重而造成袋包装破裂，使水泥受潮结块。如果储存期较短或场地太狭窄，堆垛可以适当加高，但最多不宜超过 15 袋。

④水泥储存时要合理安排库内出入通道和堆垛位置，以使水泥能够实行先进先出的发放原则，避免部分水泥因长期积压在不易运出的角落里，造成受潮而变质。

⑤水泥储存期不宜过长，以免受潮变质或引起强度降低。储存期从出厂日期算起，一般水泥为三个月，铝酸盐水泥为两个月，快硬水泥和快凝快硬水泥为一个月。水泥超过储存期必须重新检验，根据检验结果决定是否继续使用或降低强度等级使用。

水泥在储存过程中易吸收空气中的水分而受潮，水泥受潮后多出现结块现象，而且烧失量增加，强度降低。对水泥受潮程度的鉴别和处理可按表 8-2 进行。

表 8-2 受潮水泥的简易鉴别和处理方法

受潮程度	水泥外观	手　感	强度降低	处理方法
轻微受潮	水泥新鲜，有流动性，肉眼观察完全呈细粉状	用手捏碾无硬粒	强度降低不超过 5%	使用不改变
开始受潮	水泥凝有小球粒，但易散成粉末	用手捏碾无硬粒	强度降低 5%以下	用于要求不严格的工程部位
受潮加重	水泥细度变粗，有大量小球粒和松块	用手捏碾，球粒可成细粉，无硬粒	强度降低 15%～20%	将松块压成粉末，降低强度用于要求不严格的工程部位
受潮较重	水泥结成粒块，有少量硬块，但硬块较松，容易击碎	用手捏碾，不能变成粉末，有硬粒	强度降低 30%～50%	用筛子筛去硬粒、硬块，降低强度用于要求较低的工程部位
严重受潮	水泥中有许多硬粒、硬块，难以压碎	用手捏碾不动	强度降低 50%以上	不能用于工程中

2. 木材

(1)木材的质量验收

木材的质量验收包括材种验收和等级验收。木材的品种很多，首先要辨认材种及规格是否符合。对照木材质量标准，查验其腐朽、弯曲、钝棱、活死节、裂纹以及斜纹等缺陷是否与标准规定的等级相符。

(2)木材的数量验收

木材的数量以材积表示，要按规定方法进行检尺，按材积表查定材积，也可按公式算得，如板材或方材的材积计算公式为

$$V=\frac{宽(cm)\times 厚(cm)\times 长度(m)}{10000}$$

原木的材积计算公式为

$$V=\frac{\pi}{4}\cdot D^2 L\cdot\frac{1}{10000}$$

式中 V——木材材积(m^3)；

L——原木的检尺长度(m)；

D——卡度中心位置的断面直径(cm)。

(3)木材的保管

木材应按材种规格等进行码放，要便于抽取和保持通风。板、方材的垛顶部要进行遮盖，以防日晒雨淋。经过烘干处理的木材应放进仓库。

木材干燥、水分蒸发不一致容易产生干裂，因此应避免日光直接照射。可采用狭而薄的衬条，或用隐头堆积，或在端头设置遮阳板。木材存料场地要高、通风要好，要清除腐木、杂草和污物，必要时用5％的漂白粉溶液喷洒。

3. 钢材

(1)建筑钢材的分类

建筑钢材按化学成分可分为碳素结构钢和合金钢。碳素结构钢按其含碳量又分为低碳钢、中碳钢和高碳钢。建筑工程中使用最多的是低碳钢(即含碳量小于0.25％的钢)。合金钢按合金元素的总量分为低合金钢、中合金钢和高合金钢。建筑工程中使用最多的是低合金高强度结构钢(即合金元素总量小于5％的钢)。

①碳素结构钢

碳素结构钢的化学成分主要是铁，其次是碳，其含碳量在0.02％～2.06％之间。

● 牌号

碳素结构钢按屈服强度划分为五个牌号，即Q195、Q215、Q235、Q255、Q275，各牌号钢又按其硫磷含量由多到少分为A、B、C、D四个质量等级。碳素结构钢的牌号表示按顺序由代表屈服点的字母Q、屈服点数值(MPa)、质量等级符号(A、B、C、D)、脱氧程度符号(F、B、Z、ZT)四部分组成。其中脱氧符号“F”表示沸腾钢，“B”表示半镇静钢，“Z”表示镇静钢，“ZT”表示特殊镇静钢。当为镇静钢或特殊镇静钢时，“Z”与“ZT”允许省略。例如，Q235-A.F，它表示屈服点为235 MPa的A级沸腾结构钢。

● 力学性能

常用碳素结构钢要求具有良好的力学性能和优良的焊接性能，其力学性能应符合表8-3的规定。

表8-3　碳素结构钢的力学性能

牌号	等级	拉伸试验												
		钢材厚度 d/mm						抗拉强度 σ_b (MPa) 不小于	钢材厚度 d/mm					
		≤16	16～40	40～60	60～100	100～150	＞150		≤16	16～40	40～60	60～100	100～150	＞150
		屈服点 σ_s(MPa)不小于							伸长率 δ_s(％)不小于					
Q215	A B	215	205	190	185	175	165	335～450	31	30	29	28	27	26
Q235	A B C D	235	225	215	205	195	185	375～500	26	25	24	23	22	21

由表 8-3 可见，随着钢材牌号的增大，对钢材的强度要求提高，对伸长率的要求降低。

● 冷弯性能

常用碳素结构钢冷弯试验的弯心直径应符合表 8-4 的规定。

表 8-4　碳素结构钢的冷弯性能

牌　号	试样方向	冷弯 180°		
		钢材厚度（直径）(mm)		
		≤60	60～100	100～200
		弯心直径 d		
Q215	纵 横	$0.5a$ a	$1.5a$ $2a$	$2a$ $2.5a$
Q235	纵 横	a $1.5a$	$2a$ $2.5a$	$2.5a$ $3a$

②低合金高强度结构钢

低合金高强度结构钢具有强度高、塑性好、低温冲击韧性好、耐锈蚀等特点。

● 牌号

低合金高强度结构钢的牌号由代表钢材屈服强度的字母 Q、屈服点数值(MPa)、质量等级符号(A、B、C、D、E)三个部分按顺序组成。例如，Q295A 表示屈服强度不小于 295 MPa 的质量等级为 A 级的低合金高强度结构钢。用低合金高强度结构钢代替碳素结构钢 Q235 可节约钢材 15%～25%，并可减轻结构的自重。

● 力学性能

常用低合金高强度结构钢要求具有良好的力学性能，其力学性能应符合表 8-5 的规定。

表 8-5　低合金高强度结构钢的力学性能

牌号	质量等级	厚度（直径，边长）(mm)				抗拉强度 σ_b (MPa) 不小于	伸长率 δ_s(%) 不小于
		≤16	16～35	35～50	50～100		
		屈服点 σ_s(MPa)不小于					
Q295	A B	295	275	255	235	390～570	23
Q345	A B C D E	345	325	295	275	470～630	21 21 22 22 22
Q395	A B C D E	390	370	350	330	490～650	19 19 20 20 20

● 冷弯性能

常用低合金高强度结构钢冷弯试验的弯心直径应符合表 8-6 的规定。

表 8-6　　低合金高强度结构钢的冷弯性能

牌　号	质量等级	冷弯 180°（d 为弯心直径，a 为试件厚度（直径））	
		钢材厚度或直径（mm）	
		≤16	16～100
Q295	A B	$d=2a$	$d=3a$
Q345	A B C D E	$d=2a$	$d=3a$
Q390	A B C D E	$d=2a$	$d=3a$

③钢筋

钢筋是由轧钢厂将炼钢厂生产的钢锭经专用设备和工艺制成的条状材料。在钢筋混凝土和预应力混凝土中，钢筋属于隐蔽材料，其品质优劣对工程质量的影响很大。钢筋抗拉能力强，在混凝土中加入钢筋，使钢筋和混凝土黏结成一整体，形成钢筋混凝土构件，就能弥补混凝土抗拉性能的不足。

我国的钢筋用量非常大，虽然国家已采取了很多管理措施，但钢筋的制劣、售劣、用劣问题并未得到根本性的解决。全国目前仍有数百家无生产许可证而生产带肋钢筋的小企业，其中有一些企业还在用“地条钢”坯轧制带肋钢筋，每年有上百万吨不合格钢筋流入市场。假冒伪劣钢筋会给建筑工程的质量带来重大的安全隐患，而且劣质钢筋不讲工艺、质量，低价抛售后还会严重影响正常的市场经营秩序，给国家钢铁总量控制、调整产品结构、促进产品质量的提高带来严重的冲击。所以，从事建筑施工管理的人员应加强防范，以防止假冒伪劣的不合格钢筋进入建筑施工现场。

● 钢筋牌号

钢筋的牌号不仅表明钢筋的品种，而且还可以据此大致判断其质量。

按钢筋牌号分类，钢筋主要分为 HPB235、HRB335、HRB400、HRB500、CRB550 等。

牌号中的“HPB”分别为热轧、光圆、钢筋三个英文单词的第一个字母，后面的数值表示钢筋屈服强度的最小值；

牌号中的“HRB”分别为热轧、带肋、钢筋三个英文单词的第一个字母，后面的数值表示钢筋屈服强度的最小值；

牌号中的“CRB”分别为冷轧、带肋、钢筋三个英文单词的第一个字母，后面的数值表示钢筋抗拉强度的最小值。

● 工程中常用的钢筋

工程中常用的钢筋品种有：钢筋混凝土用热轧钢筋（光圆、带肋）、低碳钢热轧圆盘条、冷轧带肋钢筋、余热处理钢筋等。建筑工程所用的钢筋必须与设计相符，并能满足产品标准的要求。

钢筋混凝土用热轧光圆钢筋：热轧光圆钢筋是经热轧成型并自然冷却而成的横截面为

圆形且表面光滑的钢筋混凝土配筋用钢材，其钢种为碳素结构钢，钢筋牌号为 HPB235。该钢筋适合作为非预应力钢筋、箍筋、构造钢筋、吊钩等。热轧光圆钢筋的直径范围为 8～20 mm。

钢筋混凝土用热轧带肋钢筋：热轧带肋钢筋是用低合金高强度结构钢轧制而成的条形钢筋，通常有两道纵肋和沿长度方向均匀分布的横肋，按肋纹的形状分为月牙肋和等高肋。由于表面肋的作用，该钢筋与混凝土之间的黏结力很强，因而能更好地承受外力的作用，适合作为非预应力钢筋、构造钢筋。热轧带肋钢筋的直径范围为 6～50 mm。

低碳钢热轧圆盘条：它是热轧型钢中截面尺寸最小的一种，大多通过卷线机卷成盘卷供应，故称盘条或盘圆。低碳钢热轧圆盘条由屈服强度较低的碳素结构钢轧制而成，是目前用量最大、使用最广的材料，适合作为非预应力钢筋、箍筋、构造钢筋、吊钩等，它也是冷拔低碳钢丝的主要原材料。低碳钢热轧圆盘条的直径范围为 5.5～14.0 mm。

冷轧带肋钢筋：以碳素结构钢或低碳钢热轧圆盘条为母材，经冷轧或冷拔减小直径后在其表面冷轧成三面或两面有肋的钢筋，可提高钢筋与混凝土之间的黏结力，适合作为小型预制构件的预应力钢筋、箍筋、构造钢筋、网片等。与热轧圆盘条相比，冷轧带肋钢筋的强度提高了 17%左右。冷轧带肋钢筋的直径范围为 4～12 mm。

余热处理钢筋：是用低合金高强度结构钢经热轧后立即穿水，进行表面控制冷却，然后利用芯部余热自身完成回火处理而得到的钢筋。余热处理钢筋的性能均匀，晶粒细小，在保证良好塑性、焊接性能的条件下，屈服点提高了 10%左右，可作为钢筋混凝土结构的非预应力钢筋、箍筋、构造钢筋，可节约材料并提高构件的安全可靠性。余热处理钢筋的级别为 III 级，强度等级代号为 KL400(其中“K”表示“控制”)。余热处理钢筋的直径范围为 8～40 mm。

④型钢

建筑工程中的主要承重结构常使用各种规格的型钢来组成各种形式的钢结构。钢结构常用的型钢有圆钢、方钢、扁钢、工字钢、槽钢、角钢等。型钢由于截面形式合理，材料在截面上的分布对受力有利且构件间的连接方便，故是钢结构中采用的主要钢材。钢结构用钢的钢种和牌号主要根据结构的重要性、荷载特征、结构形式、应力状态、连接方法、钢材厚度和工作环境等因素进行选择。对于承受动荷载或振动荷载、处于低温环境下的结构，应选择韧性好、脆性临界温度低的钢材；对于焊接结构应选择焊接性能好的钢材。我国钢结构用热轧型钢主要采用的是碳素结构钢和低合金高强度结构钢。

常用型钢品种及相关质量要求如下：

- 热轧扁钢

热轧扁钢是截面为矩形并稍带钝边的长条钢材，主要由碳素结构钢或低合金高强度结构钢制成。其规格以厚度×宽度的毫米数表示。如“4×25”，表示厚度为 4 mm、宽度为 25 mm的扁钢。热轧扁钢在建筑工程中多用于一般结构件，如连接板、栅栏、楼梯扶手等。

热轧扁钢的截面为矩形，其厚度为 3～60 mm，宽度为 10～150 mm。热轧扁钢的截面尺寸和允许偏差应符合表 8-7 的规定。

表 8-7 热轧扁钢的截面尺寸和允许偏差 mm

宽度			厚度		
尺寸	允许偏差		尺寸	允许偏差	
	普通级	较高级		普通级	较高级
10～50	+0.5 −1.0	+0.3 −0.9	3～16	+0.3 −0.5	+0.2 −0.4
50～75	+0.6 −1.3	+0.4 −1.2			
75～100	+0.9 −1.8	+0.7 −1.7	16～60	+1.5% −3.0%	+1.0% −2.5%
100～150	+1.0% −2.0%	+0.8% −1.8%			

● 热轧工字钢

热轧工字钢也称钢梁，是截面为工字形的长条钢材，主要由碳素结构钢轧制而成。其规格以腰高(h)×腿宽(b)×腰厚(d)的毫米数表示。如"工 160×88×6"，表示腰高为160 mm、腿宽为 88 mm、腰厚为 6 mm 的工字钢。工字钢的规格也可用型号表示，型号表示腰高的厘米数，如 16 号。腰高相同的工字钢，如有几种不同的腿宽和腰厚，需在型号右边加"*a*"或"*b*"或"*c*"以示区别，如"32*a*"、"32*b*"、"32*c*"等。热轧工字钢的规格范围为 10～63 号。热轧工字钢广泛用于各种建筑钢结构和桥梁，主要用于承受横向弯曲的杆件。

热轧工字钢的尺寸允许偏差应符合表 8-8 的规定。

表 8-8 热轧工字钢的尺寸允许偏差

型号	允许偏差(mm)		
	腰高 h	腿宽 b	腰厚 d
≤14	±2.0	±2.0	±0.5
14～18		±2.5	
18～30	±3.0	±3.0	±0.7
30～40		±3.5	±0.8
40～63	±4.0	±4.0	±0.9

● 热轧槽钢

热轧槽钢是截面为凹槽形的长条钢材，主要由碳素结构钢轧制而成。其规格表示方法同热轧工字钢。如"120×53×5"，表示腰高为 120 mm、腿宽为 53 mm、腰厚为 5 mm 的槽钢，或称 12 号槽钢。腰高相同的槽钢，如有几种不同的腿宽和腰厚，也需在型号右边加"*a*"或"*b*"或"*c*"以示区别，如"25*a*"、"25*b*"、"25*c*"等。热轧槽钢的规格范围为 5～40 号。

热轧槽钢主要用于建筑钢结构，30 号以上可用于桥梁结构作受力杆件，也可作工业厂房的梁、柱等构件。热轧槽钢常与热轧工字钢配合使用。

热轧槽钢的尺寸允许偏差应符合表 8-9 的规定。

表 8-9　热轧槽钢的尺寸允许偏差

型　号	允许偏差(mm)		
	腰高 h	腿宽 b	腰厚 d
5～8	±1.5	±1.5	±0.4
8～14	±2.5	±2.0	±0.5
14～18		±2.5	±0.6
18～30	±3.0	±3.0	±0.7
30～40		±3.5	±0.8

● 热轧等边角钢

热轧等边角钢是两边相互垂直成角形的长条钢，主要由碳素结构钢轧制而成。其规格以边宽(b)×边宽(b)×边厚(d)的毫米数表示。如“30×30×3”，表示边宽为 30 mm、边厚为 3 mm 的等边角钢。也可用型号表示，型号是边宽的厘米数，如 3 号。型号不表示同一型号中不同边厚的尺寸，因而需将角钢的边宽、边厚尺寸填写齐全，避免单独用型号表示。热轧等边角钢的规格范围为 2～20 号。

热轧等边角钢可按结构的不同需要组成各种不同的受力构件，也可作构件之间的连接件，广泛用于各种建筑结构。

热轧等边角钢的尺寸允许偏差应符合表 8-10 的规定。

表 8-10　热轧等边角钢的尺寸允许偏差

型　号	允许偏差(mm)	
	边宽 b	边厚 d
2～5.6	±0.8	±0.4
6.3～9	±1.2	±0.6
10～14	±1.8	±0.7
16～20	±2.5	±1.0

(2)建筑钢材验收的基本要求

建筑钢材从钢厂到施工现场经过了许多环节，其中验收是质量管理中必不可少的环节。建筑钢材必须按批进行验收，并达到基本要求。

①订货和发货资料应与实物一致

检查发货码单和质量证明书的内容是否与建筑钢材标牌标志上的内容相符。对于钢筋混凝土用热轧带肋钢筋、冷轧带肋钢筋和预应力混凝土用钢丝、钢棒、钢绞线，必须检查其是否有《全国工业产品生产许可证》，该证书由国家质量监督检验检疫总局颁发，上面带有国徽，有效期不超过五年。对符合生产许可证申报条件的企业，由各省市的工业产品生产许可证办公室先发放《行政许可受理决定书》，并自受理企业申请之日起 60 日内作出是否准予许可的决定。为了打假治劣，保证重点建筑钢材的质量，国家将热轧带肋钢筋、冷轧带肋钢筋和预应力混凝土用钢丝、钢棒、钢绞线划为重要工业产品，实行生产许可证管理制度。其他类型的建筑钢材国家目前尚未发放《全国工业产品生产许可证》。

● 热轧带肋钢筋生产许可证编号

例：XK05-205-×××××

XK—代表许可；

05—冶金行业编号；

205—热轧带肋钢筋产品编号；

×××××—某一特定企业的生产许可证编号。

● 冷轧带肋钢筋生产许可证编号

例：XK05-322-×××××

XK—代表许可；

05—冶金行业编号；

322—冷轧带肋钢筋产品编号；

×××××—某一特定企业的生产许可证编号。

● 预应力混凝土用钢材(钢丝、钢棒、钢绞线)生产许可证编号

例：XK05-114-×××××

XK—代表许可；

05—冶金行业编号；

114—预应力混凝土用钢材(钢丝、钢棒、钢绞线)产品编号；

×××××—某一特定企业的生产许可证编号。

为防止施工现场带肋钢筋等产品《全国工业产品生产许可证》和产品质量证明书的造假，各单位可通过国家质量监督检验检疫总局网站(http://www.aqsiq.gov.cn)进行带肋钢筋等产品生产许可证获证企业的查询。

②检查包装

除大型型钢外，不论是钢筋还是型钢，都必须成捆交货，每捆必须用钢带、盘条或铁丝均匀捆扎结实，端面要求平齐，不得有异类钢材混装现象。

每一捆扎件上一般都拴有两个标牌，上面注明生产企业名称或厂标、牌号、规格、炉罐号、生产日期、带肋钢筋生产许可证标志和编号等内容。按照《钢筋混凝土用热轧带肋钢筋》国家标准规定，带肋钢筋生产企业都应在自己生产的热轧带肋钢筋表面轧上明显的牌号标志，并依次轧上厂名(或商标)和直径(mm)数字。钢筋牌号以阿拉伯数字表示，例如HRB335、HRB400、HRB500对应的阿拉伯数字分别为2、3、4；厂名以汉语拼音的第一个字母表示；直径(mm)以阿拉伯数字表示。

例如“2××16”，表示牌号为HRB335，由某钢铁公司生产的直径为16 mm的热轧带肋钢筋。“2××16”中的“××”为钢厂厂名中特征汉字的汉语拼音首字母。

直径不大于10 mm的钢筋可不轧制标志，而采用挂牌方法。

施工单位应加强施工现场热轧带肋钢筋生产许可证、产品质量证明书、产品表面标志和产品标牌一致性检查。对热轧带肋钢筋复检时，必须截取带有产品表面标志的试件送检(例如2CD16)，并在委托检验单上如实填写生产企业名称、产品表面标志等内容，检验机构应对产品表面标志及送检单位出示的生产许可证复印件和质量证明书进行复核。不合格热轧带肋钢筋加倍复检所抽检的产品，其表面标志必须与企业先前送检的产品表面标志一致。

③对建筑钢材质量证明书内容进行审核

质量证明书必须字迹清楚，应注明：供方名称或厂标、需方名称、发货日期、合同号、标准号及水平等级、牌号、炉罐（批）号、交货状态、加工用途、质量、支数或件数、品种名称、规格尺寸（型号）和级别、标准中所规定的各项试验结果（包括参考性指标）、技术监督部门印记等。

钢筋混凝土用热轧带肋钢筋的产品质量证明书上应印有生产许可证编号和该企业产品表面标志；冷轧带肋钢筋的产品质量证明书上应印有生产许可证编号。质量证明书应加盖生产单位公章或质检部门检验专用章。若建筑钢材是通过中间供应商购买的，则质量证明书复印件上应注明购买时间、供应数量、买受人名称、质量证明书原件存放单位，在建筑钢材质量证明书复印件上必须加盖中间供应商的红色印章，并有送交人的签名。

(3)钢材质量验收

钢材质量验收分外观质量验收和内在化学成分及力学性能的验收。外观质量验收中，由现场材料验收人员通过眼看、手摸或使用简单工具（如钢刷、木棍等）检查钢材表面是否有缺陷，其具体鉴别方法参见建筑材料的有关内容。钢材的化学成分和力学性能均应经有关部门复检，与国家标准对照后判定其是否合格。

建筑钢材的实物质量验收主要是看所检的钢材是否满足规范及相关标准要求，现场所检测的建筑钢材尺寸偏差是否符合产品标准规定，外观缺陷是否在标准规定的范围内，对于建筑钢材的锈蚀现象也应引起足够的重视。

①钢筋混凝土用热轧带肋钢筋

热轧带肋钢筋的力学性能和冷弯性能应符合表 8-11 的规定。

表 8-11　　热轧带肋钢筋的力学性能和冷弯性能

牌号	表面状态	公称直径 (mm)	屈服点 σ_s (MPa) 不小于	抗拉强度 σ_b (MPa) 不小于	伸长率 δ_s (%) 不小于	冷弯 d:弯心直径 a:钢筋直径
HRB335	月牙肋	6～25 28～50	335	490	16	180°,$d=3a$ 180°,$d=4a$
HRB400		6～25 28～5	400	570	14	180°,$d=4a$ 180°,$d=5a$
HRB500	等高肋	6～25 28～5	500	630	12	180°,$d=6a$ 180°,$d=7a$

热轧带肋钢筋的力学性能和冷弯性能检验应按批进行。每批由同牌号、同炉罐号、同规格的钢筋组成，每批质量不超过 60 t。力学性能检验的项目有拉伸试验和冷弯试验，必要时还应进行反复弯曲试验。

- 拉伸试验：每批任取两根，每根切取一段试样进行拉伸试验。拉伸试验的项目包括屈服点、抗拉强度和伸长率。
- 冷弯试验：每批任取两根，每根切取一段试样进行 180°冷弯试验。冷弯试验时，受弯部位的外表面不得产生裂纹。
- 反复弯曲试验：每批任取一段试样进行反复弯曲试验。

取样规格：拉伸试样应切取 500～600 mm，弯曲试样应切取 200～250 mm。

若各项试验结果符合表 8-11 的规定，则该批热轧带肋钢筋合格。若有一项不合格，则从同一批中再任取双倍数量的试样进行该不合格项目的复检。若仍有一项不合格，则该批钢筋不合格。

根据规定按批检查热轧带肋钢筋的外观质量。钢筋表面不得有裂纹、结疤和折叠;钢筋表面允许有凸块,但不得超过横肋的高度;钢筋表面上其他缺陷的深度和高度不得大于所在部位尺寸的允许偏差。

根据规定应按批检查热轧带肋钢筋的尺寸偏差。钢筋的内径尺寸及其允许偏差应符合表 8-12 的规定,精确至 0.1 mm。

表 8-12　　热轧带肋钢筋的内径尺寸及其允许偏差　　mm

公称直径	6	8	10	12	14	16	18	20	22	25	28	32	36	40	50
内径尺寸	5.8	7.7	9.6	11.5	13.4	15.4	17.3	19.3	21.3	24.2	27.2	31.0	35.0	38.7	48.5
允许偏差	±0.3	±0.4						±0.5			±0.6			±0.7	±0.8

②钢筋混凝土用热轧光圆钢筋

热轧光圆钢筋的力学性能和冷弯性能应符合表 8-13 的规定。

表 8-13　　热轧光圆钢筋的力学性能和冷弯性能

牌号	表面状态	公称直径(mm)	屈服点 σ_s (MPa) 不小于	抗拉强度 σ_b (MPa) 不小于	伸长率 δ_s (%) 不小于	冷弯 d:弯心直径 a:钢筋直径
HPB235	光圆	8～20	235	370	25	180°,$d=a$

热轧光圆钢筋的力学性能和冷弯性能检验应按批进行。每批由同牌号、同炉罐号、同规格的钢筋组成,每批质量不超过 60 t。力学性能检验的项目有拉伸试验和冷弯试验。

● 拉伸试验:每批任取两根,每根切取一段试样进行拉伸试验。拉伸试验的项目包括屈服点、抗拉强度和伸长率。

● 冷弯试验:每批任取两根,每根切取一段试样进行 180°冷弯试验。冷弯试验时,受弯部位的外表面不得产生裂纹。

若各项试验结果符合表 8-13 的规定,则该批热轧光圆钢筋合格。若有一项不合格,则从同一批中再任取双倍数量的试样进行该不合格项目的复检。若仍有一项不合格,则该批钢筋不合格。

根据规定按批检查热轧光圆钢筋的外观质量。钢筋表面不得有裂纹、结疤和折叠;钢筋表面允许有凸块;其他缺陷的深度和高度不得大于所在部位尺寸的允许偏差。

根据规定应按批检查热轧光圆钢筋的尺寸偏差。热轧光圆钢筋的允许尺寸偏差不大于 ±0.4 mm,不圆度不大于 0.4 mm。热轧光圆钢筋的弯曲度每米不大于 4 mm,总弯曲度不大于热轧光圆钢筋总长度的 0.4%。测量精确到 0.1 mm。

③低碳钢热轧圆盘条

低碳钢热轧圆盘条的力学性能和冷弯性能应符合表 8-14 的规定。

表 8-14　　低碳钢热轧圆盘条的力学性能和冷弯性能

牌　号	屈服点 σ_s (MPa) 不小于	抗拉强度 σ_b (MPa) 不小于	伸长率 δ_s (%) 不小于	冷弯 d:弯心直径 a:钢筋直径
Q215	215	375	27	180°,$d=0.5a$
Q235	235	410	23	180°,$d=0.5a$

低碳钢热轧圆盘条的力学性能和冷弯性能检验应按批进行。每批由同牌号、同炉罐号、同规格的盘条组成，每批质量不超过60 t。力学性能检验的项目有拉伸试验和冷弯试验。

● 拉伸试验：每批任取一段试样进行拉伸试验。拉伸试验的项目包括屈服点、抗拉强度和伸长率。

● 冷弯试验：每批在不同盘条上取两段试样进行180°冷弯试验。冷弯试验时，受弯部位的外表面不得产生裂纹。

若各项试验结果符合表8-14的规定，则该批低碳钢热轧圆盘条合格。若有一项不合格，则从同一批中再任取双倍数量的试样进行该不合格项目的复检。若仍有一项不合格，则该批低碳钢热轧圆盘条不合格。

根据规定按批检查低碳钢热轧圆盘条的外观质量。盘条表面应光滑，不得有裂纹、耳子、结疤和折叠；盘条不得有夹杂物和其他有害缺陷。

根据规定应逐盘检查低碳钢热轧圆盘条的尺寸偏差。低碳钢热轧圆盘条的直径允许偏差不大于±0.45 mm，不圆度（同一截面上最大直径和最小直径之差）不大于0.45 mm。测量精确到0.01 mm。

④冷轧带肋钢筋

冷轧带肋钢筋的力学性能和冷弯性能应符合表8-15的规定。

表8-15　　冷轧带肋钢筋的力学性能和冷弯性能

牌号	抗拉强度 σ_b (MPa) 不小于	伸长率 δ_s(%)不小于		弯曲试验 (180°)	反复弯曲次数
		$\delta_{s11.3}$	δ_{s100}		
CRB550	550	8.0		$D=3d$	—
CRB650	650	—	4.0	—	3
CRB800	800	—	4.0	—	3
CRB970	970	—	4.0	—	3
CRB1170	1170	—	4.0	—	3

冷轧带肋钢筋的力学性能和冷弯性能检验应按批进行。每批由同牌号、同规格和同级别的冷轧带肋钢筋组成，每批质量不超过50 t。力学性能检验的项目有拉伸试验和冷弯试验。

● 拉伸试验：每批任意切取500 mm后，切取一段试样进行拉伸试验。拉伸试验的项目包括屈服点、抗拉强度和伸长率。

● 冷弯试验：每批任取两根，每根切取一段试样进行180°冷弯试验。冷弯试验时，受弯部位的外表面不得产生裂纹。

若各项试验结果符合表8-15的规定，则该批冷轧带肋钢筋合格。若有一项不合格，则从同一批中再任取双倍数量的试样进行该不合格项目的复检。若仍有一项不合格，则该批冷轧带肋钢筋不合格。

根据规定按批检查冷轧带肋钢筋的外观质量。冷轧带肋钢筋表面不得有裂纹、结疤、折叠、油污及影响使用的缺陷；钢筋表面可有浮锈，但不得有锈皮及肉眼可见的麻坑等腐蚀现象。

根据规定应按批检查冷轧带肋钢筋的尺寸偏差。冷轧带肋钢筋尺寸、质量的允许偏差应符合标准的规定。

⑤余热处理钢筋

余热处理钢筋的力学性能和冷弯性能应符合表8-16的规定。

表8-16　余热处理钢筋的力学性能和冷弯性能

强度等级代号	表面状态	公称直径(mm)	屈服点 σ_s (MPa) 不小于	抗拉强度 σ_b (MPa) 不小于	伸长率 δ_s (%) 不小于	冷弯 d:弯心直径 a:钢筋直径
KL400	月牙肋	8～25 28～40	440	600	14	90°, $d=3a$ 90°, $d=4a$

余热处理钢筋的力学性能和冷弯性能检验应按批进行。每批由同牌号、同炉罐号、同规格的余热处理钢筋组成,每批质量不超过60 t。力学性能检验的项目有拉伸试验和冷弯试验。

- 拉伸试验:每批任取两根,每根切取一段试样进行拉伸试验。拉伸试验的项目包括屈服点、抗拉强度和伸长率。
- 冷弯试验:每批任取两根,每根切取一段试样进行90°冷弯试验。冷弯试验时,受弯部位的外表面不得产生裂纹。

若各项试验结果符合表8-16的规定,则该批余热处理钢筋合格。若有一项不合格,则从同一批中再任取双倍数量的试样进行该不合格项目的复检。若仍有一项不合格,则该批余热处理钢筋不合格。

根据规定按批检查余热处理钢筋的外观质量。钢筋表面不得有裂纹、结疤和折叠;钢筋表面允许有凸块,但不得超过横肋的高度;钢筋表面上其他缺陷的深度和高度不得大于所在部位尺寸的允许偏差。

根据规定应按批检查余热处理钢筋的尺寸偏差。余热处理钢筋的内径尺寸及其允许偏差应符合表8-17的规定,精确至0.1 mm。

表8-17　余热处理钢筋的内径尺寸及其允许偏差　mm

公称直径	8	10	12	14	16	18	20	22	25	28	32	36	40
内径尺寸	7.7	9.6	11.5	13.4	15.4	17.3	19.3	21.3	24.2	27.2	31.0	35.0	38.7
允许偏差	±0.4						±0.5			±0.6			±0.7

⑥常用型钢

型钢的规格尺寸及其允许偏差应符合产品标准的要求。检查每一品种、同一规格的型钢应抽查五处。

数量检验方法:用钢尺或游标卡尺测量。

若设计单位有要求,则用于建设工程的型钢产品也应进行力学性能和冷弯性能的检验。

(4)钢材数量验收(检磅计重)

现场钢材数量验收可通过称重、点件、检尺换算等几种方式进行。验收中应注意的是,称重验收可能产生磅差,若磅差在国家标准允许范围内,则签认送货单数量;若磅差超过国家标准允许范围,则应找有关部门解决。检尺换算所得质量与称重所得质量会产生误差,特别是国产钢材的误差可能较大。因此,供需双方应统一验收方法,当现场数量检测确实有困难时,可到供料单位检磅发料,以保证进场材料数量准确。

(5)钢材的保管

建筑钢材由于质量大、长度长,运输前必须了解所运建筑钢材的长度和单捆质量,以便安排车辆和吊车。

施工现场存放材料的场地狭小,保管设施较差,建筑钢材应按不同的品种、规格分别堆放。优质钢材和小规格钢材,如镀锌板、镀锌管、薄壁电线管等,最好入库入棚保管(特别是有精度要求的冷拉、冷拔等钢材)。若条件不允许而只能露天存放时,料场应选择在地势较高且平坦的地面,经平整、夯实、预设排水沟、安排好垛底后方可使用。为避免因环境潮湿而引起钢材表面锈蚀,雨雪季节建筑钢材要用防雨材料覆盖。

钢材在保管中必须分清品种、规格、材质,不能混淆。应保持场地干燥,地面不积水,及时清除污物。

施工现场堆放的建筑钢材应注明"合格"、"不合格"、"在检"、"待检"等产品质量状态,注明钢材生产企业名称、品种规格、进场日期及数量等内容,并以醒目标识标明,施工现场应由专人负责建筑钢材的收货与发料。

4. 砂、石料

(1)资料验收

生产单位应保证出厂产品符合质量要求,产品应有质量保证书,其内容包括生产厂名、产地、质量保证书的编号、签发日期、签发人员、技术指标的检验结果,如为海砂则应注明氯盐含量。

(2)质量验收

砂、石应按批进行质量检验,其检验批按以下确定:

①集中生产的,以400 m^3 或600 t为一批;分散生产的,以200 m^3 或300 t为一批;不足者以一批计。

②产地、质量比较稳定且进料量较大的,以1000 t检验一次。

③检验项目

- 石:每验收批至少应进行颗粒级配、含泥量、泥块含量、针片状颗粒含量检验。对重要工程或特别工程,可根据工程要求增加检测项目。若对其他指标有怀疑,也应进行检验。石颗粒级配应理想,粒形以近似方块为好,针片状颗粒不得超过25%,在大于C30的混凝土中不得超过15%。注意鉴别有无风化石、石灰石混入。一般混凝土的含泥量不得超过2%,大于C30的混凝土不超过1%。砂石含泥量的外观检查:如黄砂颜色灰黑,手感发黏,抓一把能黏成团,手放开后砂团散开,发现有粘连小块,用手指捻开小块,指上留有明显泥污,则表示含泥量过高。用手握石子,摩擦后无尘土粘于手上,则表示石子的含泥量合格。
- 砂:每验收批至少应进行颗粒级配、含泥量、泥块含量检验。砂颗粒坚硬洁净,黏土、泥灰、粉末等不超过3%~5%。如为海砂,还应检验氯离子含量。对重要工程或特别工程,可根据工程要求增加检测项目。若对其他指标有怀疑,也应进行检验。

④不合格品的处理

若建筑用卵石、碎石的检验结果不符合GB/T 14685—2001规定的指标,建筑用砂的检验结果不符合GB/T 14684—2001规定的指标,则可根据混凝土工程的质量要求,结合具体情况提出相应的措施,经试验证明能确保工程质量时,方可使用该石或砂拌制混凝土。

(3)砂、石料的数量验收

砂、石料的数量验收按运输工具不同、条件不同而采取不同方法。

①量方验收：进料后先做方，即把材料做成梯形堆放在平整的地上，如图 8-1 所示。凡是有计数凭证的即以发货凭证的数量为准，但要进行抽查；进场计数一般应在现场落地成方，检查验收，也可在车上检查验收。无论采用哪种验收方式，都应考虑运输过程中的下沉率。

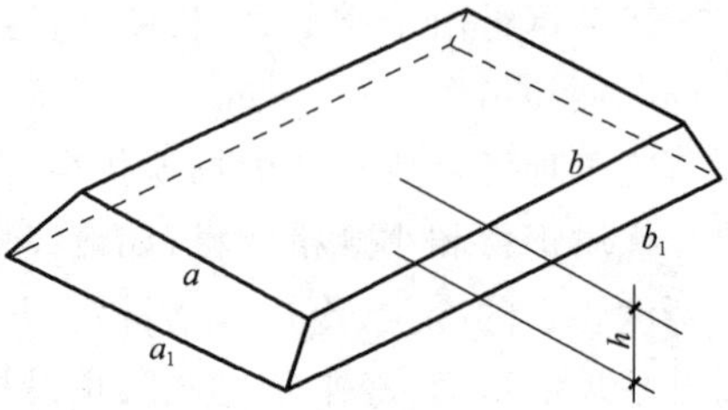

图 8-1 砂石堆码形状

成方后进行长、宽、高的测量，然后计算体积：

$$V=\frac{h}{6}[ab+(a+a_1)(b+b_1)+a_1b_1]$$

有些地区的砂、石料以吨为单位。这时应先求出体积，再乘上相应的堆积密度，即得出吨数。

【例 8-1】 已知砂的堆积密度为 1.33 t/m³，量得梯形体各边长、宽及高度为：$a=2$ m，$a_1=3$ m，$b=4$ m，$b_1=5$ m，$h=0.8$ m。求砂的总质量。

解：

$$V=\frac{0.8}{6}\times[2\times4+(2+3)\times(4+5)+3\times5]=9.07\ \mathrm{m}^3$$

砂的总质量＝9.07×1.33＝12.06 t

②过磅计量：发料单位经过地磅，每车随附秤码单送到现场时，应收下每车的秤码单并记录车号，在最后一车送到后，核对收到车数的秤码单和送货凭证是否相符。

③其他：水运码头无地磅，堆方又无场地时可在车上抽查。一种方法是利用船上载重水位线表示的吨位计算；另一种方法是在运输车上快速将黄砂在车上拉平，量其装载高度，按照车型固定的长、宽计算体积，然后换算成质量。

(4)砂、石料的合理堆放

一般应集中堆放在混凝土搅拌机和砂浆机旁，不宜过远；堆放要成方成堆，避免成片；平时要经常清理，并督促班组清底使用。

5.砖

凡是由黏土、工业废料或其他圾圾材料为主要原料，以不同工艺制成的在建筑工程中用于砌筑墙体的砖统称为砌墙砖。砌墙砖是建筑工程的主要墙体材料，具有一定的抗压强度，外形多为直角六面体。

砌墙砖的种类很多，其分类如下：

按生产方法分为烧结砖、非烧结砖等；

按原材料来源分为黏土砖、页岩砖、粉煤灰砖、混凝土砖、煤矸石砖、灰砂砖、煤渣砖等；

按孔洞率分为普通砖(孔洞率小于 15%的砖)、多孔砖(孔洞率不小于 15%的砖)、空心砖(孔洞率不小于 35%的砖)等。

在工程中常用两种或两种以上分类方法复合命名，如烧结空心砖、蒸压粉煤灰砖等。

对于砖的验收，首先应检查进场调拨单式采购单，查看数量、规格与实物是否一致。

(1)砖的质量验收

一般应收集抗压、抗折、抗冻等数据,以质保书为凭。现场主要从以下几方面做外观验收:

①砖的颜色:未烧透或烧过火的砖,即色淡和色黑的红砖不能使用。

②外形规格:按砖的等级要求验收。

(2)砖的数量验收

①定量码垛点数:在指定的地点码垛(200 块为一垛)点数,便于发放。按托板计数:用托板装运的砖,按不同砖每托板规定的装砖数集中整齐码放,清点数量为每托板数量乘以托板数。

②车上点数:一般适用于车上码放整齐,现场亟待使用,需要边卸边用的情况。

(3)砖的合理保管

按施工平面图码放于垂直运输设备附近,便于起吊。不同品种规格的砖应分开码放,基础墙、底层墙的砖可沿墙周围码放。同时使用中要注意清底,用一垛清一垛,断砖要充分利用。

6. 成品、半成品的验收和保管

成品、半成品包括混凝土构件、门窗、铁件以及成型钢筋等。除门窗用于装修外,其他都用于承重结构系统。在混合结构项目中,这些成品、半成品占材料费的 30%左右,是建筑工程的重要材料。

(1)混凝土构件

混凝土构件一般在工厂生产,运到现场安装。混凝土构件笨重、量大且规格型号多,验收时一定要对照加工计划,分层分段配套码放在吊车的起重臂回转半径范围内。要认真核对品种、规格、型号和检验外观质量,及时登记台账,掌握配套情况。

(2)铁件

铁件主要包括金属结构、预埋铁件、楼梯栏杆、垃圾斗、水落管等。铁件进场要按加工图纸验收,复杂的应会同技术部门验收。铁件一般在露天存放,精密的要放入库内或棚内。露天存放的大铁件要用垫木垫起,小件可搭设平台,要分品种、规格、型号码放整齐,并挂牌标明。铁件要按加工计划逐项核对验收,按单位工程登记台账。

(3)门窗

建筑门窗是建筑外围护结构的重要组成部分。人们通过门窗得到阳光,呼吸到新鲜空气,观赏到室外景色,所以门窗必须具有采光、通风、防风雨、保温、隔热、隔声等功能。同时门窗作为建筑外墙和室内装饰的一部分,其分格形式、材质、表面色彩对建筑外立面和室内装饰起着十分重要的作用。随着我国建筑业的不断发展,木门窗、钢门窗、彩色涂层钢板门窗、铝合金门窗、塑料门窗、高性能复合门窗等各种材质的建筑门窗不断出现。

建筑门窗的分类如下:

①按材质分:铝合金门窗、塑料门窗、彩色涂层钢板门窗、钢门窗、木门窗、复合门窗等。

②按用途分:普通门窗、保温门窗、隔声门窗、防火门、防爆门等。

③按开启分:平开门窗、推拉门窗、固定门窗、弹簧门、滑轴窗、滑轴平开窗、悬转窗、平开下悬门窗等。

④按构造分:镶玻璃门、玻璃门、连窗门、单层窗、双层窗、带形窗、组合窗、落地门窗、带

纱扇窗、百叶窗等。

门窗有钢质、木质、塑料质和铝合金质，都是在工厂加工运到现场安装。门窗验收时要详细核对加工计划，认真检查规格、型号。门窗进场后要分品种、规格码放整齐。木门、窗扇及存放时间长的钢门、钢窗要存入库内或棚内，用垫木垫起。门窗验收码放后，要挂牌标明规格、型号、数量，按单位工程建立门窗及附件台账，防止错领错用。

(4)成型钢筋

成型钢筋是指由工厂加工成型后运到现场绑扎的钢筋。应会同生产班组按照加工计划验收其规格、数量，一并交班组管理使用。成型钢筋的存放场地要平整，没有积水，分规格码放整齐，要用垫木垫起，防止水浸锈蚀。

7. 装饰材料

装饰材料价值高，易损、易坏、易丢。对壁纸、瓷砖、马赛克、油漆、五金、灯具等应入库由专人保管，防止丢失。对量大且较笨重的装饰材料必须落实保管措施，以防损坏。

(1)建筑装饰材料的分类

现代建筑装饰材料发展迅速，品种繁多，要掌握和了解每一种材料是很难实现的，只有对材料进行分类才能弄清各种装饰材料的基本性能和共同特点。因此，建筑装饰材料的分类具有十分重要的意义。

①按建筑装饰材料的使用部位分类：这种分类方法便于材料管理人员和工程技术人员选用建筑装饰材料，因而各种建筑装饰材料手册均按此方法分类。

- 外墙装饰材料，如天然石材、人造石材、建筑陶瓷、玻璃制品、水泥、装饰混凝土、外墙涂料、铝合金等。
- 内墙装饰材料，如天然石材、人造大理石、建筑陶瓷、内墙涂料、墙纸、墙布、织物类、玻璃制品及木制品等。
- 地面装饰材料，如地毯类、塑料地板、陶瓷地砖、石材、木地板、地面涂料及抗静电地板等。
- 顶棚装饰材料，如石膏板、壁纸装饰天花板、贴塑矿棉装饰板、矿棉装饰吸声板、膨胀珍珠岩装饰吸声板、铝合金吊顶板、塑料吊顶板、有机玻璃板及各类顶棚龙骨材料等。

②按化学成分分类：这种方法便于学习、掌握建筑装饰材料的基本知识和基本理论，见表 8-18。

③按建筑装饰材料的燃烧性能分类：

- A 级：具有不燃性，如嵌装式石膏板、花岗石等。
- B1 级：具有难燃性，如装饰防火板、阻燃墙纸等。
- B2 级：具有可燃性，如胶合板、墙布等。
- B3 级：具有易燃性，如油漆、酒精等。

④按建筑装饰材料的用途分类：

- 骨架材料，如天棚木龙骨、铝合金龙骨、轻钢龙骨等。
- 饰面材料，如大理石、玻璃、铝合金装饰板等。
- 胶粘剂，如塑料地板胶粘剂、塑料管道胶粘剂、多用途建筑胶粘剂等。

表 8-18　　按建筑装饰材料的化学成分分类

建筑装饰材料	无机材料	金属材料	黑色金属：钢、不锈钢、彩色涂层钢板、彩色不锈钢板等	
			有色金属：铝及铝合金、铜及铜合金等	
		非金属材料	天然石材：花岗石、大理石等	
			烧结与熔融制品：烧结砖、陶瓷、玻璃及制品、矿棉及制品等	
			胶凝材料	水硬性胶凝材料：白色水泥、彩色水泥及各种水泥等
				气硬性胶凝材料：石膏及制品、水玻璃、菱苦土等
			装饰混凝土及装饰砂浆、白色及彩色硅酸盐制品等	
	有机材料	植物材料：木材、竹材等		
		合成高分子材料：各种建筑塑料及制品、涂料、胶粘剂、密封材料等		
	复合材料	无机复合材料	装饰混凝土、装饰砂浆等	
		有机复合材料	树脂基人造装饰材料、玻璃纤维增强塑料(玻璃钢)等	
			胶合板、竹胶板、纤维板、宝丽板等	
		其他复合材料	涂塑钢板、钢塑复合门窗、涂塑铝合金板等	

⑤按建筑装饰材料的性状分类：

- 抹灰材料，如水泥砂浆、水刷石、水磨石等。
- 块材，如花岗石、无釉面砖、瓷砖等。
- 板材，如石膏板、宝丽板、胶合板、镁铝曲板等。
- 油漆涂料，如803内墙涂料、过氯乙烯外墙涂料、氯化橡胶涂料等。

(2)质量要求

①天然花岗石

天然花岗石按形状分为普型板(N)和异型板(S)。普型板指正方形或长方形板材，异型板指其他形状的板材。按表面加工程度分为亚光板(RB)、镜面板(PL)、粗面板(RU)。按质量分为优等品(A)、一等品(B)、合格品(C)。

天然花岗石板材的命名顺序：原料产地名称、花纹色调特征名称、花岗石(G)。

天然花岗石板材的标记顺序：命名、分类、规格尺寸、等级、标准号。

例如，用山东济南黑色花岗石原料生产的400 mm×400 mm×20 mm普型镜面优等品板材，其命名和标记如下：

命名：济南青花岗石

标记：济南青(G)NPL400×400×20AJC205

“N”表示普型板，“PL”表示镜面板，“A”表示优等品，“JC”表示建设部建筑材料标准。

天然花岗石的质量要求有以下几项：

- 尺寸允许偏差；
- 平面度允许公差；
- 角度允许公差；
- 外观质量；
- 镜面板材的镜向光泽度；
- 物理性能指标，见表8-19；

表 8-19　天然花岗石的物理性能指标

项　目	指　标	项　目	指　标
密度(kg/m^3)	≥2560	干燥抗弯强度(MPa)	≥8.0
吸水率(%)	≤0.60	饱和水抗弯强度(MPa)	
干燥抗压强度(MPa)	≥100.0		

- 放射性,应符合 GB 6566—2001 的规定。

②天然大理石

天然大理石按形状分为普型板(N)和异型板(S),按质量分为优等品(A)、一等品(B)、合格品(C)。

天然大理石板材的命名顺序:原料产地名称、花纹色调特征名称、大理石(M)。

天然大理石板材的标记顺序:命名、分类、规格尺寸、等级、标准号。

例如,北京房山白色大理石原料生产的 600 mm×400 mm×20 mm 普型一等品板材,其命名和标记如下:

命名:房山汉白玉大理石

标记:房山汉白玉(M)N600×400×20BJC

天然大理石的质量要求有以下几项:

- 尺寸允许偏差;
- 平面度允许公差;
- 角度允许公差;
- 外观质量;
- 镜面板材的镜向光泽度;
- 物理性能指标,见表 8-20;
- 放射性,应符合 GB 6566—2001 的规定。

表 8-20　天然大理石的物理性能指标

项　目	指　标	项　目	指　标
密度(kg/m^3)	≥2600	干燥抗弯强度(MPa)	≥7.0
吸水率(%)	≤0.50	饱和水抗弯强度(MPa)	
干燥抗压强度(MPa)	≥50.0		

③人造石材

人造石材按生产所用原材料分为水泥型、树脂型、复合型、烧结型,按基体树脂分为 MMA 类(聚甲基丙烯酸甲酯为基体)、UPR 类(不饱和聚酯树脂为基体)。

人造石材的质量要求有以下几项:

- 尺寸偏差;
- 外观质量;
- 巴氏硬度;
- 落球冲击;
- 冲击韧性不小于 4 kg/m^2;
- 弯曲强度不小于 40 MPa,弯曲弹性模量不小于 6500 MPa;
- 耐污染性总和不得超过 64,最大污迹深度不大于 0.12 mm;
- 耐燃烧性;

● 耐加热性，试样表面无破裂、裂缝、起泡；

● 耐高温性，试样表面无破裂、裂缝、起泡。

(3)石材验收

石材进场时必须检查验收后才能使用，验收时必须检查出厂合格证和出厂检验报告。天然石材出厂检验报告中应包括尺寸偏差、平面度公差、角度公差、镜向光泽度、外观质量；人造石材出厂检验报告中应包括尺寸偏差、外观质量、巴氏硬度、落球冲击、耐燃烧性。

①天然花岗石的技术要求

● 普型板尺寸允许偏差见表 8-21。

表 8-21　普型板尺寸允许偏差　mm

项目		亚光面和镜面板			粗面板		
		优等品	一等品	合格品	优等品	一等品	合格品
长度、宽度		0～1.0			0～1.0		
厚度	≤	±0.5		±1.0	1.0～1.5		
	>	±1.0	±1.5	±2.0	1.0～2.0	±2.0	2.0～3.0

● 普型板平面度允许公差见表 8-22。

表 8-22　普型板平面度允许公差　mm

板材长度	亚光面和镜面板			粗面板		
	优等品	一等品	合格品	优等品	一等品	合格品
≤400	0.20	0.35	0.50	0.60	0.80	1.00
400～800	0.50	0.65	0.80	1.20	1.50	1.80
>800	0.70	0.85	1.00	1.50	1.80	2.00

● 普型板角度允许公差见表 8-23。

表 8-23　普型板角度允许公差　mm

板材长度	优等品	一等品	合格品
≤400	0.30	0.50	0.80
>400	0.40	0.60	1.00

● 外观质量：同一批板材的色调应基本调和，花纹应基本一致，板材正面的外观质量应符合表 8-24 的规定。

表 8-24　天然花岗石板材的外观质量

缺陷名称	规定内容	优等品	一等品	合格品
缺棱	长度不超过 10 mm，宽度不超过 1.2 mm（长度<5 mm、宽度<1.0 mm 不计），周边每米长允许个数（个）	不允许	1	2
缺角	沿板材边长，长度≤3 mm，宽度≤3 mm（长度≤2 mm、宽度≤2 mm 不计），每块板允许个数（个）			
裂纹	长度不超过两端顺延至板边总长度的 1/10（长度小于 20 mm 不计），每块板允许条数（条）			
色斑	面积不超过 15 mm×30 mm（面积小于 10 mm×10 mm不计），每块板允许个数（个）		2	3
色线	长度不超过两端顺延至板边总长度的 1/10（长度小于 40 mm 不计），每块板允许条数（条）			

注：干挂板材不允许有裂纹存在。

● 镜面板材的镜向光泽度应不低于 80 光泽单位或由供需双方协商确定。

②天然大理石的技术要求

● 普型板尺寸允许偏差见表 8-25。

表 8-25　普型板尺寸允许偏差　mm

项　目		等　级		
		优等品	一等品	合格品
长度、宽度		0～1.0		0～1.5
厚　度	≤12	±0.5	±0.8	±1.0
	>12	±1.0	±1.5	±2.0

● 普型板平面度允许公差见表 8-26。

表 8-26　普型板平面度允许公差　mm

板材长度	优等品	一等品	合格品
≤400	0.20	0.30	0.50
400～800	0.50	0.60	0.80
>800	0.70	0.80	1.00

● 普型板角度允许公差见表 8-27。

表 8-27　普型板角度允许公差　mm

板材长度	优等品	一等品	合格品
≤400	0.30	0.40	0.50
>400	0.40	0.50	0.70

● 外观质量:同一批板材的色调应基本调和,花纹应基本一致,板材正面的外观质量应符合表 8-28 的规定。

表 8-28　天然大理石板材的外观质量

缺陷名称	规定内容	优等品	一等品	合格品
缺棱	长度不超过 8 mm,宽度不超过 1.5 mm(长度≤4 mm、宽度≤1.0 mm 不计),每米长允许个数(个)	允许	1	2
缺角	沿板材边长,长度≤3 mm,宽度≤3 mm(长度≤2 mm、宽度≤2 mm 不计),每块板允许个数(个)		1	2
裂纹	长度超过 10 mm 的不允许条数(条)		0	0
色斑	面积不超过 600 mm²(面积小于 200 mm² 不计),每块板允许个数(个)		1	2
砂眼	直径在 2 mm 以下不明显		不明显	不影响装饰效果

注:板材允许黏结和修补,黏结和修补后应不影响装饰效果和物理性能。

镜面板材的镜向光泽度应不低于 70 光泽单位或由供需双方协商确定。

③人造石材的技术要求

● 尺寸偏差:长度、宽度、厚度偏差的允许值为规定尺寸的±0.3%。

● 对角线偏差:同一块板材对角线最大差值≤10 mm。

● 平整度:平整度公差的允许值应不大于规定厚度的 5%。

● 边缘不直度:板材边缘不直度≤1.5 mm/m。

● 外观质量应符合表8-29的规定。

表8-29 人造石材的外观质量

项 目	要 求
色泽	色泽均匀一致,不得有明显色差
板边	板材四边平整,表面不得有缺棱掉角现象
花纹图案	图案清晰、花纹明显;对花纹图案有特殊要求的,由供需双方商定
表面	光滑平整,无波纹、方料痕、刮痕、裂纹,不允许有气泡、杂质
拼接	拼接不得有缝隙

● 巴氏硬度:PMMA类≥58,UPR类≥50。

● 落球冲击:表面无破碎和碎片。

● 耐燃烧性:不得有明火燃烧或阴燃。

产品包装箱上应标有企业名称和地址、产品名称、型号规格、商标、数量、质量等级、生产日期、执行标准的编号和规格尺寸。

(4)建筑装饰石材的质量验收和储运

①天然石材:天然石材的优劣取决于原料的品质和加工工艺。优质的石材表面不含太多的杂色,布色均匀,没有忽浓忽淡的情况,而次质的石材经加工后会有很多无法弥盖的缺陷,因此石材表面的花纹色调是评价石材质量优劣的重要指标。如果加工技术和工艺不过关,加工后的成品就会出现翘曲、凹陷、色斑、污点、缺棱掉角、裂纹、色线、坑窝等现象。优质的天然石材应该是板材切割边整齐无缺角,面光洁、亮度高,用手摸没有粗糙感。工程上采购天然石材时除应注意以上几点外,还应注意石材背面是否有网络,出现这种情况的原因有两种:

● 石材本身较脆,必须加网络;

● 因偷工减料而使石材的厚度被削薄了,强度不够,所以加了网络。一般颜色较深的石材有网络多是这个原因。

天然石材应根据不同的部位使用不同的石材。在室内装修中,电视机台面、窗台台面、室内地面等适合使用大理石,而门槛、厨柜台面、室外地面、外墙适合使用花岗石。按不同使用部位确定放射性A、B、C类,应查看检验报告,并且应该注意检验报告的日期。由于同一品种的石材因矿点、矿层、产地的不同而使其放射性存在很大的差异,所以在选择和使用石材时不能单一只看一份检验报告,尤其是工程上使用时应分批或分阶段多次检测。

②人造石材:选择时应注意以下几个方面:

● 看表面。优质产品打磨抛光后表面晶莹光亮,色泽纯正,用手抚摸有天然石材的质感,无毛细孔;劣质产品表面发暗,光洁度差,颜色不纯,用手抚摸有毛细孔(对着光线45°斜视,有像针眼一样的气孔)。

● 优质产品具有较强的硬度和机械强度,用最尖锐的硬质塑料划其表面不会留下划伤;劣质产品质地较软,容易被划伤,而且容易变形。

● 优质产品容易打磨;加工开料时,劣质产品会发出刺鼻的味道。

● 把一块人造石材使劲往水泥地上摔,劣质人造石材会摔成粉碎的很多小块;优质人造石材顶多摔成两三块,若用力不够还能从地上弹起。

● 取一块细长的人造石材小条放在火上烧，劣质人造石材很容易燃烧，且燃烧得很旺；优质人造石材除非加上助燃的物质，否则不能燃烧，而且还能自动熄灭。

石材进入现场后应进行复检，天然石材同一品种、类别、等级的为一批；人造石材同一配方、同一规格和同一工艺参数的每 200 块为一批，不足 200 块以一批计。

天然石材运输过程中应防碰撞、滚摔，板材应在室内存放；在室外储存时应加遮盖，按板材的品种、规格、等级或装修部位分别码放，码放高度不超过 1.6 m；散置板材应直立堆垛，并使光面相对，顺序倾斜放置，倾斜度不大于 15°；底层与每层间需用弹性材料支垫。

人造石材应储存于阴凉、通风、干燥的库房内，距热源不小于 1 m。储存期超过六个月时，应重新检测后方可交付使用。

8. 现场包装物

现场材料的包装容器一般都有利用价值，如纸袋、麻袋、布袋、木箱、铁桶、瓷缸等。现场必须建立回收制度，保证包装品的成套、完整，提高回收率和完好率。对开拆包装的方法要有明确的规章制度，如铁桶不开大口、盖子不离箱、线封的袋子要拆线、粘口的袋子要用刀割等。要健全领用和回收的原始记录，对回收率、完好率进行考核，对用量大、易损坏的包装物(例如水泥纸袋等)实行回收奖励制度。

8.2.3 现场材料发放和使用管理方法

1. 现场材料发放

(1)现场材料发放依据

现场材料发放的依据是下达给施工班组和专业施工队的班组作业计划(任务书)，根据任务书上签发的工程项目和工程量计算出材料用量，并且办理材料领发手续。

①工程用料的发放，包括大堆材料、主要材料及成品、半成品材料的发放。凡属于工程用料的必须以限额领料单作为发料依据。但在实际生产过程中，因各种原因导致变化很多，造成工程量增加或减少，使用的材料也发生变更，造成限额领料单不能及时下达。此时应由工长填制项目经理审批的工程暂借用料单(见表 8-30)，并在 3 日内补齐限额领料单，交到材料部门作为正式发料凭证，否则停止发料。

表 8-30　　工程暂借用料单

班组______　　工程名称________　　工程量________

施工项目____________　　年　月　日

材料名称	规格	计量单位	应发数量	实发数量	原因	领料人

项目经理(主管工长)：　　发料：　　定额员：

②工程暂设用料的发放，包括大堆材料及主要材料的发放。凡属于施工组织设计以内的，按工程用料一律以限额领料单作为发料依据。施工设计以外的临时零星用料，凭工长填制、项目经理审批的工程暂设用料申请单(见表 8-31)办理领发手续。

表 8-31 工程暂设用料申请单

单位：________

班组：________ 年 月 日 编号________

材料名称	规格	计量单位	请发数量	实发数量	用途

项目经理(主管工长)： 发料： 定额员：

③对于调出项目以外其他部门或施工项目的材料，凭施工项目材料主管人签发或上级主管部门签发，项目材料主管人员批准的材料调拨单(见表 8-32)发料。

表 8-32 材料调拨单

________号 收料单位________

年 月 日 发料单位________

材料名称	规格	单位	请发数量	实发数量	实际价格		计划价格		备注
					单价	金额	单价	金额	
合计									

主管： 收料： 发料： 制表：

④行政及公共事务用料的发放，包装大堆材料、主要材料及剩余材料的发放。根据批准的用料计划到材料部门领料，并且办理材料调拨手续。

(2)现场材料发放程序

①将施工预算或定额员签发的限额领料单下达到班组。工长在对班组交代生产任务的同时，也要做好用料的交底工作。

②班组料具干事持限额领料单向材料保管员领料。材料保管员经核定工程量、材料品种、规格、数量等无误后，将限额领料单交给领料员和仓库保管员。

③班组凭限额领料单领用材料，仓库依此发放材料。发料时应以限额领料单为依据限量发放，可直接记在限额领料单上，也可开领料小票，双方签字认证，见表 8-33。若一次开出的领料量较大而需多次发放时，应在发放记录上逐日记载实领数量，由领料人签认，见表 8-34。

表 8-33 领料单

工程名称________ 班组________

工程项目________ 年 月 日 用途________

材料编号	材料名称	规格	单位	数量	单价	金额

材料保管员： 领料人： 材料核算员：

表 8-34 发放记录

栋号____________

班组____________ 年 月 日 计量单位：____________

任务书编号	日期	工程项目	发放量	领料人	任务书编号	日期	工程项目	发放量	领料人

主管： 保管员：

④当领用数量达到或超过限额数量时，应立即向主管工长和材料部门主管人员说明情况，分析原因并采取措施。若限额领料单不能及时下达，则应凭工长填制并由项目经理审批的工程暂借用料单，办理因超耗及其他原因造成多用材料的领发手续。

(3)现场材料发放方法

在现场材料管理中，各种材料的发放程序基本相同，而发放方法则因品种、规格的不同而有所不同。

①大堆材料：主要有砖、瓦、灰、砂、石等材料，一般是露天存放且多工种使用。按照材料管理要求，大堆材料的进出场及现场发放都要进行计量检测。这样做既可以保证施工工程的质量，也可保证材料进出场及发放数量的准确性。发放大堆材料除按限额领料单中确定的数量发放外，还应做到在指定的料场清底使用。对于混凝土、砂浆所使用的砂、石，应按配合比进行计量控制发放。也可以按混凝土、砂浆不同强度等级的配合比分盘计算发料的实际数量，因此要做好分盘记录和办理领发手续。

②主要材料：包括水泥、钢材、木材三大材料。主要材料一般是在库房发放或是在指定的露天料场和大棚内保管存放，由专职人员办理领发手续。主要材料的发放要凭限额领料单(任务书)领发料，还要根据有关的技术资料和使用方案进行发放。

③成品及半成品材料：主要包括混凝土构件、钢木门窗、铝合金门窗、塑钢门窗、金铁件及成型钢筋等材料。一般在指定的场地和大棚内存放，由专职人员管理和发放。发放时凭限额领料单及工程进度办理领发手续。

(4)应注意的问题

对现场材料管理的薄弱环节需做好以下几方面工作：

①提高材料人员的业务素质和管理水平，应对工程概况、施工进度计划、材料性能及工艺要求有所了解，便于配合施工生产。

②根据施工生产需要，按照国家计量法的规定配备足够的计量器具，严格执行材料进场及发放的计量检测制度。

③在材料发放过程中认真执行定额用料制度，核实工程量、材料的品种、规格及定额用量，以免影响施工生产。

④严格执行材料管理制度，大堆材料清底使用，水泥早进早发，装饰材料按计划配套发放，以免造成浪费。

⑤对价值较高及易损坏、易丢失的材料，发放时领发双方需当面点清、签字认证，并做好发放记录。同时要实行承包责任制，防止丢失损坏，以免重复领发料。

2. 材料的使用

(1)材料使用依据

现场耗用材料的依据是根据施工班组和专业施工队所持的限额领料单(任务书)到材料部门领料时所办理的不同领料手续。常见的有两种:一是领料单(小票);二是材料调拨单。

(2)材料使用程序

现场耗料过程是材料核算管理的重要组成部分。根据材料的分类以及材料的使用去向应采取不同的耗料程序。

工程耗用材料包括大堆材料、主要材料及成品、半成品材料等。其耗料程序是根据领料凭证(任务书)所发出的材料经核算后,对照领料单进行核实,按实际工程进度计算材料的实际耗料数量。由于设计变更、工序搭接而造成材料超耗的,也要如实记入耗料台账,便于工程结算,见表 8-35。

表 8-35 ______________**耗料台账**

工程名称: 结构: 层数: 面积:

开工日期 年 月 日 竣工工期 年 月 日

材料名称	计量单位	包干指标		上年结转		分月耗料数量																							
		原指标	调整	预算	实际	月		月		月		月		月		月		月		月		月		月		月		月	
						预算	实际	预算	实际	预算	实际	预算	实际	预算	实际	预算	实际	预算	实际	预算	实际	预算	实际	预算	实际	预算	实际	预算	实际

(3)材料耗用计算方法

根据现场耗用的过程,为了使工程取得较好的经济效益,使材料得到充分利用,保证施工生产,应根据材料不同的种类、型号分别采取不同的耗料计算方法。

大堆材料一般露天存放,不便于随时计数,耗料一般可采取两种方法:一是实行定额耗料,按实际完成工作量计算出材料用量,并结合盘点计算出月度耗料数量;二是根据混凝土、砂浆配合比和水泥耗用量计算其他材料用量,并按项目逐日记入材料发放记录,到月底累计结算,作为月度耗料数量。有条件的现场可采取进场划拨,结合盘点进行耗料计算。

主要材料一般是库发材料,根据工程进度计算实际耗料数量。例如:标砖的耗料根据月度实际进度、部位,以实际工程量为依据计算其需用量,然后根据按实际使用数量开具的领料小票或按实际使用量逐日记载的标砖发放记录累计结算,作为标砖的耗料数量。

成品及半成品材料一般是库发材料或是在指定的露天料场和大棚内进行管理发放的材料。这种材料一般采用按工程进度、部位进行耗料计算,也可按配料单或加工单进行计算,求得与当月进度相适应的数量,作为当月的耗料数量。

(4)材料耗用中应注意的问题

现场耗料是保证施工生产、降低材料消耗的重要环节,切实做好现场耗料工作是搞好项目承包的根本保证,为此应做好以下工作:

①加强材料管理制度,建立健全各种台账,严格执行限额领料和料具管理规定。

②分清耗料对象,按照耗料对象分别记入成本。对于分不清的,例如群体工程同时使用

一种材料，可根据实际总用量，按定额和工程进度适当分解。

③严格保管原始凭证，不得任意涂改耗料凭证，以保证耗料数据和材料成本的真实可靠。

④建立相应的考核制度，对材料耗用要逐项登记，避免乱摊、乱耗，保证耗料的准确性。

⑤加强材料使用过程中的管理，认真进行材料核算，按规定办理发料手续，为推广项目的承包打好基础。

8.2.4 加强材料消耗管理，降低材料消耗额

建筑企业的成本降低额大部分来自材料采购成本的节约和降低材料消耗，特别是现场材料消耗量的降低。

1. 加强施工管理，采取技术措施节约材料

(1)节约水泥的措施：优化混凝土配合比(选择合理的水泥标号；在级配相同的情况下选用粒径最大的可用石料；掌握好合理的砂率；控制水灰比)；合理掺用添加剂；充分利用水泥活性及其富余系数；添加粉煤灰。

(2)木材的节约措施：以钢代木；改进支撑办法；优材不劣用；长料不短用；以旧料代新料；综合利用。

(3)钢材的节约措施：集中下料，合理加工；控制好钢筋搭接长度；利用短料旧料；避免以大代小、以优代劣。

2. 加强材料管理，降低材料消耗，提高企业管理水平

(1)加强基础条件管理是降低材料消耗的基本条件。

(2)合理供料、一次就位，减少二次搬运和堆放损失。

(3)开展文明施工，确保现场材料不零乱。

(4)回收利用，修旧利废。

(5)加速料具周转，节约材料资金。

(6)定期进行经济活动分析，揭露浪费，填塞漏洞。

3. 实行材料节约奖励制度，提高节约材料的积极性

实行材料节约奖励制度，可按节约额的比例奖励操作人员，也可在节约奖励标准中规定超耗惩罚标准，控制材料超耗。

实行材料节约奖励制度必须具备：合理的材料消耗定额，严格的材料收发制度，完善的材料消耗考核制度，稳定的工程质量，材料节约奖励办法(可根据表8-36～表8-40来制定)。

表8-36 材料进场登记表

工程名称＿＿＿＿＿＿＿＿ ＿＿＿＿＿＿年度

序号	日期	材料名称	规格型号	单位	数量	供货单位	检验状态	收料人	备注

材料员： 保管员：

表 8-37 **限额领料登记表**

工程名称________ ________年度

日期	材料名称	规格数量	单位	数量		节超记录		使用班组	领料人
				定额	领用	节余	超支		

材料员： 保管员：

表 8-38 **现场料具管理检查、整改记录表**

________工程项目部 年 月 日

参加检查人员：

存在问题(隐患)：

整改措施：

落实人：

复查结论：

复查人：

记录人：

表 8-39 **竣工工程材料用量结算汇总表**

工程名称： 建筑面积：

主要材料名称	单位	规格	实际总用量	与计划比节超	其中		实际	
					工程用	临设用	其他用量	单方用量
水泥(例)	t	p.o42.5						
	t	p.o52.5						
会签栏	主管经理			项目经理				
	预算主管			预算员				

表 8-40　　竣工工程材料结算报告

工程名称			
建筑面积			
合同指标额			
实际完成额			
节超额			
上报部门签认		项目经理	
公司经营主管		材料部门主管	

复习思考题

1. 解释基本概念:现场材料管理。
2. 简述现场材料管理的原则和内容。
3. 现场材料管理各阶段有哪些主要管理内容?
4. 简述现场材料一般性验收的方法。
5. 简述几项主要材料的验收保管方法。
6. 简述现场材料发放程序、发放依据和发放方法。
7. 简述降低材料消耗的主要途径。
8. 如何加强施工管理? 可采取何种技术措施节约水泥?
9. 仓库盘点时应达到哪"三清"、"三有"、"三对"?
10. 单选题

(1)现场材料验收是材料进入现场的(　　)。

A. 第一关　　B. 关口　　C. 第二关　　D. 重要内容

(2)现场材料管理的中心环节是(　　)。

A. 材料消耗过程的材料管理　　B. 施工准备阶段的材料管理

C. 施工收尾阶段的材料管理　　D. 施工过程的材料管理

(3)钢材的数量验收形式是(　　)。

A. 检磅计重　　B. 按体积计算　　C. 检尺、检斤计重　　D. 点数

(4)现场材料验收工作发生在(　　)。

A. 施工准备阶段　　B. 施工全过程　　C. 施工收尾阶段　　D. 基础施工阶段

(5)对需要办理经济签证的材料,一般是(　　),一事一单逐项办理。

A. 先接收后签证　　B. 先签证后接收

C. 接收、签证不分先后　　D. 先接收,以后需要时再补办签证

(6)水泥码垛时,一般码放(　　)袋。

A. 20　　B. 15　　C. 10　　D. 5

11. 多选题

(1)现场材料一般性验收工作的内容有(　　)及验收问题的处理。

A. 验收准备　　B. 核对凭证

C. 质量验收和数量验收　　D. 验收手续　　E. 资料验收

(2)现场材料管理工作一般划分为以下几个阶段:(　　)。

A. 施工前的准备工作　　B. 施工过程中的组织与管理

C. 工程竣工收尾和施工现场转移的管理　　D. 竣工验收　　E. 清库

第9章 周转材料及工具管理

9.1 周转材料的管理

9.1.1 周转材料的概念

周转材料是指在施工生产中可以反复使用而又基本保持其原有形态,有助于产品形成但不构成产品实体的各种特殊材料。

周转材料就其作用看属于劳动资料,在使用过程中不构成建筑产品实体,而是在多次反复使用过程中逐步磨损和消耗。周转材料是一种工具性质的特殊材料。因其在预算取费、财务核算及采购等管理上被列入“材料”项目,故称之为周转材料。

周转材料及工具与一般建筑材料相比,其价值转移方式不同。建筑材料的价值一次性全部转移到建筑产品价格中,并从销售收入中得到补偿;周转材料及工具依据在使用中的磨损程度,逐步转移到产品价格中,从销售收入中逐步得到补偿。垫支在周转材料及工具上的资金,一部分随着价值转移脱离实物形态而转化成货币形态;另一部分则继续存在于实物形态中,随着周转材料及工具的磨损,最后全部转化为货币准备金而脱离实物形态。

周转材料及工具由于单位价值较低且使用周期短,故将其视为特殊材料归材料部门管理,而不列为固定资产进行管理。

9.1.2 周转材料的分类

施工生产中常用的周转材料包括定型组合钢模板、滑升模板、胶合板、木模板、竹木脚手架、钢管脚手架、安全网、挡土板等。

1. 按周转材料的自然属性分类

(1)钢制品,如钢模板、钢管脚手架等。

(2)木制品,如木脚手架、木跳板、木挡土板、木制混凝土模板等。

(3)竹制品,如竹脚手架、竹跳板等。

(4)胶合板,如竹胶合板、木制胶合板等。

2. 按周转材料的使用对象分类

(1)混凝土工程用周转材料,如钢模板、木模板、竹胶合板等。

(2)结构及装饰工程用周转材料,如脚手架、跳板等。

(3)安全防护用周转材料,如安全网、挡土板等。

9.1.3 周转材料管理的内容

1. 周转材料的使用管理

周转材料的使用管理指为了保证施工生产顺利进行或有助于建筑产品的形成而对周转材料进行拼装、支搭、运用以及拆除的作业过程的管理。

2. 周转材料的养护管理

周转材料的养护管理指例行养护,包括除去灰垢及涂刷防锈剂或隔离剂,以保证周转材料处于随时可投入使用状态的管理。

3. 周转材料的维修管理

周转材料的维修管理指对损坏的周转材料进行修复,使其恢复或部分恢复原有功能的管理。

4. 周转材料的改制管理

周转材料的改制管理指对损坏或不再使用的周转材料,按照新的要求改变其外形的管理。

5. 周转材料的核算管理

周转材料的核算管理即对周转材料的使用状况进行反映和监督。按材料核算工作的性质划分,包括会计核算、统计核算和业务核算三种方式。

(1)会计核算

会计核算以货币为尺度,是计算和考核材料供应和使用过程经济效果的重要工具。它的特点是连续性、系统性强,便于综合比较。会计核算通过记录、整理、汇总、决算程序反映材料资金的运动变化,考核材料资金的运用、费用开支及各种成本及利润的效果。它主要反映周转材料投入和使用的经济效果及摊销状况,是资金(货币)的核算。

(2)统计核算

统计核算一般采用实物形态,并借助于数量来反映和监督材料供应和使用的经营活动情况,如材料供应量、库存量、节约量以及各种材料的节约率等。它主要反映数量规模、使用状况和使用趋势,是数量的核算。

(3)业务核算

业务核算是材料部门等根据实际需要和业务特点而进行的核算,它既有资金的核算,也有数量的核算。业务核算是一种局部核算,既可以采用价值形式,也可以采用实物形态,是会计核算和统计核算的基础,它比会计核算的范围、内容更加广泛,例如部门的指标分管、班组的工料核算等。

在实际工作中,无论是货币的会计核算还是实物的统计核算和业务核算,无论是供应过程的核算还是使用过程的核算,都必须互为条件、互相制约,形成一个有机的核算网,才能实现材料核算的目的,以最少的劳动消耗取得最大的经济效果。

9.1.4 周转材料的管理方法

周转材料的管理方法很多,如租赁法、费用承包法、实物量承包法等。

1. 周转材料的租赁法

(1)租赁的概念

租赁是指在一定期限内,产权的拥有方向使用方提供材料的使用权,但不改变所有权,双方各自承担一定的义务、履行契约的一种经济关系。实行租赁制度必须将周转材料的产权集中进行统一管理,这是前提条件。

(2)周转材料租赁管理的内容

①根据周转材料的市场价格变化及摊销额度要求测算租金标准,使之与工程周转材料费用收入相适应。其测算方法是:

$$日租金=\frac{月摊销费+管理费+保养费}{月度日历天数}$$

式中,管理费和保养费均按周转材料原值的一定比例计取,一般不超过原值的2%。

②签订租赁合同,在合同中应明确以下内容:

- 租赁的品种、规格、数量,并附有租用品明细表以便查核;
- 租用的起止日期、租用费用以及租金结算方式;
- 使用要求、质量验收标准和赔偿办法;
- 双方的权利和义务;
- 违约责任的追究和处理。

③考核租赁效果。找到问题,采取措施提高租赁管理水平。考核指标如下:

- 出租率

$$某种周转材料的出租率=\frac{期内平均出租数量}{期内平均拥有量}\times100\%$$

其中:

$$期内平均出租数量=\frac{期内租金收入}{期内单位租金}$$

式中,期内平均拥有量是以天数为权数的各阶段拥有量的加权平均值。

- 损耗率

$$某种周转材料的损耗率=\frac{期内损耗量总金额}{期内出租数量总金额}\times100\%$$

- 周转次数(主要考核组合钢模板)

$$年周转次数=\frac{期内钢模支模面积(m^2)}{期内钢模平均拥有量(m^2)}$$

(3)周转材料租赁核算的内容

①周转材料的租用:项目确定使用周转材料后,应根据使用方案制订需要计划,由专人同租赁部门签订租赁合同,并做好周转材料进入施工现场的各项准备工作,如存放及拼装场地等。租赁部门必须按合同保证配套供应并登记《周转材料租赁台账》,见表9-1。

表9-1　　周转材料租赁台账

租用单位＿＿＿＿＿＿＿＿

工程名称＿＿＿＿＿＿＿＿

租用日期		名　称	规格型号	计量单位	租用数量	合同中止日期	合同编号
月	日						

②周转材料的验收和赔偿：租赁部门应对退库周转材料进行外观、数量、质量验收，如有丢失损坏应由租用单位按照租赁合同的规定赔偿。赔偿标准一般可参照以下原则：对丢失或严重损坏的（指不可修复的，如管体有死弯、板面严重扭曲等）按原值的50%赔偿；一般性损坏（指可修复的，如板面打孔、开焊等）按原值的30%赔偿；轻微损坏（指不需使用机械修复的）按原值的10%赔偿。租用单位退租前必须清除混凝土灰垢，以便为验收创造条件。

③周转材料的租金结算：租金的结算期限一般自提运的次日起至退租之日止，租金按日历天数逐日计取，按月结算。租用单位实际支付的租赁费用包括租金和赔偿费两项。

$$租赁费用=\sum(租用数量\times相应日租金\times租用天数+丢失损坏数量\times相应原值\times相应赔偿率)$$

根据结算结果由租赁部门填制《租金及赔偿结算单》，见表9-2。

表9-2　　租金及赔偿结算单

租用单位________

工程名称________　　　　合同编号________

名称	规格型号	计量单位	租用数量	租金				赔偿费		金额合计
				退库数量	租用天数	日租金	金额	赔偿数量	金额	
合　计										

制表：　　　　租用单位经办人：　　　　结算日期：

2. 周转材料的费用承包法

周转材料的费用承包是适应项目法施工的一种管理形式，或者说是项目法施工对周转材料管理的要求。它以单位工程为基础，按照预定的期限和一定的方法测定一个适当的费用额度交由承包者使用，实行节奖超罚管理。

(1)周转材料承包费用的确定

①周转材料承包费用的收入：即承包者所接受的承包额。承包额有两种确定方法，一种是扣额法，另一种是加额法。扣额法指按照单位工程周转材料的预(概)算费用收入，扣除规定的成本降低额后剩余部分费用收入；加额法是指根据施工方案所确定的使用数量，结合额定周转次数和计划工期等因素所限定的实际使用费用，加上一定的系数额作为承包者的最终费用收入。所谓系数额是指一定历史时期的平均耗费系数与施工方案所确定的费用收入的乘积。公式如下：

$$扣额法费用收入=预(概)算费用收入\times(1-成本降低率)$$

$$加额法费用收入=施工方案确定的费用收入\times(1+平均耗费系数)$$

其中：

$$平均耗费系数=\frac{实际耗用量-定额耗用量}{实际耗用量}$$

②周转材料承包费用的支出：在承包期限内所支付的周转材料使用费(租金)、赔偿费、运输费、二次搬运费以及支出的其他费用之和。

(2)周转材料费用承包管理办法的内容

①周转材料承包协议的签订。承包协议是对承、发包双方的责、权、利进行约束的内部法律文件,一般包括工程概况、应完成的工程量、需用周转材料的品种、规格、数量及承包费用、承包期限、双方的责任与权力、不可预见问题的处理以及奖罚等内容。

②周转材料承包额的分析。首先要分解承包额。承包额确定之后,应进行大略的分解,以施工用量为基础将其还原为各个品种的承包费用,例如将费用分解为钢模板、焊管等品种所占的份额。其次要分析承包额。实际工作中,常常是对不同品种的周转材料分别进行承包,或只承包某一品种的费用。这就需要对承包效果进行预测,并根据预测结果提出有针对性的管理措施。

③周转材料费用承包的准备。根据承包方案和工程进度认真编制周转材料的需用计划,注意计划的配套性(品种、规格、数量及时间的配套),要留有余地,不留缺口。

根据配套数量同企业租赁部门签订租赁合同,积极组织材料进场并做好进场前的各项准备工作,包括选择、平整存放、拼装场地、开通道路等,对现场狭窄的栋号应做好分批进场的时间安排,或事先另选存放场地。

(3)周转材料费用承包效果的考核

周转材料的承包期满后要对承包效果进行严肃认真的考核、结算和奖罚。

提高承包经济效果的基本途径有两条:

①在使用数量既定的条件下努力提高周转次数;

②在使用期限既定的条件下努力减少占用量,同时应减少丢失和损坏数量,积极实行和推广组合钢模板的整体转移,以减少停滞、加速周转。

3. 周转材料的实物量承包法

周转材料实物量承包的主体是施工班组,也称班组定包。它是指项目班子(项目经理部)或施工队根据使用方案按定额数量给班组配备周转材料,规定损耗率,由班组承包使用,实行节奖超罚的管理办法。

周转材料实物量承包是费用承包的深入和继续,是保证费用承包目标值的实现和避免费用承包出现断层的管理措施。

(1)定包数量的确定

下面以组合钢模板为例来说明定包数量的确定方法。

①模板用量的确定:根据费用承包协议规定的混凝土工程量编制模板配模图,据此确定模板计划用量,加上一定的损耗量即为交由班组使用的承包数量。公式如下:

$$模板定包数量(m^2)=计划用量(m^2)\times(1+定额损耗率)$$

式中,定额损耗率一般不超过1%。

②零配件用量的确定:零配件定包数量根据模板定包数量来确定。每万平方米模板零配件的用量分别为:

U形卡:140000件;插销:300000件;

内拉杆:12000件;外拉杆:24000件;

三型扣件:36000件;勾头螺栓:12000件;

紧固螺栓:12000件。

$$零配件定包数量(件)=计划用量(件)\times(1+定额损耗率)$$

其中：

$$计划用量(件)=\frac{模板定包数量(m^2)}{10000(m^2)}\times相应配件用量(件)$$

(2)定包效果的考核和核算

定包效果的考核主要是损耗率的考核，即用定额损耗量与实际损耗量相比，如有盈余为节约，反之为亏损。如实现节约则全额奖给定包班组，如出现亏损则由班组赔偿全部亏损金额。公式如下：

$$奖罚金额=定包数量\times原值\times(定额损耗率-实际损耗率)$$

其中：

$$实际损耗率=\frac{实际损耗数量}{定包数量}\times100\%$$

根据定包及考核结果填制《班组定包结算单》(见表9-3)，对定包班组兑现奖罚。

表9-3 班组定包结算单

单位：________ 班组：________ 编号：________

材料名称	规格型号	计量单位	计划单价	定包数量总金额	定额损耗总金额	实际损耗总金额	奖(+)罚(-)金额

主管： 制表： 财务： 班组： 制表日期：

4. 周转材料的租赁、费用承包和实物量承包三者之间的关系

周转材料的租赁、费用承包和实物量承包是三个不同层次的管理，它们是有机联系的统一整体。实行租赁办法是企业对分公司或施工队所进行的费用控制和管理；实行费用承包是分公司或施工队对单位工程或承包栋号所进行的费用控制和管理；实行实物量承包是单位工程或承包栋号对使用班组所进行的数量控制和管理，这样便形成了既有不同层次、不同对象，又有费用和数量的综合管理体系。因此，在降低企业周转材料费用消耗的同时应该搞好这三个层次的管理。

限于企业的管理水平和各方面的条件，在管理初步阶段，可于三者之间任选其一。但如果实行费用承包则必须同时实行实物量承包，否则费用承包易出现断层，进而出现“以包代管”的状况。

9.1.5 几种常用的周转材料管理方法

1. 木模板的管理

木模板用于混凝土构件的成型，它可以拼成各种形状的模子，使浇灌的混凝土成为各种需要的形状。木模板是建筑企业常用的周转材料。

(1)制作和发放

木模板一般采用统一配料、制作、发放的管理方法。现场要用木模板应事先提出计划需用量，由木工车间统一配料制作，发放给使用单位。

(2)保管

木模板可以多次使用，使用中的保管维护由使用单位负责，包括安装、拆卸、整理等工作。实行节约有奖、超耗受罚的经济责任制。

木模板的管理实行“四统一”、“四包”管理法。“四统一”的集中管理法即统一管理、统一配料、统一制作、统一回收，无条件统一制作的也可“三统一”。“四包”即班组包制作、包安装、包拆除、包回收。

(3)核算

木模板在使用过程中会产生一定量的损耗，要按损耗程度计价核算。

①定额摊销法：按完成的混凝土实物工程量和定额摊销计价。用这种核算方法一定要分清发放和回收的木模板的新旧成色，按新旧成色计价。

②租赁法：按木模板的材质、规格、成色等分别制定租赁标准，使用单位租用期间按标准核算租赁费用，作为计价依据。

③五五摊销法：即新木料制作的模板，第一次投入使用摊销原值的50%，余下的50%价值到报废时再行摊销。

另外还有原值摊销法、余额摊销法等。

2. 组合钢模板的管理

组合钢模板是按模数制原理设计制作的钢制模板。其主要优点是质量轻，便于搬运，使用灵活，配备标准，便于拼装成各种模型，通用性强。组合钢模板主要由钢模板和配套件组成，其中钢模板视其使用部位分为平面模板、转角模板、梁腿模板、搭接模板等。

组合钢模板使用期长、磨损小，在管理和使用中通常采用租赁的方法。租赁一般要进行以下工作：确定管理部门，一般集中在分公司一级；核定租赁标准，按日(旬、月)确定各种规格模板及配件的租赁费用；确定使用中的责任，如使用者负责清理、整修、涂油、装箱等；制定奖惩办法。

租用模板应办理相应的手续，通常需签订租用合同，见表9-4。

表9-4　组合钢模板租用合同

供应方：　　　　年　月　日　　　　租用方：

品种	规格	单位	数量	起用日期	停用日期	租用时间(天)	租用金额		备注
							单价(元/天)	合计(元)	

租方：　　　　供方：

经办人：　　　　经办人：

注：本合同一式　　份，双方签字盖章后生效。

租赁标准即租金，应根据周转材料的市场价格变化及摊销要求测算，使之与工程周转材料费收入相适应。测算公式为

$$组合钢模板日租金=\frac{月摊销费+月管理费+月保管费}{月度日历天数}$$

3. 脚手架的管理

脚手架是建筑施工中不可缺少的重要周转材料。脚手架的种类很多，主要有木脚手架、竹脚手架、钢管脚手架、门式脚手架、角钢脚手架、金属吊篮架等。其中木脚手架和竹脚手架限于资源问题以及绑扎工艺落后，现已较少使用，目前大量使用的是各种钢制脚手架。

钢制脚手架的磨损小、使用期长，多数企业都采取租赁的管理方式(具体方法和组合钢

模板类似),集中管理和发放,提高利用率。

钢制脚手架使用中的保管工作十分重要,是保证正常使用的先决条件。为防止生锈,钢管要定期刷漆,各种配件要经常清洗上油,延长使用寿命;每使用一次都要清点维修,弯曲的钢管要矫正;拆卸时不允许高空抛摔,各种配件拆卸后要定量装箱,防止丢失。

9.1.6 降低周转材料租赁费的措施

1. 正确确定出租方

选择能良好配合的出租方可节省协调时间和费用,降低周转材料的使用费。

2. 正确确定租赁和归还的时间、数量

正确确定租赁和归还的时间、数量可避免周转材料的闲置或不足,降低周转材料的使用费。

3. 加快施工进度

加快施工进度可减少周转材料的占用时间,降低周转材料的使用费。

4. 做好现场管理工作

做好现场管理工作可减少周转材料的丢失、损坏,降低周转材料的使用费。

9.2 工具的管理

9.2.1 工具的概念

工具是人们用以改变劳动对象的手段,是生产力要素中的重要组成部分。

由于工具具有多次使用及在劳动生产中能长时间发挥作用等特点,因此工具管理的实质是使用过程中的管理,是在保证生产适用的基础上延长使用寿命的管理。工具管理是施工企业材料管理的组成部分,工具管理的好坏将直接影响施工能否顺利进行以及劳动生产率和成本的高低。

9.2.2 工具的分类

目前建筑施工生产仍以手工操作为主,这就决定了施工工具不仅品种多,而且用量大。建筑企业的工具消耗一般约占工程造价的2%,因此,搞好工具管理对提高企业的经济效益很重要。为了便于管理,可将工具按不同内容进行分类。

1. 按工具的价值和使用期限分类

(1)固定资产性工具:指使用年限一年以上,单价在规定限额(一般为1000元)以上的工具,如50 t以上的千斤顶、测量用的水准仪等。

(2)低值易耗工具:指使用期限及价值均低于固定资产标准的工具,如手电钻、灰槽、苫布、扳手、灰桶等。这类工具量大复杂,占企业生产工具总价值的60%以上。

(3)消耗性工具:指价值较低(一般单价在10元以下)、使用寿命很短、重复使用次数很少且无回收价值的工具,如铅笔、扫帚、油刷、锹把、锯片等。

2. 按工具的使用范围分类

(1)专用工具:指为某种特殊需要或完成特定作业项目所使用的工具,如公斤扳手、量卡具以及根据需要而自制或定购的非标准工具等。

(2)通用工具:指使用广泛的定型产品,如各类扳手、钳子等。

3. 按工具的使用方式和保管范围分类

(1)个人随手工具:指在施工生产中使用频繁、体积小、便于携带而交由个人保管的工具,如砖刀、抹子等。

(2)班组共用工具:指在一定作业范围内为一个或多个施工班组所共同使用的工具。它包括两种情况:一是在班组内共同使用的工具,如胶轮车、水桶等;二是在班组之间或工种之间共同使用的工具,如水管、搅灰盘、磅秤等。

4. 按工具的产权范围分类

按产权将工具划分为自有工具、私有(个人拥有)工具、借入工具、租赁工具等。

9.2.3 工具管理的内容

1. 工具储存管理

工具验收后入库,按品种、质量、规格、新旧残废程度分开存放。同样的工具不得分存两处,成套工具不得拆开存放,不同工具不得叠压存放。制定工具的维护保养技术规范,如防锈、防刃口碰伤、防易燃物品自燃、防雨淋和日晒等。对损坏的工具应及时修复,以延长工具使用寿命,使之处于随时可投入使用的状态。

2. 工具发放管理

按工具费定额发出的工具,要根据品种、规格、数量、金额和发出日期登记入账,以便考核班组执行工具费定额的情况。出租或临时借出的工具要做好详细记录并办理有关租赁和借用手续,以便按期、按质、按量归还。坚持执行"交旧领新"、"交旧换新"和"修旧利废"等行之有效的制度,做好废旧工具的回收、修理工作。

3. 工具使用管理

根据不同工具的性能和特点制定相应的工具使用技术规范和规则,监督、指导班组按照工具的用途和性能进行合理使用。

9.2.4 工具的管理方法

1. 工具租赁法

工具租赁是在一定的期限内,工具的所有者在不改变所有权的条件下,有偿地向使用者提供工具的使用权,双方各自承担一定的义务、履行一定契约的一种经济关系。工具租赁的管理方法适合于除消耗性工具和实行工具费补贴的个人随手工具以外的所有工具品种。企业对生产工具实行租赁的管理方法需进行以下几步工作:

(1)建立正式的工具租赁机构,确定租赁工具的品种范围,制定相关的规章制度,并设专人负责办理租赁业务。班组也应指定专人办理租用、退租及赔偿事宜。

(2)测算租赁单价。租赁单价可按照工具的日摊销费(日租金额)确定。计算公式如下:

$$\text{某种工具的日租金} = \frac{\text{该种工具的原值} + \text{采购、维修、管理费}}{\text{使用天数}}$$

式中:采购、维修、管理费按工具原值的一定比例计算,一般为原值的1%~2%;使用天数可按本企业的历史水平计算。

(3)工具出租者和使用者应签订租赁协议(或合同),协议的内容及格式见表9-5。

表9-5 **工具租赁合同**

编号:

根据×××××工程施工需要,租方向供方租用如下一批工具:

名称	规格	单位	需用数	实租数	备　注

租用时间:自　　年　　月　　日起至　　年　　月　　日止,租金标准、结算办法及有关责任事项均按工具租赁管理办法办理。

本合同一式　　份(双方管理部门　　份;财务部门　　份),双方签字盖章生效,退租结算清楚后失效。

租用单位:　　　　负责人:　　　　供应单位:　　　　负责人:

年　　月　　日

(4)根据租赁协议,租赁部门将出租工具的有关事项登入《租金结算台账》,见表9-6。

表9-6 **工具租金结算台账**

施工队:　　　　建设单位:　　　　单位工程名称:

工具名称	规格	单位	租用数量	计费时间		计费天数	租金计算	
				起	止		每日(元)	合计(元)
总　计	万　仟　佰　拾　元　角　分							

租用单位:　　　　负责人:　　　　供应单位:　　　　负责人:

年　　月　　日

(5)租用期满后,租赁部门根据《租金结算台账》填写《租金及赔偿结算单》,见表9-7。如发生工具的损坏或丢失,将损坏或丢失金额一并填入该单的“赔偿费”栏内。结算单中的“合计金额”等于“租赁费”和“赔偿费”之和。

表9-7 **租金及赔偿结算单**

合同编号:____________　　　　编号:____________

工具名称	规格	单位	租金			赔偿费						合计金额
			租用天数	日租金	租赁费	原值	损坏量	赔偿比例	丢失量	赔偿比例	金额	

(6)班组用于支付租金的费用来源是定包工具费收入和固定资产工具及大型低值易耗工具的平均占用费,公式如下:

班组租赁费收入=定包工具费收入+固定资产工具和大型低值易耗工具平均占用费

其中：

$$固定资产工具和大型低值易耗工具平均占用费=该种工具摊销额\times月利用率$$

班组所付租金从班组租赁费收入中核减，财务部门查收后作为班组工具费支出，计入工程成本。

2. 工具的定包管理方法

工具定包管理是“生产工具定额管理、包干使用”的简称，是指施工企业对其自有班组或个人使用的生产工具按定额数量配给，由使用者包干使用，实行节奖超罚的管理方法。

工具定包管理一般在瓦工组、抹灰工组、木工组、油工组、电焊工组、架子工组、水暖工组、电工组实行。实行定包管理的工具品种范围可包括除固定资产工具及实行个人工具费补贴的随手工具以外的所有工具。

班组工具定包管理是按各工种的工具消耗定额对班组集体实行定包。实行班组工具定包管理需进行以下几步工作：

(1)实行定包的工具所有权属于企业。企业材料部门指定专人为材料定包员，专门负责工具定包的管理工作。

(2)测定各工种的工具费定额。定额的测定由企业材料管理部门负责，分三步进行：

①在向有关人员调查的基础上，查阅不少于两年的班组使用工具资料。确定各工种所需工具的品种、规格、数量，并以此作为各工种的标准定包工具。

②分别确定各工种工具的使用年限和月摊销费。月摊销费的计算公式如下：

$$某种工具的月摊销费=\frac{该种工具的单价}{该种工具的使用期限(月)}$$

式中：工具的单价采用企业内部不变价格，以避免因市场价格的经常波动而影响工具费定额；工具的使用期限可根据本企业具体情况凭经验确定。

③分别测定各工种的日工具费定额，公式如下：

$$某工种人均日工具费定额=\frac{该工种全部标准定包工具月摊销费总额}{该工种班组额定人数\times月工作日}$$

式中：班组额定人数是由企业劳动部门核定的某工种的标准人数；月工作日按每月 20.5 天计算。

(3)确定班组月度定包工具费收入，公式如下：

$$某工种班组月度定包工具费收入=班组月度实际作业工日\times该工种人均日工具费定额$$

班组工具费收入可按季或月以现金或转账的形式向班组发放，用于班组向企业使用定包工具的开支。

(4)企业基层材料部门根据工种班组标准定包工具的品种、规格、数量，向有关班组发放工具。班组可按标准定包数量足量领取，也可根据实际需要少领。自领用日起，按班组实领工具数量计算摊销，使用期满以旧换新后继续摊销。但使用期满的能延长使用时间的工具应停止摊销收费。凡因班组责任造成的工具丢失和因非正常使用造成的损坏，均由班组承担损失。

(5)实行工具定包的班组需设立兼职工具员，负责保管工具，督促组内成员爱护工具和记载保管手册。

零星工具可按定额规定使用期限，由班组交给个人保管，丢失赔偿。

班组因生产需要调动工作，小型工具应自行搬运，不报销任何费用或增加工时。班组确属无法携带而需要运输车辆时，由行政部门出车运送。

企业应参照有关工具修理价格，结合本单位各工种实际情况制定工具修理取费标准及班组定包工具修理费收入，这笔收入可记入班组月度定包工具费收入中，统一发放。

(6)班组定包工具费的支出与结算。此项工作分三步进行：

①根据《班组工具定包及结算台账》(见表9-8)，按月计算班组定包工具费支出。公式如下：

$$\text{某工种班组月度定包工具费支出} = \sum_{i=1}^{n}(\text{第 } i \text{ 种工具数} \times \text{该种工具的日摊销费}) \times \text{班组月度实际作业天数}$$

其中：

$$\text{某种工具的日摊销费} = \frac{\text{该种工具的月摊销费}}{20.5(\text{天})}$$

表9-8　　班组工具定包及结算台账

班组名称：＿＿＿＿＿＿＿＿　　　　工种：＿＿＿＿＿＿

日期		工具名称	规格	单位	领用数量	工具费定额	工具使用费				盈(+)亏(-)金额	备注
月	日						定包支出	租赁费	其他	合计		

②按月或季结算班组定包工具费节超额，公式如下：

某工种班组月度定包工具费节超额＝该工种班组月度定包工具费收入－月度定包工具费支出－月度租赁费－月度其他支出

式中，租赁费若班组已用现金支付，则此项不计；月度其他支出包括应扣减的修理费和丢失、损失费。

③根据工具费结算结果填制《定包工具结算单》，见表9-9。

表9-9　　定包工具结算单

班组名称：＿＿＿＿＿＿＿＿　　　　工种：＿＿＿＿＿＿

月份	工具费收入	工具费支出					盈(+)亏(-)金额	奖罚金额
		小计	定包支出	租赁费	赔偿费	其他		

单位主管：　　制表：　　财务：　　班组：　　结算日期：

(7)班组工具费结算若有盈余，则为班组工具节约额，可全部或按比例作为工具节约奖励，归班组所有；若有亏损，则由班组负担。企业可将各工种班组实际的定包工具费收入作为企业的工具费开支，记入工程成本。

企业每年年终应对工具定包管理效果进行总结分析，找出影响因素，提出有针对性的处理意见。

3.工具费津贴法

工具费津贴法是指对于个人使用的随手工具由个人自备，企业按实际作业的工日发给工具磨损费。它有利于增强使用者的责任心，使个人爱护自己的工具。

4.临时借用法

对于定额包干以外的工具可采用临时借用法，即需用时凭一定的手续借用，用完后归还。

9.2.5 劳动保护用品的管理

劳动保护用品指施工生产过程中为保护职工安全和健康必需的用品。它包括：措施性用品，如安全网、安全带、安全帽、防毒口罩、绝缘手套、电焊面罩等；个人劳动保护用品，如工作服、雨衣、雨靴、手套等。劳动保护用品应按各省市劳动条件和有关标准发放。

劳动保护用品的发放管理要求：建立劳动保护用品领用手册；设置劳动保护用品临时领用牌；对损毁的措施性用品应填写报损报废单，注明损毁原因，连同残余物交回仓库。

劳动保护用品在核算上采取全额摊销、分次摊销或一次列销等形式。一次列销主要针对单位价值很低、易耗的手套、肥皂、口罩等劳动保护用品。

复习思考题

1.解释基本概念：周转材料，工具，租赁，劳动保护用品。

2.周转材料有哪几种？

3.周转材料管理有哪些特点？

4.简述周转材料管理的方法。

5.简述周转材料租赁、费用承包、实物量承包三者之间的关系。

6.简述工具的种类。

7.常用的工具管理方法有哪些？

8.工具费用有哪些摊销方法？

9.对施工项目可通过哪些途径降低周转材料租赁费用？

10.单项选择题

(1)(　　)属于周转材料。

A.钢构件　　B.钢跳板　　C.钢卷尺　　D.钢筋

(2)(　　)是指价值较低、使用寿命很短、重复使用次数很少且无回收价值的工具。

A.固定资产性工具　　B.价值易耗工具　　C.消耗性工具　　D.公用工具

(3)周转材料的价值是(　　)转移到建筑产品中去的，成为建筑产品价值的组成部分。

A.一次性　　B.分两次　　C.报废时　　D.逐渐地分期

(4)工具按使用方式和保管范围可分为个人随手工具和(　　)。

A.专用工具　　B.通用工具　　C.个人专用工具　　D.班组共用工具

11. 多项选择题

(1)周转材料按其自然属性可分为(　　)。

A. 钢制品　　B. 木制品　　C. 胶合板　　D. 竹制品

E. 挡土板

(2)建筑企业对工具的管理方法有(　　)。

A. 工具租赁法　　B. 工具的定包管理方法　　C. 工具费津贴法

D. 临时借用法　　E. 任意使用法

(3)周转材料管理的内容有(　　)。

A. 周转材料的使用管理　　B. 周转材料的养护管理

C. 周转材料的维修管理　　D. 周转材料的改制管理

E. 周转材料的核算管理

第10章 材料核算管理

材料核算是用货币或实物数量，按照价值规律的要求，对建筑企业材料工作中的申请、采购、供应、储备、消耗等各项业务活动进行记录、计算、控制、监督、分析和考核。材料核算是企业经济核算的重要组成部分。

材料核算的主要任务是按照建筑生产和建筑企业经济活动的规律要求，从提高和改善企业经营管理入手，以较少的劳动消耗取得较好的经济效果，在组织材料的供应与流通中，以最少的环节、最短的距离、最快的速度、最少的资金、最少的费用满足和保证施工的需要。在组织材料消耗和使用中，要充分发挥材料的效能，合理使用，降低消耗，努力降低工程材料费用。

为了实现材料核算的任务，首先要建立健全材料核算的管理体制，使核算的原则贯穿于材料供应和使用的全过程，做到干什么算什么，人人讲求经济效果，积极参加材料核算和分析活动，这就需要有组织上的保证。在一般情况下，材料供应过程的核算是在企业的统一领导、分级管理的体制下，实行物资部门的部门核算。在部门内部，在部门负责人的领导下，以计划、核算人员为中心，把所有业务人员组织起来，形成部门内部的经济核算网，为实现指标分管和开展专业核算奠定组织基础。材料使用过程的核算应建立在基层施工单位和班组核算的基础上，在单位负责人和班组长的领导下，以计划、核算人员为中心，把有关技术业务人员、班组成员组织起来，形成单位和班组的经济核算网。在核算网内，各级材料管理人员分管各指标，负责本业务的核算。其次要建立健全核算的管理制度。材料的供应和使用过程涉及企业的各个部门以及每一个直接使用材料的班组和人员，为了取得较好的经济效果，要明确各部门、各类人员以及各生产班组的经济责任，要明确材料申请、计划、采购、保管、收发、使用的办法和规定以及核算程序。只有把各种经济责任落实到部门、人员和班组，都对自己的工作负责，都承担一定的经济责任，才能保证实现材料核算的各种要求。第三是要开展比较坚实的经营管理基础工作，这是进行材料核算的重要前提条件，主要包括定额、原始记录、计量、清产核资和预算价格等。定额是计划、考核和衡量材料供应和使用是否取得经济效果的标准；原始记录是反映和计算材料供应和使用过程经济效果的依据；计量能准确、如实地反映材料的供应和使用情况，是记账、算账、分清经济责任的必要手段；清产核资是摸清家底，弄清材料和资金的占用与分布，做到账账、账卡、账实相符以及进行核算的前提；实行预算(计划)价格是进行考核和评定各级、各部门经营成果的统一计价标准，可以排除各种因素的影响，有利于严格执行经济责任制。

建筑企业材料核算的种类很多，主要根据核算的范围、形式、材料所处的领域、材料的使用方向以及核算工作性质进行划分。

按材料核算范围划分，有企业核算、全员核算和全过程核算。企业核算指整个企业，包括企业和企业内部核算单位及生产班组材料使用过程的核算；全员核算指从领导到群众，从管理干部、技术人员到工人，人人参加核算，全过程核算指材料供应和使用过程各环节、各领域的核算。

按核算及指标的表现形式划分，有货币核算和实物核算。货币核算就是通过材料的货币表现进行各种材料的正确计算，包括计算材料的预算成本和实际成本，确定材料的价格差价；实物核算就是对材料数量的收、发、存进行准确计算。

按材料所处领域划分，有供应过程的核算和使用过程的核算。供应过程的核算主要反映和考核材料供应过程的经济效益，它包括材料储备资金的占用和周转，材料进销价格，运输费用，装卸、码垛费用，材料加工及包装费用，以及供销手续与管理费用的核算等。使用过程的核算也称生产消耗的核算，主要反映和考核材料使用过程的经济效果，包括生产领域材料资金的占用和周转，以及按材料不同使用方向的工程材料费用、二次搬运费用、施工临设工程材料费用、周转材料费用和工具费用的核算。

怎样才能搞好材料核算工作呢？第一，必须严格控制采购用款计划。在编制采购计划的过程中，有的地区和单位采取“三结合”、“二比”、“四看”的方法。“三结合”指采购人员、保管人员、财会人员相结合；“二比”指全月材料消耗数量与历史水平比、月初月末材料库存数量与储备定额比；“四看”指看库存（最低储备材料及时补足）、看积压（多余材料及时处理）、看旧料（千方百计修旧利废）、看代用（在保证质量的前提下，尽量组织节约代用，充分挖掘潜力，反复做好综合平衡，做到计划用款、计划采购，不超耗、不积压）。第二，采购人员要学会算细账。采购员必须熟悉计划价格的组成，对每一材料的单价、运输工具、运价、运距、途中损耗、质量好坏进行反复比较，坚持就地就近，组织定点供应，尽一切可能采取直供施工现场、减少中转费用，做到同样的材料质好、价廉、成本低。第三，必须认真审核业务凭证，及时处理账务，抓紧料单回笼。会计人员对于购入材料的采购业务凭证要进行认真的审核，及时做好结算工作。在托收承付结算方式下，对银行转来的结账凭证、发票、运货单应立即登记，并送交业务部门签收。业务部门应及时核对，签注承付意见后交财会人员，据此办理货款结算。财会人员在审核过程中，如发现超过限额使用采购资金、没有根据计划采购或没有按照规定的价格采购等情况，应提交业务部门及时处理。在账务处理上要抓好选材料和应收、应付货款的及时清理工作；按季按月核实库存量，防止虚盘假亏，把材料成本搅乱；加工材料的费用应纳入材料成本，供应部门每季度做一次全面检查，做到心中有数。按照全年的供应计划，由财会人员和采购人员共同核定全年订货量和按计划的到货量，做到管物的要掌握资金来源，管钱的要掌握采购来源，严格控制材料、资金定额，为材料成本核算提供条件。

10.1 材料采购的核算

材料采购的核算是以材料采购预算成本为基础，与实际采购成本相比较，核算其成本降低额或超耗程度。

10.1.1 材料采购实际成本

材料采购实际成本是材料在采购和保管过程中所发生的各项费用的总和，它是由材料原价、供销部门手续费、包装费、运杂费、采购保管费五方面因素构成的。其中任一方面因素都会直接影响材料实际成本的高低，进而影响工程成本的高低。因此，在材料采购及保管过程中，力求节约并降低材料采购成本是材料采购核算的重要环节。

市场供应的材料由于货源来自各地，产品成本不同，运输距离不等，质量情况也各不相同，因此在材料采购或加工订货时要注意材料实际成本的核算，在采购材料时进行各种比较，即同样的材料比质量，同样的质量比价格，同样的价格比运距。最后核算材料成本，尤其是地方大宗材料的价格组成，其中运费占主要成分，尽量就地取材，减少运输及管理费用尤为重要。

材料实际价格计价是指对每一种材料的收发、结存数量都按其在采购(或委托加工、自制)过程中所发生的实际成本计算单价。其优点是能反映材料的实际成本，准确地核算工程(产品)材料费用；缺点是每批材料由于买价和运距不等，使用的交通运载工具不同，运杂费的分摊十分烦琐，常使库存材料的实际平均单价发生变化，促使日常的材料成本核算工作十分繁重，往往影响核算的及时性。通常按实际成本计算价格，采用先进先出法或加权平均法等。

先进先出法指当同一种材料每批进货的实际成本各不相同时，按各批材料不同的数量和价格分别记入账册。在发生领用时，以先购入的材料数量及价格先计价核算工程成本，按先后顺序类推。

加权平均法指当同一种材料在发生不同实际成本时，按加权平均法求得平均单价，当下一批进货时，又以余额(数量及价格)与新购入的数量、价格作新的加权平均计算，得出新的平均价格。

10.1.2 材料预算(计划)价格

材料预算价格是由地区建设主管部门颁布的，以历史水平为基础，并考虑当前和今后的变动因素而预先编制的价格。

材料预算价格是地区性的，根据本地区工程分布、投资数额、材料用量、材料来源地、运输方法等因素综合考虑，采用加权平均的计算方法确定。同时对其使用范围也有明确规定，在地区范围以外的工程应按规定增加远距离的运费差价。材料预算价格包括从材料来源地起，到施工现场的工地仓库或材料堆放场地为止的全部价格。材料预算价格由五项费用组成：材料原价，供销部门手续费，包装费，运杂费，采购及保管费。计算公式如下：

材料预算价格=(材料原价+供销部门手续费+包装费+运杂费)×(1+采购及保管费率)−包装品回收值

10.1.3 材料采购成本的考核

材料采购成本可以从实物量和价值量两方面进行考核。单项品种的材料在考核材料采购成本时，可以从实物量形态考核其数量上的差异。但企业在实际进行采购成本考核时，往往是分类或按品种综合考核价值上的“节”与“超”。通常有如下两项考核指标：

(1)材料采购成本降低(超耗)额

材料采购成本降低(超耗)额=材料采购预算成本−材料采购实际成本

式中：材料采购预算成本为按预算价格事先计算的计划成本支出；材料采购实际成本是按实际价格事后计算的实际成本支出。

(2)材料采购成本降低(超耗)率

$$材料采购成本降低(超耗)率=\frac{材料采购成本降低(超耗)额}{材料采购预算成本}\times100\%$$

通过这两项指标,可考核成本降低或超耗的水平和程度。

【例 10-1】 华夏建筑工程公司四季度从四个产地采购了四批中砂,A 批 150 m^3,每立方米采购成本 24 元;B 批 200 m^3,每立方米采购成本 23.5 元;C 批 400 m^3,每立方米采购成本 22 元;D 批 250 m^3,每立方米采购成本 23 元。

$$中砂加权平均成本=\frac{150\times24+200\times23.5+400\times22+250\times23}{150+200+400+250}$$

$$=22.85\ 元/m^3$$

中砂地区预算单价每立方米 24.88 元,故

$$中砂采购成本降低额=(24.88-22.85)\times1000=2030\ 元$$

$$中砂采购成本降低率=(1-\frac{22.85}{24.88})\times100\%=8.16\%$$

华夏建筑工程公司四季度采购中砂四批共 1000 m^3,共节约采购费用 2030 元,成本降低率达到 8.16%,经济效果尚好。

10.2 材料供应的核算

材料供应计划是组织材料供应的依据,是根据施工生产进度计划、材料消耗定额等编制的。施工生产进度计划确定了一定时期内应完成的工程量,而材料供应量是根据工程量乘以材料消耗定额,并考虑库存、合理储备、综合利用等因素经平衡后确定的。因此,按质、按量、按时配套供应各种材料是保证施工生产正常进行的基本条件之一。所以,检查考核材料供应计划的执行情况主要是检查材料的收入执行情况,它反映了材料对生产的保证程度。

检查材料的收入执行情况就是将一定时期(旬、月、季、年)内的材料实际收入量与计划收入量作比较,以反映计划完成情况。一般情况下从以下两个方面进行考核。

10.2.1 检查材料收入量是否充足

目的是考核各种材料在某一时期内的收入总量是否完成了计划,检查从收入数量上是否满足了施工生产的需要。其计算公式为

$$材料供应计划完成率=\frac{实际收入量}{计划收入量}\times100\%$$

【例 10-2】 华夏建筑工程公司的部分材料收入情况考核见表 10-1。

表 10-1　　某单位部分材料收入情况考核表

材料名称	规格	单位	进料来源	进料方式	进料数量		计划完成情况(%)
					计划	实际	
水泥	42.5	t	××水泥厂	卡车运输	390	429	110
河砂	中砂	m^3	材料公司	卡车运输	780	663	85
碎石	5~40 mm	m^3	材料公司	航运	1560	1636	105

检查材料收入量是保证生产完成所必需的数量,是保证施工生产顺利进行的一项重要

条件。若收入量不充分，如表10-1中河砂的收入量仅完成计划收入量的85%，这就造成一定程度上材料供应数量的不足，妨碍施工的正常进行。

10.2.2 检查材料供应的及时性

在分析考核材料供应及时性问题时，需要把时间、数量、平均每天需用量和期初库存量等资料联系起来考查。例如表10-1中水泥完成情况为110%，从总量上看满足了施工生产的需要，但根据表10-2，从时间上来看供料很不及时，几乎大部分水泥的供应时间集中在中、下旬，影响了上旬施工生产的顺利进行。

表10-2　某单位7月份水泥供应及时性考核表　t

进货批数	计划需用量		期初库存量	计划收入		实际数量		计划完成情况(%)	对生产的保证程度		备注
	本月	平均每日用量		日期	数量	日期	数量		按日数计	按数量计	
	390	15	30						2	30	
第一批				1	80	5	45		3	45	
第二批				7	80	14	105		7	105	
第三批				13	80	19	120		8	120	
第四批				19	80	27	159		3	45	
第五批				25	70						
					390		429	110	23	345	

注：1. 在计算全月工作天数时，一般以当月的日历天数扣除休假天(星期天)进行计算。7月份日历天数为31天，设7月2日为星期天，则全月共有五个休假天。

实际工作天数=31－5=26天

2. 平均每日需用量$=\dfrac{\text{全月需用量}}{\text{实际工作天数}}=\dfrac{390}{26}=15$ t/天

3. 第一、二、三批供货(扣除休假天)可延续至27日第四批供货的159 t，实际起保证作用的只有28、29和31日三天(30日为休假天)(周五工作制同理)。

从表10-2可以看出，当月的水泥供货总量超额完成了计划，但由于供货不均衡，月初需用的材料却集中于后期供应，其结果造成了工程发生停工待料现象，在实际收入429 t中，能及时用于生产建设的只有345 t，停工待料3天(理论计算为2.3天)。供货及时性(对生产的保证程度)的计算公式为

$$\text{某月供货及时性}=\frac{\text{实际供货对生产建设具有保证的天数}}{\text{全月实际工作天数}}\times 100\%$$

代入相应数据后得

$$7\text{月供货及时性}=\frac{23}{26}\times 100\%=88.46\%$$

10.3 材料储备的核算

为了防止材料的积压或不足，保证生产的需要，加速资金的周转，企业必须经常检查材料储备定额的执行情况，分析其是否超储或不足。

检查材料储备定额的执行情况是将实际储备材料数量(金额)与储备定额数量(金额)作比较。当实际储备数量超过最高储备定额时,说明材料有超储积压;当实际储备数量低于最低储备定额时,说明企业材料储备不足,需动用保险储备。

材料储备通常是企业材料储备管理水平的标志。反映物资储备周转的指标有如下两类。

10.3.1 储备实物量的核算

储备实物量的核算是对实物周转速度的核算,要核算材料对生产的保证天数及在规定期限内的周转次数和周转一次所需的天数。其计算公式如下:

$$\text{材料储备对生产的保证天数}=\frac{\text{期末库存量}}{\text{每日平均消耗材料量}}$$

$$\text{材料周转次数}=\frac{\text{某种材料的年度耗用量}}{\text{平均库存量}}$$

$$\text{材料周转天数(即储备天数)}=\frac{\text{平均库存量}\times\text{日历天数(年)}}{\text{年度材料耗用量}}$$

【例 10-3】 华夏建筑工程公司核定中砂最高储备天数为 5.5 天,某年度 1～12 月耗用中砂 149328 m^3,其平均库存量为 3360 m^3,期末库存量为 4100 m^3,计算其实际储备对生产的保证天数及超储或不足供应现状。

解: $$\text{实际储备天数}=\frac{\text{平均库存量}\times\text{报告期日历天数}}{\text{年度材料耗用量}}=\frac{3360\times360}{149328}=8.1\text{ 天}$$

$$\text{对生产的保证天数}=\frac{4100}{\dfrac{149328}{360}}=9.88\text{ 天}$$

中砂超储情况:

①超储天数=报告期实际储备天数-核定最高生产储备天数=8.1-5.5=2.6 天

②超储数量=超储天数×平均每日消耗量$=2.6\times\dfrac{149328}{360}=1078.48\ m^3$

10.3.2 储备价值量的核算

价值形态的检查考核是将实物数量乘以材料单价,用货币作为综合单位进行综合计算,其好处是能将不同质、不同价格的各类材料进行最大限度的综合。它的计算方法除上述有关周转速度方面(周转次数、周转天数)的均适用外,还可以从百元产值占用材料储备资金情况及节约使用材料资金方面进行计算考核。其计算公式如下:

$$\text{百元产值占用材料储备资金}=\frac{\text{定额流动资金中材料储备资金平均数}}{\text{年度建筑企业总产值}}\times100$$

$$\text{流动资金中材料资金节约使用额}=(\text{计划周转天数}-\text{实际周转天数})\times\frac{\text{年度耗用材料总额}}{360}$$

【例 10-4】 华夏建筑工程公司全年完成建筑企业总产值 1168.8 万元,年度耗用材料总额为 888.29 万元,其平均库存金额为 151.78 万元。核定周转天数为 70 天,求该企业的实际周转次数、周转天数、百元产值占用材料储备资金及节约材料资金等情况。

解:①周转次数$=\dfrac{\text{年度耗用材料总额}}{\text{平均库存金额}}=\dfrac{888.29}{151.78}=5.85$ 次

②周转天数$=\frac{\text{平均库存金额}\times\text{报告期日历天数}}{\text{年度耗用材料总额}}=\frac{151.78\times360}{888.29}=61.51$ 天

③百元产值占用材料储备资金$=\frac{151.78}{1168.8}\times100=12.99$ 元/百元

④可以节约使用的流动资金$=(70-61.51)\times\frac{888.29}{360}=20.95$ 万元

10.4 材料消耗量的核算

现场材料使用过程的管理主要是按单位工程定额供料和班组耗用材料的限额领料管理。前者是按概算定额对在建工程实行定额供应材料;后者是在分部分项工程中按施工定额让施工队伍限额领料。让施工队伍限额领料是材料管理工作的落脚点,是经济核算、考核企业经营成果的依据。

实行限额领料的好处很多:有利于加强企业经营管理,提高企业管理水平;有利于合理且有计划地使用材料;有利于调动企业广大职工的积极性,是增产节约的重要手段。实行限额领料就是要使队伍在使用材料时养成"先算后用"和"边用边算"的习惯,克服"先用后算"或"只用不算"的做法。

检查材料消耗情况主要是将材料的实际消耗量与定额消耗量进行对比,反映材料的节约或浪费情况。由于材料的使用情况不同,因而考核材料节约或浪费的方法也不同,现就几种情况分别叙述如下。

10.4.1 核算某项工程某种材料的定额与实际消耗情况

核算某项工程某种材料的定额与实际消耗情况的计算公式如下:

$$\text{某种材料节约(超耗)量}=\text{材料定额耗用量}-\text{材料实际耗用量}$$

若上式计算结果为正数,则表示节约;若计算结果为负数,则表示超耗。

$$\text{某种材料节约(超耗)率}=\frac{\text{材料节约(超耗)量}}{\text{材料定额耗用量}}\times100\%$$

同样,若上式计算结果为正百分数则表示节约率,负百分数则表示超耗率。

【例 10-5】 某工程浇捣墙基 C20 混凝土,每立方米定额用 p.o42.5 水泥 245 kg,共浇捣 23.6 m^3,实际用水泥 5204 kg,则

$$\text{水泥节约量}=245\times23.6-5204=578\ \text{kg}$$

$$\text{水泥节约率}=\frac{578}{245\times23.6}\times100\%=10\%$$

10.4.2 核算多项工程某种材料的消耗情况

其节约或超支的计算公式同上。某种材料的计划耗用量,即定额要求完成建筑安装工程所需消耗的材料数量的计算公式为

$$\text{某种材料定额耗用量}=\sum(\text{材料消耗定额}\times\text{实际完成的工程量})$$

【例 10-6】 建大花园 1 号楼浇捣混凝土和砌墙工程均需使用中砂,工程资料见表 10-3。

表 10-3 工程资料

分部分项工程名称	完成工程量（m^3）	定额单耗（m^3）	限额用量（m^3）	实际用量（m^3）	节约(＋)超支(－)量(m^3)	节约(＋)超支(－)率(%)
M5 砂浆砌砖半外墙	654	325	212.55	205.20	＋7.35	＋3.46
现浇 C20 混凝土圈梁	245	656	16.07	17.02	－0.95	－5.91
合　计			228.62	222.22	＋6.40	＋2.80

根据表 10-3 可以看出，两项工程合计节约中砂 6.40 m^3，其节约率为 2.8%。

如果做进一步分析检查，则砌墙工程节约中砂 3.46%，计 7.35 m^3；混凝土工程超耗中砂 5.91%，计 0.95 m^3。

10.4.3 核算一项工程使用多种材料的消耗情况

建筑材料有时由于使用价值不同、计量单位各异，不能直接相加进行考核。因此需要利用材料价格作为同度量因素，用消耗量乘以材料价格，然后加总对比。公式如下：

$$\text{材料节约或超支额} = \sum \text{材料价格} \times (\text{材料实耗量} - \text{材料定额消耗量})$$

【例 10-7】 华夏建筑工程公司以 M5 混合砂浆砌筑一砖外墙工程共 100 m^3，定额及实际耗料核算检查情况见表 10-4。

表 10-4 材料消耗分析表

材料名称规格	计量单位	消耗数量		材料计划价格(元)	消耗金额(元)		节约(＋)超支(－)额(元)	节约(＋)超支(－)率(%)
		应耗	实耗		应耗	实耗		
p.o32.5 水泥	kg	4746	4350	0.293	1390.58	1274.55	＋116.03	＋8.34
中砂	m^3	331.3	360	28.00	9276.40	10080.00	－803.60	－8.66
石灰膏	kg	3386	4036	0.101	341.99	407.64	－65.65	－19.20
标砖	块	53600	53000	0.222	11899.2	11766	＋133.2	＋1.12
合　计					22908.17	23528.19	－620.02	－2.71

10.4.4 检查多项分项工程使用多种材料的消耗情况

这类考核检查适用于以单位工程为单位的材料消耗情况，它既可了解分部分项工程以及各单位材料的定额执行情况，又可综合分析全部工程项目耗用材料的效益情况，见表 10-5。

表 10-5 材料消耗分析表

工程名称	工程量		材　料		材料单耗		材料价格(元)	材料费用(元)	
	单位	数量	名　称	单位	实际	定额		按实际计	按定额计
C10 基础加固混凝土	m^3	18.1	p.o42.5 水泥	kg	187	194	0.293	991.72	1028.84
			中砂	m^3	5.78	5.81	28.00	161.84	162.68
			5～40 mm 碎石	m^3	10.34	10.50	21.60	223.34	226.80
			大石块	m^3	4.73	4.50	24.00	113.52	108.00
C20 基础钢筋混凝土	m^3	36.42	p.o42.5 水泥	kg	246	254	0.293	2625.08	2710.45
			中砂	m^3	28.30	29.50	28.00	792.40	826.00
			5～40 mm 碎石	m^3	7.90	8.10	21.60	170.64	174.96
合　计								5078.54	5237.73

10.5 周转材料的核算

由于周转材料可多次反复地用于施工过程中，因此其价值的转移方式也不同于材料一次转移，而是分多次转移，通常称为摊销。周转材料的核算以价值量核算为主要内容，核算其费用收入与支出的差异和摊销。

10.5.1 周转材料的费用收入

周转材料的费用收入是以施工图为基础、以概（预）算定额为标准、随工程款结算而取得的资金收入。

在概算定额中，周转材料的取费标准是根据不同材质综合编制的。在施工生产中，无论实际使用何种材质，取费标准均不予调整（主要指模板）。

下面分别按脚手架工程和模板工程对周转材料的费用收入进行简介：

工业与民用建筑脚手架分为单层建筑脚手架、现浇预制框架建筑脚手架和其他建筑脚手架。除烟囱、水塔脚手架外，其他均按建筑面积以平方米计算。定额中分为综合脚手架、单及双排架子、满堂红架子等 9 项共 17 个子项，每个子项都规定了取费标准，分别按建筑面积和投影面积计取费用。

模板工程分为基础、梁、墙、台、柱等不同部位，每一操作项目规定有不同的费用标准，以每立方米混凝土量为单位计取费用。在每项费用中均已包括了板、零件和钢支撑的费用。

10.5.2 周转材料的费用支出

周转材料的费用支出是根据施工工程的实际投入量计算的。在对周转材料实行租赁的企业中，费用支出表现为实际支付的租赁费用；在不实行租赁的企业中，费用支出表现为按照上级规定的摊销率所提取的摊销额。计算摊销额的基数为全部拥有量。

10.5.3 周转材料的费用摊销

1. 一次摊销法

一次摊销法是指一经使用，其价值即全部转入工程成本的摊销方法。它适用于与主件配套使用并独立计价的零配件等。

2. 五五摊销法

五五摊销法是指投入使用时，先将其价值的一半摊入工程成本，待报废后再将另一半价值摊入工程成本的摊销方法。它适用于价值偏高而不宜一次摊销的周转材料。

3. 期限摊销法

期限摊销法是根据使用期限和单价来确定摊销额度的摊销方法。它适用于价值较高、使用期限较长的周转材料。计算方法如下：

(1)分别计算各种周转材料的月摊销额，公式如下：

$$\text{某种周转材料的月摊销额}=\frac{\text{该种周转材料的采购原价}-\text{预计残余价值}}{\text{该种周转材料预计使用年限}\times 12(\text{月})}$$

(2)计算各种周转材料的月摊销率,公式如下:

$$\text{某种周转材料的月摊销率}=\frac{\text{该种周转材料的月摊销额}}{\text{该种周转材料的采购价}}\times 100\%$$

(3)计算月度周转材料的总摊销额,公式如下:

$$\text{月度周转材料的总摊销额}=\sum(\text{周转材料的采购原价}\times\text{该种周转材料的摊销率})$$

10.6 工具的核算

10.6.1 工具费用的收入与支出

在施工生产中,工具费用的收入是按照框架结构、排架结构、升板结构、全装配结构等不同结构类型以及领使馆、旅游宾馆和大型公共建筑等,分不同檐高(20 m以上和以下),以每平方米建筑面积计取。一般情况下,生产工具费用约占工程直接费用的2%。

工具费用的支出包括购置费、租赁费、摊销费、维修费以及个人工具的补贴费等项目。

10.6.2 工具的账务管理

与施工企业的工具财务管理和实物管理相对应,工具账分为由财务部门建立的财务账和由料具部门建立的业务账。

1. 财务账

财务账分为以下三种:

(1)总账:以货币作为计量单位,反映工具资金来源和资金占用的总体情况。资金来源是购置、加工制作、向租赁单位租用的工具价值总额;资金占用是企业在库和在用的全部工具价值总额。

(2)明细分类账:在总账之下按工具类别设置账户,用于反映工具的摊销和余额状况。

(3)二级明细分类账:针对二级账户的核算内容和实际需要,按工具品种分别设置的账。

在实际工作中,上述三种账要平行登记,做到各类费用的对口衔接。

2. 业务账

业务账分为以下四种:

(1)总数量账:用以反映企业或单位的工具数量总规模,可以在一本账簿中分门别类地登记,也可以按工具的类别分设几个账簿进行登记。

(2)新品账:也称在库账,用以反映已经投入使用的工具数量,是总数量账的隶属账。

(3)旧品账:也称在用账,用以反映已经投入使用的工具数量,是总数量账的隶属账。

当因施工需要而使用新品时,按实际领用数量冲减新品账,同时记入旧品账。某种工具在总数量账上的数量应等于该种工具新品账和旧品账的数量之和。当旧品完全损耗时,按实际消耗冲减旧品账。

(4)在用分户账:用以反映在用工具的动态和分布情况,是旧品账的隶属账。某种工具在旧品账上的数量应等于各在用分户账上的数量之和。

10.6.3 工具费用的摊销

1. 一次摊销法

指工具一经使用其价值即全部转入工程成本,并通过工程款收入得到一次性补偿的核算方法。它适用于消耗性工具。

2. 五五摊销法

与周转材料核算的五五摊销法相同,在工具投入使用后,先将其价值的一半分摊计入工程成本,在其报废后再将另一半价值摊入工程成本,通过工程款收入分两次得到补偿。五五摊销法适用于价值较低的中小型低值易耗工具。

3. 期限摊销法

指按工具使用年限和单价确定每次摊销额度,分多期进行摊销。在每个核算期内,工具的价值只是部分计入工程成本并得到部分补偿。此法适用于固定资产性工具及单位价值较高的易耗性工具。

10.7 建筑企业材料管理工作分析

10.7.1 建筑企业材料管理工作分析的意义

建筑企业材料管理工作分析是根据建筑企业材料计划和管理的要求,对收集、整理的建筑企业材料管理工作业务过程和结果的大量资料运用各种分析方法,通过各项有关指标的对比,与深入实际调查得来的情况相结合,对建筑企业材料管理工作业务过程的结果进行综合分析、推理和判断,揭示建筑企业材料管理工作的内在联系及发展规律,从中发现问题,找出主要矛盾,提出解决的办法,推动建筑企业材料管理工作顺利进行。

建筑企业材料管理工作分析是建筑企业材料管理工作不可缺少的组成部分,也是全面提高建筑企业材料管理水平的重要手段。通过建筑企业材料管理工作分析,可以正确认识建筑企业材料管理的现状,既肯定成绩、总结经验,又揭露矛盾、研究问题,使建筑企业材料管理工作按照建筑企业经营总目标的要求来进行;通过建筑企业材料管理工作分析,检查建筑企业材料管理工作业务全过程及成果,提高对物资流通规律的认识,促进企业自觉地按规律组织材料管理工作,提高建筑企业材料管理水平;通过建筑企业材料管理工作分析,可以调动员工的积极性,使大家齐心协力,进一步挖掘员工潜力,从而提高建筑企业材料管理工作的经济效益。综上,搞好建筑企业材料管理工作分析是十分重要的。

10.7.2 建筑企业材料管理工作分析的任务

建筑企业材料管理工作分析是围绕建筑企业材料计划来进行的,而且是为提高建筑企业材料管理水平服务的。其主要任务如下:

1. 分析材料计划执行情况

根据建筑企业生产经营计划,结合企业外部市场资源情况编制的材料计划,具体规定了企业在计划年度内所要达到的目标和所应完成的任务,指导着企业材料供应的日常业务。而建筑企业材料计划的编制只是计划管理的开始,还需组织建筑企业材料计划的实现和检查分析执行情况，以保证计划的完成。通过建筑企业材料管理工作分析，把建筑企业材料的计划指标与实际完成的水平进行对比分析，评价计划的完成情况，正确地认识建筑企业材料管理工作现状，研究完成或未完成的原因，并把影响某项指标的各种因素找出来，解决矛盾，提出改进措施，使建筑企业材料管理工作按照计划的目标进行，保证建筑企业材料计划的完成。建筑企业材料管理工作的日常业务活动是很复杂的，计划执行过程中会遇到各种各样的问题，因此要对计划执行情况进行不断的检查，针对实际与计划的差异，进行执行中和执行后的分析，如数量和质量指标的分析，局部和全面的分析，及时发现新情况和新问题，总结经验教训，采取适当措施，动员内部力量，掌握建筑企业材料管理的主动权，全面完成计划任务。在日常工作中，还会发现制订计划时所预见不到的情况，这种情况下应及时进行调整，对计划的可行性和现实性作出评价，使计划真正起到指导作用。

2. 分析建筑企业材料管理工作，提高经济效益

分析建筑企业材料管理工作过程，及时发现建筑企业材料管理工作过程中的薄弱环节，提出解决问题的措施，以提高经济效益并增加企业的竞争能力。

建筑企业材料管理工作的好坏对企业的经济效益有重大的影响。企业之间在国家计划的指导下允许有一定的竞争，国家对企业实行择优供应、择优发展的方针。这就要求企业及时分析材料管理过程中的薄弱环节，提出解决问题的措施，加强建筑企业材料管理。同时还要同历史先进水平进行比较，同国外先进水平进行比较，找到差距，分析原因，使本企业的材料管理工作达到同行业的先进水平。

3. 改进建筑企业材料管理工作，提高建筑企业材料管理水平

建筑企业材料管理工作分析是建筑企业材料管理工作中的望远镜和显微镜。经过分析，可以通观建筑企业材料管理工作的全过程和成果，解剖建筑企业材料管理工作各项业务之间的相互联系和相互影响，了解各种因素的相互关系，摸清建筑企业材料管理工作的详细情况，因此也就可以认识到建筑企业材料管理工作为施工生产服务的程度，预计建筑企业材料管理工作的发展趋势，并可以充分利用所掌握的数字资料和有关信息，结合典型调查提出切实可行的改进办法，推动建筑企业材料管理工作不断前进。

4. 落实经济责任制，进一步调动员工积极性

经济责任制是按照建筑企业材料流转过程中各业务环节的分工和协作的要求制定的。材料管理工作的经济责任制规定着各业务环节中各成员的职责、权力和经济利益，是企业管理的一项基本制度，它保证各方面人员依据自己所承担的任务有秩序而协调地完成企业材料管理的目标。建筑企业材料管理工作分析材料流转的进、调、存、发的全过程以及这些业务的各项经济指标。通过分析，不但可了解整个供应情况，而且通过对各个因素的解剖，可以了解各个工作岗位的业绩和问题，从而正确评价员工的工作。职责清楚、奖罚分明，可以促进经济责任制的落实，从而进一步调动员工的积极性，促进各业务环节的协调配合，搞好建筑企业材料管理工作。

10.7.3 建筑企业材料管理工作分析的内容

建筑企业材料管理工作分析围绕着企业经营在材料方面所要达到的目标来进行。建筑企业材料管理工作目标的具体指标反映在建筑材料计划上，建筑企业材料管理工作分析的内容主要是对建筑材料计划完成情况的分析，它包括对建筑材料进货情况的分析、材料消耗和材料储备情况的分析以及服务水平的分析等。

1. 进货情况的分析

组织好进货是保证企业施工生产正常进行的前提条件，所以正确评价企业某一时期的材料进货情况就成为建筑企业材料管理工作分析的首要任务。在分析进货计划的完成情况时，除了检查进货计划完成情况、分析完成或未完成计划的原因外，还应该分析计划中各类建筑材料完成情况的影响程度与品种、规格、时间、齐备性等方面问题，从而找出薄弱环节，作进一步的研究并采取必要的措施。

(1)进货数量分析

主要分析实际到货量及其构成与计划到货量及其构成的对比情况。具体分析时，先列出计划与实际数，计算该计划的完成情况，并计算实际与计划的偏差数以及这些偏差数对总计划完成的影响程度。

(2)齐备性分析

主要分析到货品种、规格是否对路、适用，是否影响建筑生产。齐备性分析主要运用两方面指标：一是品种齐备性完成率，即实际进货品种数与计划进货品种数的对比；另一个是进货数量齐备性完成率，即实际进货总量与计划进货总量的对比。齐备性分析说明材料在品种和数量方面保证生产需要的程度。

(3)质量情况分析

主要分析到货质量是否符合要求，有无质量低劣而影响建筑生产的现象。分析的方法是将到货合格数量与到货数量进行对比，计算合格率。

(4)供应渠道分析

主要分析建筑材料来源的构成比例，掌握建筑材料供应的特点，以便组织货源。

(5)采购成本分析

主要分析在按质、按量、按时保证建筑材料供应的前提下，采购成本的高低。分析的基本方法是比较法，可采取实际价格与计划价格相比、本期成本与上期成本相比、与同类企业物资采购成本相比的方法，分析采购成本升降的原因。

2. 材料消耗情况的分析

分析建筑材料消耗定额执行情况和建筑材料的合理利用程度，总结节约经验，研究浪费原因，寻找降低消耗的途径。

(1)建筑材料消耗计划完成情况的分析

建筑材料消耗计划完成情况的分析可通过实际消耗量与计划消耗量的比较来进行。当实际消耗量与计划消耗量相差较大时，应进一步分析原因，从中找出主要原因，采取措施并加以解决。

(2)建筑材料实际消耗量增减变化情况的分析

分析方法是将各时期的实际消耗量进行对比，分析增减原因，提高建筑物资供应管理水平。

(3)建筑材料使用方向的分析

主要分析建筑材料是否按规定的方向消耗，有无擅自改变或挪作他用的现象。

(4)建筑材料消耗定额执行情况的分析

主要研究建筑材料使用是否合理，有无损失浪费现象。首先要注意定额本身的先进性，可以用本期实际消耗水平与上期进行比较，与去年同期进行比较，与历史最高水平进行比较，与国内外先进企业的水平进行比较，以便找出差距，研究消耗水平的变动情况和趋势。把单位产品实际消耗量与消耗定额进行对比，查明消耗定额的完成情况。

(5)建筑材料消耗定额构成的分析

主要研究建筑材料消耗定额构成及其变动是否合理。影响建筑材料消耗变动的原因是多方面的，只有详细分析变动的各方面原因，才能抓住主要问题，显著地降低消耗水平。

(6)材料综合利用率指标完成情况的分析

综合利用是充分发挥建筑材料效用的重要措施。建筑企业必须定期分析材料综合利用情况，以推动综合利用工作。可以按照废料利用率和物资综合利用率指标来进行考察。

3. 材料储备情况的分析

降低建筑材料储备、加快材料流转是建筑企业材料管理的重要目标之一。加强材料储备情况的分析工作，主要是结合建筑材料的使用情况来考查建筑材料的超储和不足情况以及材料周转速度快慢的情况，并分析其原因。

(1)库存材料情况分析

将期末库存量和储备定额进行对比，结合下一时期的生产需要来进行分析。某种材料的库存量大大超过了定额标准，如果下一期还有进货，库存还会增加，这将造成大量积压。应该分析是集中到货还是盲目采购等，及时向采购或施工部门建议并及时处理。A 种物资库存不足，需要积极组织进货。遇此情况需要分析是合同执行不好，还是市场变化或运输不及时等，采取紧急措施处理。B 种物资虽也库存不足，但看来一般尚能保证施工生产，只是缺保险储备，如果进货条件正常，还是能保证施工生产的。在日常工作中，遇此情况需要密切注意库存动态。C 种物资情况正常，是能保证施工生产进行的，需要总结经验并加以推广。

(2)库存材料周转速度分析

主要是分析周转次数和周转天数，二者都表明了在一定时期内平均储存材料的周转速度。周转次数是一定时期内的材料供应量与该期的平均库存量之比。

(3)库存材料超储积压原因分析

库存材料超储积压原因分析需结合具体情况查找原因。

(4)库存量对建筑生产保证天数的分析

主要是计算期末库存量对下期生产保证的天数是否能够满足需要。

4. 服务水平的分析

建筑企业材料管理工作是为企业施工生产服务的，服务水平的高低表现了对企业施工生产贡献的大小。因此，服务水平的分析是建筑企业材料管理工作分析的重要内容。服务水平的内容相当复杂，应有其特定的评价方法，要根据企业各自的特点和要求制定各自的指标，一般应包括计划任务完成率、保证供应率、送料率、服务项目率、材料消耗降低率、材料周转加快率六项内容。

(1)计划任务完成率反映材料部门为保证企业计划施工所需材料的完成情况。

(2)保证供应率反映材料部门组织材料供应的保证水平。

(3)送料率反映材料部门为施工生产前线服务的水平。

(4)服务项目率反映材料部门为施工前线服务的项目比率，如咨询服务、回收服务、配套服务、修理服务、成套供应服务等。

(5)材料消耗降低率反映材料消耗降低的情况。

(6)材料周转加快率反映材料周转加快的程度。

上述六项指标从不同角度反映了材料管理工作的服务水平。

10.7.4 建筑企业材料管理工作分析程序和方法

1.建筑企业材料管理工作分析原则

进行建筑企业材料管理工作分析必须坚持正确的原则,才能对建筑企业材料管理工作作出正确的评价,从而调动员工的积极性,提出切实可行的改进意见,取得良好的效果。分析时要坚持以下原则:

(1)实事求是原则

一切从实际出发,实践是检验真理的标准。只有对建筑企业材料管理工作有一个客观的认识,才有可能作出客观的评价。分析必须依赖于平时积累的原始记录,统计和会计资料以及情况的调查,数据必须真实可靠,评价要以实际的技术经济指标和指标的实际构成数据为依据,提出的意见和措施要以企业的实际条件和可能为依据来进行改进,否则只能是形式而无法获得实际效果。

(2)综合分析原则

建筑企业材料管理工作是相互关联的各业务环节有机结合的总体,是各种因素综合作用的结果。既要把各项指标作为总体来考察,又要把影响某项指标的各个因素都显示出来;既要看到它们之间的相互联系、相互影响,又要看到其本身独立的作用。这样才能透过现象抓住本质,找出原因。在建筑企业材料管理工作中,总是有积极因素和消极因素以及成绩和缺点两个方面。在肯定成绩的同时要注意不足,在总结中要看到有利因素,这样才能通过综合分析了解全局,调动积极因素,齐心协力改进工作。

(3)专业人员分析和群众分析相结合的原则

建筑企业材料管理工作分析要放手发动群众,倾听群众意见,充分发扬民主,实行专业人员分析和群众分析相结合。建筑企业材料管理工作无不通过材料人员来进行,他们对自己从事的工作哪里不合理、哪里有潜力以及如何来解决均心中有数。而且措施和办法来自群众,只有把对材料的分析活动转化为群众的自觉行动,使他们感到自己的责任,才能真正起到分析的效果,达到提高材料管理水平的目的。

(4)突出经济效益原则

任何经济活动都是有目的的活动,故必须讲究经济效益。有了经济效益原则,建筑企业材料管理工作分析就有了衡量的尺度。建筑企业材料管理工作的好坏必须根据经济效益的高低来评价。只有这样,才能具体而准确地说明材料采购是否得当,库存是否超储,材料周转是否应该加快,材料的运用和管理是否合理,资金费用占用是否应该增加,产生的原因是什么以及应该通过什么途径来提高经济效益。即使提出的措施是合适的,也要从经济效益的角度来加以选择。因此,建筑企业材料管理工作分析的根本任务就是提高经济效益。

2. 建筑企业材料管理工作分析程序

(1)明确任务

开展建筑企业材料管理工作分析，总的来说是要正确认识建筑企业材料管理工作的现状，总结经验，研究问题，提高建筑企业材料管理工作水平，以便更好地为施工生产服务。但是具体到每个企业，在不同时期，建筑企业材料管理工作中的主要矛盾会有所不同。保证建筑材料供应是主要矛盾，需要分析材料资源组织情况；另一方面，为了减少流动资金的占用，需要分析库存管理问题；为降低库存水平，避免超储积压和消耗水平上升，又要分析消耗构成问题等。建筑企业材料管理工作的分析要抓住材料管理中的主要矛盾，提出具体的目标要求，明确分析工作的任务，制订分析工作的计划，这样才能有目的地收集和运用各种信息资源，开展调查研究，有计划、有组织地进行。明确任务后，才能提出分析专题或内容，所要达到的目标和方法，组成人员和分工以及工作的进度和完成的时间。

(2)准备资料

了解建筑企业材料管理过程的实际情况，详细、及时地收集反映建筑物资业务活动的资料和信息，这是做好建筑企业材料管理工作分析的前提条件。在分析时，除应了解当前国家有关物资的方针、政策、财经纪律和规章制度外，还应达到企业规定材料管理部门完成的各项技术经济指标，仔细阅读建筑企业材料计划编制情况说明书和企业施工生产及其任务说明书，收集整理建筑材料管理的统计报表、财务会计报表以及长期积累的各种历史资料，如前期的分析报告、经验总结、国内外同行业的对比资料、各种专题调查报告等，尤其要重视日常资料的收集、整理和积累工作。资料的收集是否正确、真实、全面和完整，对分析工作能否确切地说明现在和有效地指导将来起着决定性的作用。

(3)揭露矛盾，研究问题

在详细收集资料的基础上，对技术经济指标的实际数，根据分析的需要进行各种比较和评价。经过对比可以发现差异，可把建筑企业材料管理活动中的矛盾揭露出来，以便作进一步的剖析。由于一些综合性的经济指标往往是由多种因素组成的，因而影响指标差异的原因也比较复杂。只有把这些原因分解为各个原始因素，追根究底，才能分析出指标完成好坏的原因所在。有分析还要有综合，既要将有联系的各个指标分别进行解剖，又要将各种因素的各个不同侧面联系起来进行综合性的分析研究，才能在复杂的矛盾中抓住主要矛盾。只有从多种复杂因素中找出决定性因素，才能有效地解决矛盾。

(4)提出办法，改进工作

经过大量的资料汇总整理和分析研究，搞清建筑企业材料管理工作的现状。通过对比找到差距并分析原因，就可以提出解决办法，制定措施从而改进工作。无论是综合分析还是专题分析，其结果都要写在分析的书面报告中，作为领导决策的依据。

3. 建筑企业材料管理工作分析方法

(1)比较法

比较法又称指标对比法，就是通过两个或两个以上有内在联系的、有可比性的经济指标的对比找出差异，然后从中分析产生差异的原因。这种方法具有通俗易懂、简便易行、便于掌握的特点，因而得到了较为广泛的应用。在应用时，必须注意各技术经济指标的可比性。通常有以下形式：

①计划完成情况的对比分析

建筑企业材料计划是企业材料管理工作的纲，体现了企业对材料部门的具体要求和任务。对材料计划完成情况的分析就成为企业材料管理工作分析的主要内容。开展材料计划完成情况的对比分析不仅要从数量上了解计划完成的程度，而且还要分析计划完成或未完成的具体原因，肯定成绩，总结经验，发现问题，挖掘潜力。计划完成情况的对比分析包括期末执行计划结果的分析、期中计划执行进度的分析以及预期完成情况的分析。

实际与计划的比较是通过对实际完成的指标数和计划指标数的比较，检查计划的完成情况，分析完成计划的积极因素和影响计划完成的原因，以便及时采取措施，保证计划目标的实现。在进行实际与计划的对比时，还应注意计划本身的质量。

②本期与上期比较

将本年度的实际指标同上年度同期或历史最高水平指标进行比较，可以研究各项经济指标的动态情况，反映材料管理水平的提高程度。如将本期材料资金周转率同上年同期或历史上最高水平的材料资金周转率进行比较，就可以明显地反映出材料资金周转率升降的趋势，从中发现规律性的问题，进一步研究采取何种措施改善企业材料管理工作。

③本企业与同行业比较

本企业与国内同行业先进水平比较，可以学习先进经验，检查改进工作，促使企业赶超先进水平。与国外同行业先进水平比较，可以看到存在的差距，进而采取措施提高企业的经营管理水平。

以上三种比较可以用一张表同时反映。

【例 10-8】 某项目本年计划节约“三材”120000 元，实际节约 130000 元，上年节约 100000 元，本企业先进水平节约 140000 元。根据上述资料编制的分析表见表 10-6。

表 10-6　　实际指标与上期指标、先进水平比较　　元

指标	本年计划数	上年实际数	企业先进水平	本年实际数	差异数		
					与计划比	与上期比	与先进比
“三材”节约额	120000	100000	140000	130000	10000	30000	−10000

从表 10-6 中可以看出，本年“三材”节约额与计划比增加了 10000 元；本年实际数与上年实际数相比增加了 30000 元；与同行业先进水平比较相差 10000 元，还存在较大差距，说明企业还有潜力可挖掘。

④结构对比分析

结构对比分析就是在按各种因素资料分组的基础上，通过计算结构的相对指标，研究各组部分的比重及变化情况，从而加深认识材料管理工作中各个部分的问题及其对总体的影响。结构对比分析以总体数量作为比较标准，用百分比表示各组的比重。通过总体各组结构的变动分析它们对总体水平变动的影响，分析不同时期的变化可以看出总体发展的趋势。

⑤类比分析

类比分析就是对不同单位的同类指标进行对比，分析其差异，评价企业材料管理工作是先进还是落后，说明各单位发展的不平衡程度，以便找出差别，改进工作。类比单位一般选择同类企业中的先进企业，可以是国内的，也可以是国外的。

(2)分层法

分层法又叫分类法,是对所收集到的资料按一定的标识进行分类、归纳,以便从中找出规律性的东西,使问题的分析得到简化。其分类方法见表 10-7。

表 10-7 分类法

分类标准	分类要点	适用范围及注意点
按时间分	注意分析{时间分布、变化趋势、变化速度、波动幅度、有无规律性}	适用于各种统计资料归类,尽量图表化
按地点(单位或部门)分	注明{问题性质、责任划分}	适用于分析某一部门或工地的专门性问题
按影响因素分	注明{因果关系、问题结构}	适用于分析工期拖延、质量原因、成本超出等多种因素,最好整理成因果分析图或矩阵式表格
按问题性质分	注意分析{问题性质及后果、问题涉及的范围及部门、典型经验或问题、改进建议}	适用于分析各种全局性、政策性问题,如经营战略、分配奖励制度、超出计划

【例 10-9】 某工程项目统计施工期间返修造成的损失情况见表 10-8。

表 10-8 某工程项目返修损失情况

序号	工程名称	损失金额(元)	所占比重(%)	累计百分比(%)
1	混凝土工程	3200	60.4	60.4
2	土方工程	600	11.3	71.7
3	砌砖工程	500	9.5	81.2
4	装饰工程	400	7.5	88.7
5	其他	600	11.3	100
合 计		5300	100	—

从表 10-8 可以看出,按照不同的分部分项工程分类,得知造成返修损失的主要项目是混凝土工程。

(3)因素分析法

建筑企业材料管理工作的各项经济指标是相互制约的,某项指标的变动往往受多种因素的影响。例如分析某项综合指标,它包括若干因素,研究各个因素对综合指标影响程度的方法就称为因素分析法。因素分析法是通过指标组成各因素的变化对指标本身影响的分析来观察其变化规律和原因的一种技术分析方法。这种方法的具体做法是先明确被分析的指标是由哪些因素组成的,并确定各个因素与指标间的关系,进而根据分析的需要分解各个因素加以计算,分析它在指标中所占的份额和对指标的影响,找出各项建筑企业材料管理业务各环节间的内在联系,评价指标完成的好坏和各自应负的责任,提出改进的办法。

在用因素分析法进行分析时,常采用其中的连环替代法。它首先假定众多因素中的一个因素发生了变化而其他因素不变,然后逐个替换,并将代替之后所得的值与代替之前的值进行比较,以确定各个因素变化的影响程度。

连环替代法的分析步骤如下：

①确定分析对象(即所分析的技术经济指标)，并计算出实际数与计划数的差值；

②确定分析指标是由哪些因素构成的，并按其相互关系进行排序；

③以计划数为基础，将各因素的计划数相乘，作为分析替代的基数；

④将各个因素的实际数按照上面的排列顺序进行替换计算，并保留计算结果；

⑤将每次的替换计算值与前一次的计算值相比较，两者的差值即为该成本的影响程度；

⑥各个因素的影响程度之和应与分析对象的总差值一致。

【例 10-10】 某工程浇捣一层结构商品混凝土，成本支出额情况见表 10-9，现已知成本超支 19760 元，试用连环替代法进行分析。

表 10-9　　商品混凝土计划成本与实际成本对比表

指　标	计划成本	实际成本	差　额
成本支出额(元)	364000	383760	＋19760
产量(m^3)	500	520	＋20
单价(元)	700	720	＋20
损耗率(%)	4	2.5	－1.5

用连环替代法分析如下：

$$产品成本＝产品产量×单价×(1＋损耗率)$$

成本支出额的计划数为

$$500×700×1.04＝364000\ 元$$

第一次替换，分析产量变动的影响：

$$520×700×1.04＝378560\ 元$$

$$378560－364000＝14560\ 元$$

由于产量增加了 20 m^3，导致成本增加了 14560 元。

第二次替换，分析单价变动的影响：

$$520×720×1.04＝389376\ 元$$

$$389376－378560＝10816\ 元$$

由于单价提高了 20 元，导致成本增加了 10816 元。

第三次替换，分析损耗率变动的影响：

$$520×720×1.025＝383760\ 元$$

$$383760－389376＝－5616\ 元$$

由于损耗率下降了 1.5%，导致成本减少了 5616 元。

分析结果为

$$14560＋10816－5616＝19760\ 元$$

通过替代分析可知，成本超支的主要原因是商品混凝土采购价格的提高，而企业自身是努力的，产量超过计划、产品损耗率降低，既增产又节约。故企业成本超支 19760 元是由混凝土价格提高这一客观原因造成的。

需要说明的是，在运用连环替代法时，各个因素的排列顺序是固定不变的，否则就会得出不同的结果，也就会产生不同的结论。

以上各种技术方法只能从数值上反映各种指标的变化程度，粗略地指出问题的重点和进一步分析的方向。而经营评价更重要的是透过现象看到本质。也就是说，要通过分析评价找到差异原因，从而针对原因采取对策、解决问题，进而改善建筑企业的经营管理状况。

10.7.5 建筑企业材料管理工作分析报告

1.建筑企业材料管理工作分析资料

建筑企业材料管理工作分析首先要做好有关材料管理业务资料收集和整理工作。所谓收集就是深入实际、掌握情况、汇集资料；所谓整理就是把大量分散零星的、有一定局限性的材料加以科学的加工，去粗取精、去伪存真，并将其系统化。收集的资料是多方面的，主要有：各种标准资料，主要是指定额和标准，如材料消耗定额、库存材料周转定额、流动资金定额等；各种计划资料，主要是指有关建筑材料的计划，如生产财务计划、建筑材料供应计划、采购计划、加工定制计划等，它们规定了计划期内企业应该完成的任务量；生产作业统计资料，它用来记录某段时间施工生产的实际过程和生产的完成情况，反映建筑材料的运动进程和转化程度；建筑材料典型调查资料，是为了满足对某个问题的分析而做的专门性、代表性的调查报告，如某建筑材料的库存盘点资料等。上述资料中，主要运用的是建筑材料业务统计资料，它包括建筑材料原始记录、建筑材料统计台账和建筑物资统计报表。

(1)建筑材料原始记录

建筑材料原始记录是企业通过一定的表格形式对建筑材料业务管理活动用数字或文字所做的最初记录。它是建筑企业材料管理工作分析的重要资料，也是企业进行经济核算和建筑材料统计工作的主要依据。建筑材料原始记录的形式一般有：建筑材料采购、进货方面的原始记录，如请购单、采购单、订货合同等；建筑材料到货、入库方面的原始记录，如到货通知单、合同登记表、材料验收单、加工材料入库单等；建筑材料出库方面的原始记录，如基建材料领料单、材料出库通知单、耗用料单等；建筑材料清仓盘点方面的原始记录，如盘点记录、待处理物资清单等；建筑材料报废、回收方面的原始记录，如材料报损报废单等。

在建立建筑材料原始记录时，要注意从企业管理的实际需要出发，结合本企业的生产特点和管理水平来确定内容和表格，切忌生搬硬套、搞烦琐哲学；要有利于统一组织经济核算，在考核原始记录时要把统计核算、会计核算、业务技术核算和分析工作等几个方面的要求统筹兼顾，便于群众参加管理。

原始记录大部分由工人填写，在格式的设计上必须简明扼要，使填写方便，便于掌握使用和分类处理。原始记录尽量做到“一料一单”、“一事一单”，即一张原始记录上只填一种建筑材料和一项业务，便于分类汇总，避免混淆。原始记录的完整准确是做好材料分析工作的重要前提。在汇总整理阶段，首先要对原始记录进行检查，防止差错。由于原始记录是在日常业务过程中分散进行的，难免会有差错、涂改，因此必须在整理之前进行一次全面的集中检查，搞清资料情况，补充并修正数据。

原始记录的检查要注意以下几个方面：第一，填写的准确性，要检查原始记录的填写是否正确，有没有代用单据，填写的建筑材料名称、计量单位、所报项目和计算方法是否符合规定要求，该折合的是否折合了，该检尺的是否检尺了等；第二，数据的准确性，就是要检查原始记录填报的数据是否一一对应，验收入库单的数据是否与到货通知单的数据相符，是否与仓库的料卡收货量相符，出库单的数据是否与领料单的数据相符，计量是否相同等；第三，资料的完整性，要检查分析工作所需要的原始记录内容是否齐全。原始记录和调查资料收集齐全后，应着手分类整理，即进行分组。这里需要解决的问题是如何分组以及用什么标志分组。应该按照分析的要求和指标的范围来分组，一般分为数量和质量两组。数量标志是用数量大小来表示的，如按完成消耗定额情况分组，有低于定额和高于定额之分。质量指标是用来反映质量优劣的标志，如发料差错率中的发料差错量、差错笔数等。分组工作是通过科学的分类来揭露事物的矛盾的。在科学分组的基础上，分别将原始记录和资料归纳到各组中去，以便求得说明各组和分析研究对象的汇总数据。这些数据一般汇总在建筑材料统计台账上，以便档案化并长期保存，有利于各项资料的考查使用，使资料更好地发挥作用。

(2)建筑材料统计台账

建筑材料统计台账是按照各种统计报表、工作需要而设置的一种具有综合作用的整理账册。它把原始记录上的数据进行系统的整理和汇总，按时间顺序进行登记和核算。企业所使用的台账有建筑材料到货登记台账、合同执行情况登记台账、建筑材料收支与结存台账和材料消耗登记台账等。在登记台账时，应严格以原始记录为依据。台账上的一切收支数据均应与原始记录数据相一致，不能任意修改。原始记录经过分类整理和登账后应按期、按类分别装订成册。

(3)建筑物资统计报表

建筑物资统计报表是用表格的形式反映企业物资收、支、存数据资料的定期报表。它包括企业内部规定的统计报表和国家统计报表两部分。企业内部报表的内容、指标要求、计算方法、填报程序和期限可根据企业管理需要来决定，一般较为详细。国家统计报表是国家和主管部门规定的物资统计报表，由国家规定统一的报表格式、报表程序、填报目录和报送时间，自下而上定期向指定机关报送。现行的建筑物资统计报表主要涉及物资消耗定额执行情况以及基建用原材料、燃料的收支与库存等，这些报表是国家规定的报表。企业还可以根据需要再设置增减项目的报表，这些报表是一种经常的、全面的统计调查形式，也是建筑企业材料管理工作分析中的重要资料。除上述资料外，企业还要收集整理有关同类企业材料方面的对比指标资料以及有关专题调查、典型调查的资料和历史资料等。

2. 建筑企业材料管理工作分析报告

编写建筑企业材料管理工作分析报告是一项提出问题、解决问题、发挥监督作用的工作。对于改进建筑企业材料供应管理工作、合理使用建筑材料、避免损失浪费以及提高企业经济效益有重要的意义。

(1)编写要求

①首先要明确为什么要写，写些什么内容，揭露什么矛盾，提出什么建议，达到什么目的。在明确目的的基础上，针对报告期企业材料供应活动中存在的主要矛盾或薄弱环节分析1～2个主要问题，这比广泛提出问题但哪个问题都分析得不深不远要好得多。

②要如实地反映情况。建筑企业材料管理工作分析报告中的数据、资料要准确无误，反映的情况要实事求是，既不夸大也不缩小，如实地反映企业材料供应活动的本来面貌。

③要有典型事例。不能光罗列统计数字和分析指标，还要有恰当的典型事例，特别是节约和浪费方面的典型事例，从中总结经验、吸取教训，以便改进建筑材料供应管理工作。

④要进行全面分析。不能孤立地、单纯地从建筑材料供应的局部来进行编写，而应与企业生产经营等有关方面联系起来编写；不能只反映某一时期建筑材料供应活动的成果，而应

反映报告期全部材料供应活动的过程。这样,建筑企业材料管理工作分析报告才能全面说明问题,并且有针对性地解决问题。

⑤文字精练。力求做到主题突出、论点明确、层次分明、简明扼要、通俗易懂,不写空洞的大道理,也不要写别人不容易理解的语句。

(2)编写步骤

①选择题目:题目的选择应具有针对性,效果才能显著。否则既起不到分析的作用,又浪费人力、物力和时间。选择题目的关键在于确定建筑企业材料管理工作分析报告主要要解决什么问题。

②收集资料:编写建筑企业材料管理工作分析报告需要大量的资料,它包括材料供应部门本身的资料,有关计划、技术、机动、财务等部门所掌握的资料,以及企业主管物资部门的有关指令计划、供应管理要求、经济技术指标等。只有掌握有关资料数据后,才能完成编写建筑企业材料管理工作分析报告的任务。

③调查研究:将收集起来的有关资料数据进行选择和分析,发现一些需要说明的主要问题,对只知"是什么"而不知"为什么"的问题要深入实际调查研究,了解真实情况,为编写建筑企业材料管理工作分析报告提供第一手资料。

④编写报告:根据选择的题目、收集的资料和调查研究获得的情况,遵循建筑企业材料管理工作分析的原则,按照建筑企业材料管理工作分析的程序,应用建筑企业材料管理工作分析的方法,编写各种建筑企业材料管理工作分析表,并依据这些分析表和分析结果编写建筑企业材料管理工作分析报告。

(3)报告的基本结构

建筑企业材料管理工作分析报告没有统一固定的格式,其一般结构分为基本情况、成绩和经验、问题及其原因、结论及建议等几部分,也可分为成绩、问题、建议三部分。从建筑企业材料管理工作分析报告的内容来看,有综合性和专题性两种。有针对性地反映问题,应提倡多写专题性建筑企业材料管理工作分析报告;在间隔一定时间后,也有必要写出一些全面的综合性的建筑企业材料管理工作分析报告。

复习思考题

1.解释基本概念:材料核算,材料采购实际成本,先进先出法,加权平均法。

2.简述材料采购核算的方法。

3.怎样考核材料供应计划的完成情况?

4.怎样进行材料储备核算?

5.怎样进行材料消耗量核算?

6.怎样进行周转材料核算?

7.怎样进行工具核算?

8.材料消耗量核算有哪几种情况?

9.某建筑公司全部完成建筑企业总产值116.88万元,年度耗用材料总额为88.83万元,平均库存为15.18万元,核定周转天数为70天。要求计算该企业实际周转次数、周转天数、百元产值占用材料储备资金额及节约资金情况。

10. 三区工程项目第一季度采购四批细石，第一批 1500 m^3，成本 24 元/m^3；第二批 2000 m^3，成本 23.5 元/m^3；第三批 4000 m^3，成本 22 元/m^3；第四批 2500 m^3，成本 23 元/m^3；细石的地区预算单价为 24.88 元/m^3。试分析其经济效果。

11. 某项目上半年完成施工产值 500 万元，材料费用 300 万元，材料平均库存 50 万元，核定周转天数为 50 天。试计算材料的周转天数、周转次数、百元产值占用材料储备资金额。

12. 单项选择题

(1)(　　)是局部核算，既可以采取价值形式，也可以采取实物形式。

A. 会计核算　　B. 统计核算　　C. 业务核算　　D. 经济核算

(2)材料采购核算以材料采购(　　)为基础，与实际采购成本相比较，核算其成本降低额或超耗程度。

A. 概算成本　　B. 预算成本　　C. 施工成本　　D. 核算成本

(3)检查材料收入执行情况的常用指标是(　　)。

A. 材料供应计划完成率　　B. 材料收入量

C. 材料供应及时性　　D. 材料供应配套性

13. 多项选择题

(1)材料实际价格通常按实际成本进行计算，可采用(　　)。

A. 个别计价法　　B. 先进先出法　　C. 加权平均法　　D. 后进先出法

E. 几何平均法

(2)材料采购成本可以从实物量和价值量两个方面进行考核，常用的考核指标有(　　)。

A. 单件材料采购成本降低额　　B. 单件材料采购成本降低率

B. 材料采购成本降低(超耗)额　　D. 材料采购成本降低(超耗)率

E. 综合降低量

(3)材料储备是企业材料储备管理水平的标志，反映材料储备周转的指标有(　　)。

A. 储备实物量　　B. 储备价值量　　C. 储备品种量　　D. 储备库存量

E. 储备结构

附　录

附录一　材料员主要岗位职责

1.负责材料供应管理和材料成本管理工作。

2.负责工程材料的供、管、用,即材料的采购、验收、堆放、发放等工作。从材料计划、组织货源、运输供应、验收保管、材料发放、工程耗料核算、统计分析入手进行材料管理。

3.根据工程情况、采购资金、仓储能力按月编制材料采购、进场计划,经审批后采取“三比一算”(比质量、比价格、比服务、算成本)的方法,优质优价、货比三家,进行材料采购。做好货源、流向、运输路线、现场道路、堆放场地的调查和布置工作,组织好材料的发运、接收、中转、装卸配合等工作。

4.负责做好材料的进场计量和验收工作,对出场材料必须经项目经理或上级主管部门同意,进行清点,落实去向。对不符合要求的材料、成品、半成品,有权拒绝其进场和退货。

5.按材料管理规定建立健全材料原始记录——账、表、单,及时准确编制材料报表,及时汇总上报。

6.认真执行材料管理制度和库房管理制度。库外堆放材料应按施工组织设计的施工总平面图的布置要求分规格、品种进行标识并规范堆放,应有防水、防火、防爆等措施。

7.积极推行限额领料制度,降低材料消耗量,有权对浪费、损失材料者追究赔偿责任。

8.做好工程材料成本分阶段核算工作。负责现场材料的盘存和工程竣工后余料的退库工作,并配合项目做出材料消耗、节约、超耗和周转材料损耗分析以及独立核算的归档工作。

9.负责与材料有关的质量、环境、职业健康安全这三个管理体系的有效运行。

附录二　材料部职责范围

1.建立健全材料供、管、用规章制度。

2.编制并实施材料使用计划,监控现场材料使用情况,对工具进行维修保养。

3.负责材料和工具的购置、运输、租赁。

4.负责现场料具的收发保管工作。

5.搞好材料定额管理工作,建立健全各单位工程台账及限额领料手续。

附录三 施工现场材料管理规范

1. 施工所需的各种材料，自进入施工现场至工程竣工余料退场前均属于现场材料管理的范畴。

2. 必须由材料员进行现场材料管理工作，材料员的配置应满足施工生产及管理工作正常运行的要求。

3. 施工现场要有切实可行的料具管理规划、制度和办法，在施工平面图中应标明各种料具堆放的位置。

4. 项目部材料员必须按施工用料计划严格进行验收，并做好验收记录，有关资料必须齐全。

5. 必须设有两级明细账，现场库存材料应与账物相符，定期进行材料盘点。

6. 项目部材料员负责外欠材料账款的统计以及运输单据的统计与核实。

7. 施工用料发放规定如下：

(1)施工现场必须建立限额发料制度，履行出入库手续。

(2)施工用料中，必须建立主要材料和大宗材料台账。

(3)凡超限额用料必须查明原因，及时签发限额材料计划单。

(4)及时登记现场材料使用单，及时进行材料核算。

附录四 库存物资盘点检查制度

1. 每年年底保管员对所保管物资必须定期盘点一次，并做出明细报表，报上级有关业务部门。

2. 在盘点中发现的差错和盈亏要查明其原因。

3. 物资保管员每月应对库存物资进行一次自查，自查中发现的盈亏应及时查明原因。

4. 自点自查包括的内容有：

(1)查质量：查库存物资的质量是否变化。

(2)查数量：查账、卡、物是否一致，单价是否准确。

(3)查保管条件：查堆垛是否合理、稳固，苫盖物是否严密，库房是否漏雨，料区有无积水，门窗通风是否良好。

(4)查安全：查安全措施和消防设备是否符合安全管理要求。

(5)查计量器具：查磅秤、卷尺等是否准确，其他工具是否齐全，使用和保养情况是否良好。

附录五 周转材料的使用与维修制度

1. 建立健全周转材料使用中的各项规章制度，合理使用周转物资，做到不损坏、不丢失、维修及时、保质保量投入周转使用。

2. 模板使用后必须及时保养。

3. 对零星配件必须及时回收。

4. 建立周转材料的租赁台账，认真核对，及时结付。

附录六　仓库管理制度

1. 建立健全仓库管理制度，严格遵守进发料制度，做到进料按规定验收、发料按发料单进行，做好明细账。

2. 科学管理，按品种规格分别码放物资。

3. 做到账、卡、物相符。

4. 做到发料迅速准确。

5. 对特殊物品要做到按其性能分类、分库、分架保管，不得将易燃、易爆的危险品与其他物品混放。

6. 做好季节性预防措施。

7. 做好物资质量状态的标识。

8. 保持库房清洁。

9. 做好库房的防火、防盗等安全工作。

附录七　材料管理工作处罚制度

凡违反材料管理制度的，均按照规定酌情进行自罚和处罚，责任部门主管应负连带责任。有下列情况者将受到相应处罚：

(1)违反材料管理制度而造成材料管理混乱。

(2)未执行限额领料制度。

(3)由于管理不严而造成材料丢失或损坏。

(4)由上级检查出问题和失误，但责任人不进行自罚。

(5)违反材料出入库规定，私自少开、多开或任意涂改的，要全额赔偿并予以辞退，情节严重的送交公安部门处理。

(6)对进场材料不认真验收而造成经济损失的，其损失由责任人赔偿。

(7)违反操作规程，擅自外借、转租料具而造成料具损坏和经济损失。

(8)违反制度规定，擅自处理废旧料具及包装容器。

(9)违反制度规定，以物谋私，给企业造成经济损失。

(10)违反制度规定私拿回扣，一经发现予以辞退，情节严重的送交公安部门处理。

附录八　关于 2 号楼安全文明施工的通知

主送：四川德阳长虹建筑房地产有限公司　　　　呈送日期：2009/7/17

抄送：四川省德阳市青草工程建设监理有限公司

　　现场代表

主题：　　　　　　　　　　　　　　　　　　　文件页数：1 页

四川德阳长虹建筑房地产有限公司：

由贵公司承建的靓丽景湖一期2号楼项目开工至今，安全防护一直未做到位，存在极大的安全隐患，经监理及我方多次督促仍未整改。现要求贵公司在2日内将以下安全隐患、现场文明施工整改完毕后，报监理及我方检查，否则我方将对贵公司处以不低于3000元的安全罚款。

1. 外架立网未到位，随层平网未跟上施工进度。

2. 安全通道搭设不符合规范，硬架防护未设置。

3. 2号楼主入口道路未硬化，有积水，需采取措施保证雨天施工时不污染市政道路。

四川省大力房地产开发有限责任公司

工程部(章)

2009年7月17日

附录九 会议纪要

时　间	2009年6月30日	地　点	大力会议室
主持人	邱国	记录员	罗古
与会人员	详见会议签到表		
会议主题	消防安全、文明施工、质量、进度		
会议内容	根据施工现场情况，以下问题需施工单位及时整改完成： 1. 地下室：风管未调直；风管吊杆间距不一致，未按设计或规范要求安装；风机管道洞口未封堵，设备基础错位 2. 1号楼伸缩缝电管处理不到位，必须按规范要求施工 3. 2号楼埋管线必须向监理及甲方提交隐蔽资料 4. 电线管道尽量走阴角边 5. 弱电桥架的安装必须按图施工 6. 地下室文明施工：施工单位住在地下室内的所有人员必须在2009年7月10日前全部退场，并清理场地，保持场地清洁，为地下室划线工作做好准备 7. 1号楼所有工序在2009年7月10日前完工 8. 消防水管材料应提交复检报告(若为由甲方提供的材料，则质检费由甲方承担；若材料由施工单位自购并施工且合同中未约定质检费归属，则质检费由施工单位承担) 9. 电梯前室桥架的安装应随梁走，不得影响吊顶施工及美观 10. 施工单位在施工过程中应注意安全文明施工		
附　件			
报送部门	陈总、杨总	备　注	

附录十 关于1、3、4、5号楼梯间楼地面花岗石施工单位确认的通知

主送：福建大园公石材厂　　　　　　　　　　　　呈送日期：2009/4/23

抄送：四川省德阳市青草工程建设监理有限公司

四川德阳长虹建筑房地产有限公司

四川省建筑发展股份有限责任公司

现场代表

成控部

主题：　　　　　　　　　　　　　　　　　　　文件页数：1页

福建大园公石材厂：

1.我公司一期1、3、4、5号楼梯间楼地面(电梯厅除外)花岗石分项工程决定由福建大园公石材厂包工包料组织施工。其施工质量、材料、要求、价格等按2009年3月9日贵厂与我公司签订的《楼梯石材施工协议》的相关要求执行,并及时与我公司成控部补签1、3、4、5号楼梯间楼地面花岗石分项工程《施工合同》。请贵厂接到通知后及时做好施工组织工作,并与监理、总承包施工单位做好协调、联系事宜。

2.专业分包单位进场施工,总包单位需做好相应的总承包施工的管理责任和义务工作,该项专业分包工程的总分包管理及施工管理配套配合费按专业分包工程合同总价的2%计取。

专业分包单位联系人:余兴　13219853311

1号楼现场代表:余庆　13458984595

3、4、5号楼现场代表:唐庆　13881088657

四川省大力房地产开发有限责任公司

工程部(盖章)

2009年4月23日

附录十一　关于进场材料与申报材料不符的警告通知

主送：四川德阳长虹建筑房地产有限公司　　　　呈送日期：2009/05/26

抄送：四川省德阳市青草工程建设监理有限公司

现场代表

主题：　　　　文件页数：1页

四川德阳长虹建筑房地产有限公司：

我公司在2009年5月25日巡查中发现，贵公司靓丽景湖一期2号楼项目部进场钢筋品牌与申报材料品牌不相符，也未向我公司任何部门进行申报批准。鉴于贵公司此施工行为，依据双方签订的建筑工程施工合同与靓丽景湖《安全文明、质量、进度管理规定》的相关规定，现给予贵公司书面警告。

要求：

1. 对此次进场与原申报不相符的钢筋，需在现场代表、监理工程师的见证下进行抽检送样，经检验合格后方能用于工程。

2. 贵公司应加强项目管理，严格按照设计文件、合同约定、相关规定要求进行规范管理，进场材料严格执行申报制度（材料品种、规格、使用部位、数量、生产厂家、单价），进场材料必须与批准的申报单材料相符，否则我公司将按合同约定和相关规定给予罚款处理。

四川省大力房地产开发有限责任公司

工程部（盖章）

2009年5月26日

附录十二　关于拖延工期的警告通知

主送：四川德阳长虹建筑房地产有限公司　　　　呈送日期：2009/8/4

四川赛德消防安装工程有限公司德阳分公司

抄送：四川省德阳市青草工程建设监理有限公司

现场代表

主题：　　　　文件页数：1页

四川德阳长虹建筑房地产有限公司：

四川赛德消防安装工程有限公司德阳分公司：

以上贵公司承担的靓丽景湖一期地下室工程拖延工期时间较长，目前还有部分工程未完成。现定于2009年8月15日地下室竣工验收。请以上贵公司安排施工力量，在本月13

日前把地下室所有工程完成。

地下室目前住宿人员及相关材料必须在本周内(即2009年8月9日前)清理退场,包括建筑垃圾的清理,否则拖延一天按照每天罚款2000元处理。

四川省大力房地产开发有限责任公司
工程部(章)
2009年8月4日

附录十三　靓丽景湖一期景观工程甲、乙双方主要提供材料的确定

主送:四川省德阳市青草工程建设监理有限公司　　呈送日期:2009/5/14
靓丽景湖各施工单位
主题:　　文件页数:1页

一、甲方(四川省大力房地产开发有限责任公司)提供的材料

路灯、草坪灯、树射灯、水底射灯、嵌入式地灯、围墙柱灯、监控探头、配电控制箱、电缆、电线、水泵、喷头。

以上材料由乙方提前按规格数量提出计划,交甲方供应。

二、乙方(四川省建筑发展股份有限责任公司)提供的材料

1.施工图示的各种颜色、规格的花岗石

2.砼水泥管(ϕ200,ϕ300,ϕ400)

3.弱电管(7孔40蜂窝管)

4.强电碳素波纹管(ϕ50～ϕ200)

5.强电砖砌阴井及单元门口方井,包括井盖

6.PVC穿线管(ϕ16,ϕ20,ϕ25,ϕ50,ϕ75,ϕ100)

7.FRPP给水管(ϕ20,ϕ25,ϕ32,ϕ50,ϕ65,ϕ75,ϕ100)

8.雨水篦子井,包括井盖

9.排水支管(U-PVC,ϕ200)

10.电缆沟挖土、穿电缆接搭头

11.私家花园及绿化带填土方、报单价

以上材料由施工单位及时提供样品向甲方报价,审核后由乙方提前采购。

四川省大力房地产开发有限责任公司
(盖章)
2009年5月14日

附录十四　关于电梯进场设备检查相关问题的通知

主送:成都菱工电机有限公司　　　　　　　　　　呈送日期:2009/7/10
抄送:四川省德阳市青草工程建设监理有限公司
主题:　　　　　　　　　　　　　　　　　　　　文件页数:1 页

成都菱工电机有限公司:

由贵公司施工安装的我公司靓丽景湖一期 3、4、5 号楼电梯工程,我公司在 2009 年 7 月 9 日进场的电梯设备中,发现其产品生产日期为 2007 年,并且收货单位不属我公司,与合同要求不相符。

现要求贵公司按与我公司签订的《施工合同》中的相关约定提供电梯安装设备,确保工程施工安装的安全、进度、质量。对不符合合同约定要求的电梯设备,要求贵公司及时退场更换,重新组织满足合同约定要求的设备进场安装,若不按此而造成的相关后果均由贵公司承担。

四川省大力房地产开发有限责任公司
(盖章)
2009 年 7 月 10 日

参 考 文 献

1.李慧平.建筑企业材料供应与管理.北京:中国环境科学出版社,2003

2.方仲民,赵继新.物流法律法规基础.北京:机械工业出版社,2008

3.刘艳霞,杨丽.物流运输管理.北京:机械工业出版社,2009

4.上海市建筑材料质量监督站等.材料员必读.北京:中国建筑工业出版社,2001

5.李小燕.材料员岗位实务知识.北京:中国建筑工业出版社,2007

6.本书编委会.材料员一本通.北京:中国建材工业出版社,2007